U0153192

當代史學研究的趨勢、方法與實踐
從新文化史到全球史

蔣竹山　著

五南圖書出版股份有限公司

序

　　這本小書是我近來年對於當代西方史學研究方向觀察的一點心得，名為「新文化史到全球史」不僅意味著近來學術動向的轉變，也代表了我個人學術關懷重點的發展軌跡。

　　二〇〇八年七月我在網路上成立了「新文化史部落格」，至今已有三年多的時間，短短幾年間瀏覽人數累積達一百萬人次，對於一個僅靠個人之力所維持的史學網站而言，這樣的成績並不容易，每天兩千多人的瀏覽敦促及鼓勵著我要不時地更新資料。透過這樣的交流平臺，我常在上面發表一些新的書訊、會議報導、活動介紹、論文要旨或個人的學術札記。如此人氣多少反映史學界對於新訊息的關注程度相當熱絡。我也因為這樣的平臺此認識了不少朋友，當然有許多人是在部落格的前身「新文化史工作坊」階段開始就透網站彼此交流，上海復旦大學的張仲民就是其中的代表，臺灣的年輕寫手陳建守也是如此。

　　雖然名為「新文化史」，但近來網站中所涉及的史學訊息已經不限於「新文化史」。尤其近年來，新文化史已經無所不在，要嚴格定義更加不可能，只能說什麼都是新文化史了。也因為如此，我的視野也從新文化史逐漸延伸到一個新興的研究領域「全球史」。

　　為何會走向這條關注新文化史研究取向的路子，這說來話長，可能和我的學思歷程與個人際遇有關。

　　一九八八年張哲郎老師的明史與周惠民老師的西洋近代史引領我進入史學的領域。一九九〇年在政大歷史的最後階段，我對於現代史中的政治、外交課題感到枯燥無味之際，一份史學新刊物《新史學》的誕生適時地提供我另外一塊可耕讀的園地。這本期刊所談論的主題

及運用的史學方法和我大學所學不同，當時大學歷史系學生接觸最多的史學刊物不外是《史學評論》、《食貨月刊》、《大陸雜誌》，這幾個刊物的文章主題明顯以政治、外交、社會經濟史為主，方法則以考證居多。但當時已有幾個學校的發展方向與傳統作法不同，最明顯的是臺大、清華及中正大學，而我很幸運地在一九九一年進入清華大學就讀歷史所碩士班。我一直認為那幾年是打開我的學術視野的關鍵階段，張元、黃一農、傅大為、黃寬重、陳華、王秋桂諸位老師的課堂身影至今難忘。

有幾件事對我日後的學術研究影響深遠。

一是碩一上學期選修清華客座教授Benjamin A. Elman一門名為「十一至十九世紀中國的教育與社會」的課。Elman教授上的主題雖然是教育，但重點強調「社會」這個層面，在該門課上我閱讀到許多歐美社會史的重要著作。為了要寫這門課的學期報告，我在圖書館架上隨意翻到一部明代的著作《狀元圖考》，當時僅覺得書中的狀元夢與圖像相當有趣，但萬萬沒想到，這本書在日後會那麼受到矚目。由於報告中的相關研究需要引用一篇在國外召開的會議論文，Elman相當熱心寫了一封信介紹我去中研院中山人文社會科學研究所找梁其姿教授借資料，這是我第一次和梁老師見面。當然，在這之前，我已經讀過她所編的年鑑學派的論文集，當時就相當佩服她對法國當代史學的熟稔。想不到，我日後也踏上了引介學術動態的這條路。十年後，我的學期報告被引用在Elman教授一本二〇〇〇年出版的中國科舉考試文化史的書中，這點讓我相當訝異。一般而言，大多數教授的著作不會提到學生的課堂作品；但這位國際知名學者，卻是在書中引用一位初學者的學期報告，並註明出處，對我而言是個極大的鼓勵。

二是因為Elman的關係，我認識了日後的碩博指導教授梁其姿院士。梁老師對於學術研究的嚴謹要求與熱情，是我輩學習的典範。在

論文指導上，她給予我相當大的發揮空間，這種彈性讓我的研究課題一直保有對國際史學動向的關注。從碩班的清代淫祀五通神到博班的人參史研究，她總是能夠犀利地提出各種問題來提醒我論文的不足之處。我至今仍忘不了一九九二年在臺大修梁老師的「明清都市文化」這門課。在那個以社會經濟史當道的年代，這種課程設計倒是少見。儘管如今看來，當時的這些論著和現今的文化史研究仍有不同，但書目中所列舉的西方漢學的社會史著作，確實開啓了我對明清社會文化史的視野與興趣。在梁老師的指點下，我的五通神研究也在這門課結束後發展成碩士論文的一部分。回想當時，參與的同學如邱澎生、巫仁恕、王鴻泰、邱仲麟、費絲言等，如今都已成了明清史學界的青壯派。

三是結識李孝悌老師，開拓了我對明清的城市與文化研究的視野。認識李老師是個巧合，碩班的某個午後，我在中研院近史所圖書館的期刊室閱覽《點石齋畫報》，一位學者面帶笑容地和我說隔幾天有個小型會議談這個主題，建議我去聽看看，幾天後，在那個會議場合，又遇到他，才知道他是李孝悌教授，那個暑假起我便成了他的兼任助理。在這十年間，他所帶領的中研院明清史研究社群的主題計畫所做出的成果，儼然已經成為國內明清史研究中最受矚目的一群；而他的文化史寫作更是我們這群年輕人學習的對象。在參與這個社群的過程中，邱仲麟、邱澎生、陳熙遠、王正華、巫仁恕、王鴻泰、胡曉真、賴惠敏、林麗月等學者的研究對我都有重要的啓發。

其餘幾件事也意義深遠。例如九〇年代，我參加了好幾次的中研院史語所舉辦的「歷史研習營」，從中了解新的歷史研究課題，許多目前的史學圈好友幾乎都是在那時所認識。在那段期間，我還常到臺大參加徐泓老師主持的明清史研讀班，認識了日後臺灣明清史的青壯派學者。印象中，臺大明清史最強的時代就是徐泓帶領著那幾位博士

生的時候。

此外，九〇年代初，我還參加中研院史語所杜正勝教授所主持的「疾病、醫療與文化」研討小組的讀書會，開啓了日後我對醫療史的研究興趣；不過，我的醫療史所關注的還是以文化史取向居多，第一篇醫療史研究明清華南地區麻瘋病，就是從該讀書會的報告發展而來。日後，有關晚明祁彪佳家族的醫病關係、陰門陣研究都是參加這個小組所舉辦的國際會議所開展的作品。

另外一個記憶深刻的是參加周樑楷教授主持的「歷史意識讀書會」，研讀了許多西方史學的經典名著。印象最鮮明的是一九九〇年末期和大夥一起研讀新文化史的經典著作，更加深了我對新文化史及當代西方史學的興趣。當時，在周老師的規劃下，我和現在的同事潘宗億及清華學弟蘇世杰在《當代》雜誌編了一個「當代西方史學」的專號，我對Peter Burke的認識就是從那時開始。

當然，九〇年代麥田出版社所規劃的「歷史與文化」叢書，翻譯了許多歐美新文化史的重要著作，對於許多新文化史的愛好者而言，的確提供了寶貴的養分，這些翻譯著作陪伴了我二〇〇五年之前的新文化史閱讀歲月。遺憾的是，這批書所譯介的範圍大多屬於歐美新文化史發展初期的作品，對於二〇〇〇年之後的發展仍屬空白。之後，由於出版社的編輯方向轉變的緣故，這套書系幾乎停擺，整個新文化史譯介的主力開始轉移到中國大陸。這個現象可從近三年在大陸所出版的新文化史譯叢看出。其中，又以華東師範大學出版社最有規模。這些經典翻譯工作的結束，某種意義上，也代表了新文化史的研究已經進展到一個新的時代。在西方，儘管這些著作仍然重要，然而，在一些新出版的文化史著作中，已經不再提這些早期的經典，改以最新的研究成果替代。

二〇〇五年開始，我幫大象出版社的《新史學》編輯了「新文化

史專號」，並開始在中國大陸推廣新文化史的寫作特色。我陸續已在南開大學、復旦大學、廣州中山大學、香港科技大學等地，針對新文化史主題做過幾場演講，深切認識到兩岸史學界對於這股史學新方法特別感到興趣，這些朋友的熱烈反應也鼓舞我將近年的觀察做進一步的整理，因而有了出版這本書的念頭。

　　然而，只做新文化史的研究動向的介紹，目前在我看來，最好的時機已經過去。一來，臺灣早已進入新文化史的實踐階段，雖然不見得已經到達美國學界所說，現在的作品幾乎都是新文化史取向，但至少在題材方面已有極大程度的相似；其次，大陸學界這方面的活動與寫手有激增的趨勢，光是今年有關的會議就至少有三場。因此，如何從過往二十年的發展之外，看出一些新趨勢，是這本書的努力目標。

　　因此，本書分為兩部分，除了新文化史之外，另外談論當代史學的新發展——全球史，這部分在臺灣，較少有正式的探討。在第一部分，第一章除了過去二十年的新文化史動向之外，還談到近十年的最新變化。第二章討論臺灣的《新史學》期刊的前期發展與新文化史之間的關係。第三章分析近年來大陸史學界的新文化史熱潮。第四章檢視近年來的中國醫療史寫作的「文化轉向」。第五章則從日記的實例探討新文化史中的日常生活史研究的寫作動向。

　　第二部分的全球史寫作是我近三年新發展的課題。第六章探討全球史的研究定義、研究特色，以及在全球史視野影響下的歷史學次學科的發展。第七章則將主題集中在環境史，論述近年來環境史與全球史的關聯。第八章則是個案探討，從「文化相遇」的角度論析一本十八世紀琉球所編的本草書籍，探討東亞的博物學知識的交流。第九章則以人參為例，探究東亞的人參史研究取向的轉變。

　　能夠順利完成這本書，除了要感謝上述師友在我的個人學術養成過程所給予的種種協助之外，還要謝謝我所在的單位——東華大學歷

史系。儘管學術資源有限，但歷史系給教師的教學與研究空間相當有彈性，使我得以開設感興趣的課程。透過一起研讀，我從修課同學那獲得許多新的啓發。這本書所探討的一些課題，都曾在這六年的課程中探討過，例如「西洋史學名著選讀」、「中國史西文名著選讀」、「當代西方史學流派」、「十七世紀近代世界與物質文化」、「圖像與歷史」、「環境與歷史」、「歷史與歷史學者」；研究所則開過「新文化史專題」、「環境與歷史專題」兩種課。能在這種和諧的研究環境中寫作，仍須感謝東華歷史系張力、林美玫、李道緝、許育銘、陳進金、陳鴻圖、陳彥良、陳元朋、貝克定及潘宗億諸位教授的支持與鼓勵。

此外，曾經參與過這些課程的同學也給予過我許多協助，像是我所指導的研究生康凱原、曾建寧及大學部的吳政緯。大學同學吳仕棻好學不倦，雖然未走學術這一行，但卻能常提供最新的國外書訊給我，讓我獲益匪淺。而陳正國、李建民、余新忠、唐立宗、皮國立、卜永堅、陳熙遠等諸位朋友的不時勉勵，亦在此表示致謝。

最後，家人的支持是我一路走來最大的動力源頭，僅以此書獻給她們！

花蓮　吉安

2012年1月

目錄

第一部分　文化轉向

第一章　當代新文化史的研究趨勢再探

一、前言

　　二十世紀的歐美史學發展有兩次重大轉變，一是自六〇年代以來的「新史學」或「社會史」挑戰了傳統史學，逐漸成為歷史學研究的主流。到了八〇年代，「新文化史」取代「新史學」中的社會、經濟與人口史成為學界的寵兒。[1]為了要和十九世紀末的Jacob Burckhart與Johan Huizinga的古典文化史做區別，[2]一九八九年美國新文化史家Lynn Hunt[3]在 The New Cultural History 的導論「History, Culture, and Text」中首次將八〇年代的這種史學研究類型稱之為「新文化史」。英國文化史家Peter Burke曾在訪談錄中提到：「新文化史的史家們大多認為，個人是歷史的主體，而非客體，他們至少在日常生活或長時段裡影響歷史的發展，他們的行為展現了他們的特點，微觀史家Carlo Ginzburg[4]已經非常清楚地指出這點。」新文化史的最新發展方向是在文化裡包含了政治、飲食、服裝、日常語言、身體等主題。法國年鑑學派第四代當家Roger Chartier則從上層文化／下層文化、生產／消費、真實／虛構三方面，來明確定義新文化史與傳統思想史（intellectual history）及社會史的區別。Chartier更指出當代西方史學研究的特色是「從文化的社會史轉變為有關社會的文化史」。

1　一九七六至一九九〇年間，以英語出版的法國史中政治史與外交史數量銳減一半，經濟史與社會史降為四分之一；而智識史與文化史則成長一倍。
2　有關古典文化史的起源，請見Donald Kelley, "The Old Cultural History," *History of the Human Sciences* 9: 3 (1996), pp.101-126。
3　Lynn Hunt的生平與學思歷程，見近藤和彥著，蔣竹山譯，〈母親／政治文化／身體政治：林・亨特訪談錄〉，收入陳恆、耿相新編，《新文化史》，臺北：胡桃木文化，2007，頁309-332。
4　Carlo Ginzburg的研究特色，見陳建守編，《史家的誕生：探訪西方史學殿堂的十扇窗》，臺北：時英出版社，頁256-283。

　　然而上述現象大多發展於一九八〇至二〇〇〇年這二十年間，史學界對於近十年新文化史的發展則關注較少。例如美國學界近來的發展就已經有很大的轉變。Lawrence B. Glickman曾指出，新文化史已經在美國獲得空前的勝利。從一九八〇至一九九〇年代是「新文化史」興起的時代。到了二〇〇一年，James Vernon已經宣稱「我們現在都是文化史家」。這也顯示出在文化史拔得頭籌的同時，曾經具有獨特性的文化史開始在邁向新世紀時，其形象卻愈來愈模糊。在中國史方面，近來William T. Rowe所寫的一本清史新書*China's Last Empire*，也指出美國的清史研究目前當家的是「新清史學派」，研究取向就是新文化史走向或「文化轉向」，同時也可稱為「內亞轉向」或「中亞轉向」，研究的主題已經由以往的社會史時代的下層民眾轉變至研究宮廷。[5]本章將在上述的研究脈絡上，延伸探討近來當代史學的研究趨勢的變化。

二、當代史家論新文化史

　　Chartier這樣的說法，我們可以在*The New Cultural History*一書中找到實際的研究個案。然而，Lynn Hunt在該書所倡導的新文化史觀念，卻在二十世紀末受到質疑與挑戰。弔詭的是，質疑這種取向的不是受新文化史批判的那批社會史學者，而是身受「文化轉向」（cultural turn）影響深遠的歷史學者與社會學家。Victoria E.

---

5 Lawrence B. Glickman, "The 'Cultural Turn'," in *American History Now*, Temple University Press, 2011, pp.221-241. William T. Rowe, *China's Last Empire: The Great Qing*, Harvard University Press, 2009.

Bonnell 與 Lynn Hunt合編的論文集*Beyond the Cultural Turn: New Directions in the Study of Society and Culture*的出版，似乎反映了新文化史研究取向也許需要進行再次的轉向。本書編者及撰者主要都是曾受過社會史或歷史社會學訓練的史學家及社會學家，曾恭逢「文化轉向」的盛會，有鑒於歷史學與社會學這兩個學科對文化議題的研究甚少交集，他們才試圖聚集這兩門學科的學者一同討論當代學科中文化轉向所引發的諸多問題。[6]然而，歷史學者在處理這類問題時，作法和經濟學不同，他們不太能夠準確預測未來的眞正走向。因此，史學家不會像克魯曼這位諾貝爾獎經濟得主一樣，當各國碰到金融海嘯時，頓時成爲各國政府紛紛請益要求開解救經濟藥方的紅人。事實上，這些學者並未提供解決之道，只是點出目前所關心的問題。在二十世紀末，我們不僅可看到歷史學與社會學對文化轉向的反省，人類學界亦興起一股討論文化理論之風，例如一九九九年出版的*The Fate of "Culture": Geertz and Beyond*，書中就對Clifford Geertz的文化詮釋理論，有了不同見解。歐美史學界這股新文化史研究已風行將近二十年，目前正面臨何去何從的關鍵時刻。[7]

在二○○○年之前，討論新文化史研究取向的重要著作約有四本。[8]前面兩本是作者新文化史研究的論文集，寫作時間前後長達

6　一九九六年美國社會學學會挑選了近二十五年來，對社會科學影響最鉅的十本書，其中有三本對「文化」的研究貢獻最大，分別是Clifford Geertz的*Interpretation of Cultures*、Foucault的*Discipline and Punish*，以及Pierre Bourdieu的*Outline of a Theory of Practice*。

7　目前國內對新文化史著作的翻譯主要以麥田出版社為主。相較於國內翻譯速度的落後，日本的西洋史界對於歐美新文化史的介紹，就顯地較跟得上歐美史學潮流，相關重要經典通常在英文本出版後幾年內就有日譯本，這些書籍的翻譯，受益最大的是日本的西洋史界，再來是日本史。除了經典的翻譯外，日本的左派刊物《思想》亦起了推波助瀾的作用，該期刊常會刊出有關歐美新文化史著作的翻譯或書評。

8　Mark Poster, *Cultural History and Postmodernity*: *Disciplinary Readings and Challenges*, Columbia University Press, 1997; Peter Burke, *Varieties of Cultural History*, Cambridge:

二、三十年。後兩本則是近四年的最新研究。Burke是英國當代著名史家，劍橋大學文化史教授，在歐洲思想史與文化史方面頗多建樹。同時，他對當代史學界的動向有獨到見解，特別對歷史學與社會科學的互動關係有深入研究。[9]*Varieties of Cultural History*是Burke討論文化史主要變異的論文集。這本集子的首篇「Origins of Cultural History」是論文化史起源的文章，主旨在探討有關文化史課題的定義問題。其中兩篇有關夢與記憶的文章，主要嘗試處理文化史的實踐問題。隨後五篇是近代義大利的個案研究，這幾篇都是Burke自一九七〇至一九八〇年代中期所開發的文化史新領域，環繞著上層文化與通俗文化、公領域與私領域、嚴肅與滑稽等議題。Burke在這本書所處理的不只是文化史的實踐，亦對文化史的理論有所著墨，「Strengths and Weaknesses of the History of Mentalities」與「Unity and Variety in Cultural History」兩篇，前者一方面對心態史提出評論，另一方面也對近來的攻訐，提供了解套的方法。後者則對文化史的變異做一般性的討論，他以新史學（或歷史人類學）與古典文化史做對照，並嘗試回答所謂的「新」文化史是否招致歷史的斷裂性（fragmentation）責難的問題。

Mark Poster是加州大學Irvine分校的歷史系教授，專研西方史學理論多年，較常被學界引用的著作有*The Mode of Information:*

Polity Press, 1997. John Neubauer, *Cultural History after Foucault*, New York: Aldine P., 1999; Victoria E. Bonnell, & Lynn Hunt, eds, *Beyond the Cultural Turn*: *New Directions in the Study of Society and Culture*, California: University of California Press, 1999.

9　有關Peter Burke對新文化史的看法，參見Ewa Domańskar, *Encounters*: *Philosophy of History after Postmodernism*, University Press of Viginia, 1998, pp.211-233。中譯本見蔣竹山譯，〈當代新文化史家訪談錄〉，《當代》，2000年3期；楊豫、李霞、舒小昀，〈新文化史學的興起——與劍橋大學彼得‧柏克教授座談側記〉，《史學理論研究》，頁143-150。

Poststructuralism and Social Context（1990）及*Foucault, Marxism, and History*（1984）。一九九七年出版的*Cultural History and Postmodernity: Disciplinary Readings and Challenges*，是他自一九八〇年代以來探討歷史學與後結構主義／後現代主義（poststructuralism/postmodernism）的論文集。Poster在書中逐章討論了對當代文化史貢獻卓著的史家：Lawrence Stone、Francois Furet、Michel de Certeau及Michel Foucault。[10]他在導論中明白指出，他的目的不在責難或批判這些史家，而是要探索這些著作背後的特質原則。[11]

　　John Neubauer於一九九九年編的論文集*Cultural History after Foucault*，是近年來眾多討論Michel Foucault書籍中，唯一從Foucault對文化史的影響角度切入的作品。這本論文集是來自英、美、荷三地的史學、文學及哲學的學者於一九九七至一九九八年間兩次會議的成果。這些作者不僅稱許Foucault的成就，而且也點出他的著作在方法論上的缺失、不正確性及模稜兩可等等。他們更進一步試圖表示我們該如何透過Foucault的作品，再開創一條研究文化史的新取向來超越Foucault。儘管不可能面面俱到，但他們的文章大都點出了傅柯式（Foucauldian）文化史的爭議性——題材的定位、權力與知識的融合、性、歷史的結構與變動。為了強調學科界線的模糊性，這本論文集並未依據作者的所屬學科或主題來分類；而是自然地將十三篇論文分成跨學科的三個部分：文化史對象的類型、文化史研究

---

10 (1)"Lawrence Stone's Family History" (2)"Textual Agents: History at 'the End of History'" (3)"Furet and the Deconstruction of 1789" (4)"Michel de Certeau and the History of Consumerism" (5)"The Future According to Foucault: The Archeology of Knowledge and the Intellectual History" (6)"In Place of a Conclusion: History as Knowledge".
11 Mark Poster, 1997, p.13.

的類型及文化史概念化的類型。

其中與本文較有直接關聯的有兩篇，Willem Frijhoff, "Foucault Reformed by Certeau: Historical Strategies of Discipline and Everyday" 及William Scott, "Reading/Writing/Killing: Foucault, Cultural History and the French Revolution"。[12]Frijhoff以觀察歷史學界的主流，直接面對學科化的問題。例如當今史家幾乎不碰Foucault的著作，而專業史家也很少認爲Foucault的著作是文化史的合適形式。即使像提倡往事的文化建構、論述分析、及歷史寫作的修辭，與深受Foucault的方法及觀念模式影響的新文化史家Natalie Z. Davis、Lynn Hunt，亦是如此認爲。此外，Frijhoff舉Ginzburg對Foucault的批評，來說明這反映了爲何那麼多的史學家會對Foucault早年的成名作持保留的態度。Frijhoff的作法頗具爭議——捨受Foucault影響較深的美國新文化史界不談，而選對Foucault抨擊最厲的法國學者——Michel de Certeau。但他最終在Certeau的作品中發現「挪用」（appropriation）的觀念，可見Certeau並非全面的拒絕Foucault。[13]Scott則明確描繪了後傅柯式史學的圖像。相對於傅柯式的作法，他利用下層的資料：包括各省檔案與口述紀錄，概述了法國大革命的文化史。

一九八○年代初期，一群歷史學家與社會學家將焦點轉向文化的研究。*Beyond the Cultural Turn*的編者Victoria E. Bonnell與Lynn Hunt就是其中成員。自一九八四年以來，在加州大學出版社的鼎力支持下，該團體出版了「社會與文化史研究系列」，他們推出的第一本著作是Lynn Hunt的成名作*Politics, Culture, and Class in the French Revolution*，直到一九九九年，這系列一共出版了三十四本相關議題

---

12 John Neubauer, 1999, pp.viiii-xiii.
13 Willem Frijhoff, 1999, pp.83-99.

的研究。儘管這些研究基本上是在「語言轉向」（linguistic turn）**14**
與「文化轉向」風潮的影響下，運用文本與語言範式進行文化的研
究。但他們逐漸有個共識，認爲較好的研究取向應是文化與社會的分
析模式的相互結合，彼此缺一不可。一九九四年他們召開了「語言轉
向後的歷史學與社會學」的討論會，在該次會議上，與會學者重新思
考社會史與文化史間的關係，以及評論歷史學家與社會學家進行文化
的研究時的理論與方法。兩年後，他們又召開了「語言轉向下的研究
文化──歷史學與社會學」，上述的*Beyond the Cultural Turn*一書就
是該次會議的成果。**15**

　　究竟哪些新文化史家是上述四本書所討論的對象？廣義來看，
常被討論的有：Benedict Anderson、Carlo Ginzburg、Emmanuel
Le Roy Laudurie、E. P. Thomposn、Francois Furet、Joan W. Sott、
Lawrence Stone、Lynn Hunt、Michel de Certear、M. Ozouf、Natalie
Zemon Davis、Peter Burke、Robert Darnton、Roger Chartier、Simon
Schama。這些新文化史家的研究特色在於，不再把文化視爲是被動
的因素。在Lynn Hunt看來，文化與經濟等物質的關係是互動的，雙
方互相影響。新的探討方向的焦點是人類心智，把它視爲是社會傳統
的儲存處，是認同形成的地方，是以語言處理事實的地方。文化就住
在心智之中，而文化被定義爲解釋機制與價值系統的社會儲藏所。文
化史學者的任務是往法律、文學、科學、藝術的底層挖掘，以尋找人
們借以傳達自己的價值與眞理的密碼、線索、暗喻、手勢、姿態。最
重要的是，學者們開始明白，文化會使意義具體化，因爲文化象徵

---

14 「語言轉向」對智識史（或思想史）的影響，見John E. Toews的研究討論，
　　 "Intellectual History after the Linguistic Turn: The Autonomy of Meaning and the
　　 Irreducibility of Experience" *American Historical Review*, 92 (1987), pp.879-907。
15 Bonnell & Hunt, 1999.

（cultural symbols）始終不斷地在日常的社會接觸中被重新塑造。[16] Roger Chartier則認爲，將文化視爲社會經濟生活的產物是一種錯誤的說法。在他看來，文化本身就是社會經濟的一部分，兩者無法分割來看。[17]

不過，如*Telling the Truth about History* 一書所警告的，過於強調文化的重要性，會犯了把一切都囊括在文化之下，結果什麼都解釋不清的通病。歷史學家應當專注於提供「濃密描述」（thick descriptions），而不理會因果解釋嗎？如此一來，向唯物主義化約論（materialist reductionism）下的戰書，無異變成向因果解釋下的戰書了。一切都圍繞在文化之中時，因果也無從區別。這將使文化史研究與相對主義（relativism）、懷疑主義（skepticism）的哲學議題彼此交錯，而相得益彰。[18]

新文化史爲何會在一九八〇年代成爲歐美史學界的主流，這四本書的見解雖觀察角度不同，但結論大同小異。Burke從五種對古典文化史的批評著手：1.它忽視社會——經濟的基礎建設、政治與社會結構等等；2.它視文化的一致性與同質性爲理所當然；3.「傳統」繼宗教之後，成爲實踐與價值代代相傳的基本觀念；4.古典文化史的文化取向過於狹隘不明；5.它不再適合我們這個時代。繼古典文化史而起的是有歷史人類學傾向的新文化史。[19]Poster認爲新文化史推翻了歷來對眞相的看法。它訴諸於後結構主義者的解釋策略，並拋出女性主義與反殖民論述的議題。[20]Frijhoff認爲有三種因素——語言轉向、論

---

16 Joyce Appleby, Lynn Hunt & Margaret Jacob, 1994, pp.218-219.
17 Roger Chartier, 1982, pp.13-46.
18 Joyce Appleby, Lynn Hunt & Margaret Jacob, 1994, pp.223.
19 Peter Burke, 1997, pp.184-198.
20 Mark Poster, 1997, p.5.

述分析與敘事論（narrativism）、歷史人類學與微觀史，助長了新文化史的三次轉變。[21]加州大學聖地牙哥分校的歷史社會學教授Richard Biernacki的看法大致與上述學者無異，不過他本著社會學的立場，認為當知名新文化史家Joan W. Scott與Chartier批判「社會史」時，他們已經很難舉出有名望且活躍的社會史家當作批評的箭靶了，換言之，他們所批評的社會史已不是傳統的社會史。[22]

　　如前所述，新文化史正面臨轉型的階段。從本文討論的四本著作看來，真正對新文化史的走向提出批判性觀點的只有*Beyond the Cultural Turn*。目前學界對新文化史的討論，最主要的關懷焦點是文化是否能無上限地解釋一切，以及「新文化史下一步該如何走？」的問題，討論的議題主要集中在文化研究的理論與方法。例如Biernacki在「Method and Metaphor after the New Cultural History」中就明確指出，主旨在審視文化史所用的方法的困境，這些方法曾在一九八〇年代對文化史的發展起了延續性的功用，因此有必要為其影響力進行評估。他的目的在於指出近來這股風潮的轉變，他認為我們正處於第二次的文化轉向中，朝向與以往文化史截然不同的路徑前進。[23]歷史研究者並非只分析實踐的再現，而是將焦點更直接地集中在實際的運用上。[24]二〇〇〇年Biernacki在*History and Theory*的「歷史研究的文化與解釋專輯」（Forum on Culture and Explanation in Historical Inquiry）中再度發表一篇相關論述的文章「Language and the Shift from Signs to Practices in Cultural Inquiry」，文中他提到了最近的史學著作已經傾向研究具體物質生活的文化，以及實際運用文

---

21 Willem Frijhoff, 1999, pp.89-90.
22 Victoria Bonnell, 1999, p.62.
23 Richard Biernacki, 1999, pp.62-63.
24 Richard Biernacki, 1999, p.75.

化來重新思考文化的結構成分與文化如何配合社會脈絡：[25]然而，這並不意味要重回以經濟或政治邏輯觀念的脈絡來決定文化的主題與構造。[26]

　　儘管*Beyond the Cultural Turn*這些作者深受文化轉向的影響，但他們拒絕大多數激進的文化論者與後結構論者將社會排除在外的暗示。他們認為，社會的情況與意義可能受到質疑，這影響了社會史家與歷史社會學家的態度，但獨立於社會之外的生活卻被證實不可能。的確，由於對社會科學解釋典範的優越性的不滿，助長了學界將焦點轉向文化，然而，對文化轉向不滿的某些觀點卻又導致另一次的方向轉變——但這回不是回到先前對社會的了解，而是朝向範疇的再概念化（reconceptualization）。這本論文集的重要結論之一是需要將社會視為一個範疇來研究：歷史學家與社會科學家如何重視社會？過去如何將社會視為理解的範疇？這些範疇如何透過具體活動生存與再造？[27]

　　文化轉向所引發最明顯的問題是文化本身定義與地位的問題。許多批評是衝著文化觀念的模糊性而來，William Sewell的「The Concepts of Culture」對歷來學界對文化的定義有詳細的分類及解釋。[28]Biernacki則預測了一個哲學傾向的文化取向。依他看，文化研究者只是在找尋一個實在與不可復歸的社會。文化分析者以文化取代

25 這方面的研究，參見Chandra Mukerji, *Territorial Ambitions and the Gardens at Versailles*, Cambridge University Press, 1997; Ken Alder, *Engineering the Revolution: Arms and Enlightenment in France, 1763-1815*, Princeton University Press, 1997; Adrian Johns, *The Nature of the Book: Print and Knowledge in the Making*, University of Chicago Press, 1998.
26 Richard Biernacki, 2000, pp.289-290.
27 Bonnell & Hunt, 1999, p.11.
28 Bonnell & Hunt, 1999, pp.35-61.

社會及經濟，以語言「符號」（sign）取代「階級」（class），做爲
分析的基本觀念。他將焦點集中在文化「實在論」的實際成果，也就
是，文化是社會實體的最初要素。他想檢驗文化研究如何能比其他類
型的分析更有效地解釋歷史結果的不同。

對於新文化史的看法，Burke則認爲新文化史對舊的歷史學的決
定論反彈過大，過於強調文化的建構（construction）或虛構，以致
矯枉過正。在決定論與相對論之間，研究者往往偏向兩極；然而，
我們應當找尋一個中心點，但非固定的中心，而是運動的中心。[29]
Poster不像Bonnell及Hunt等人那麼悲觀，他認爲：「文化史並非要排
擠或取代社會史與政治史，而是去挑戰他們，藉由引介不同研究歷史
的方法及不同的認識論，來刺激歷史學科。」[30]

儘管有上述質疑，不可否認地，文化與後現代理論的貢獻之一就
是，建立了一種源自認識論與方法論兩難的新式共同語言，像再現、
文化、實踐、相對論、眞相、論述、敘事、微觀等名詞。因此，雖然
*Beyond the Cultural Turn*一書作者對於文化轉向所引發的兩難，分享
了共同的立場；但他們一再強調實證的、比較的研究。他們不但未放
棄社會或因果解釋；反而進一步找尋更適當的解釋。

從Burke的*Varieties of Cultural History* 到Bonnell與Hunt的*Beyond
the Cultural Turn*的相繼出版，我們可以很清楚地看出新文化史光譜
的轉變。若歷史學的潮流像個鐘擺，那麼目前這個鐘擺似乎正逐漸要
從頂點朝反方向擺盪回去，究竟盛極一時的新文化史會怎麼走？會眞
如Bonnell一書標題所說的「文化轉向的超越」嗎？實在難以預料。
不過可預期的是，應不會是「文化轉向的轉向」，再走回以前新文化

---

29 Peter Burke, 1997, p.198；楊豫，1999，頁148。
30 Mark Poster, 1997, p.11.

史所批判的對象——新史學的老路。

三、二十一世紀的新文化史發展

　　迄今有關新文化史的發展，中西學術界都已有爲數不少的介紹性作品可供參考。例如美國華裔史家王晴佳教授於二○○九年六月就受邀在中國人民大學清史研究所講述「新文化史的意義及進展」的課題，近來則將此演講內容結集成《新史學講演錄》一書。[31]大陸近來的介紹以復旦大學歷史系的張仲民與周兵最具代表性。臺灣方面的新文化史的引介，則有《新史學》對歐美史學的介紹。另外亦有麥田出版社的「歷史與文化叢書」對新文化史經典的翻譯。然而，美中不足的是，這些著作若非是集中在介紹個別的新文化史名家，就是浮光掠影地說明過往二十年新文化史的興起與走向；較缺乏的是探討二十一世紀以來，這個領域的最新概況，以及社會史與新文化史的重新對話的問題。[32]

（一）近來的觀察

　　英國史家Peter Burke的著作一直是我們觀察西方新文化史發展趨勢的一個重要指標。這幾年他宛如新文化史的趨勢大師，常常著書及演講，提供這個歷史社群最新的文化史研究概況。或許被視爲是文化史研究的代言人，他常成爲一些保守的社會史研究者批評及揶揄的箭靶。例如英國劍橋大學現代史教授及社會史戰將Richard J. Evans就曾

---

31 王晴佳，《新史學講演錄》，中國人民大學出版社，2010。
32 此外，臺大歷史所博士班研究生陳建守近來也相當積極撰寫書評及研究討論。

在*In Defense of History*公開批評Burke的一本著作「是一部令人失望的粗淺而專事敘述的作品，它幾乎全然無視於其書所論列的那一段時間內法國廣泛的思想史之發展」。[33]Evans這本書的立場相當明確，基本上是一本反後現代史學的書，然而，新文化史的某些觀點也在他們的批評之列，已有修正主義傾向的文化史家Patrick Joyce對此書的評論非常中肯且一針見血，他說道：「這種對後現代主義的很多抵制在九〇年代以『捍衛歷史』的旗幟所出版和發表的一些論著中得到了表達，客觀性的觀點依然在這些舊式的學術語言下得到了捍衛。事實上，後現代主義並未對歷史構成多大的威脅，僅僅是把重新思考什麼是客觀性置於首要地位而提供材料。理查得·埃文斯的《捍衛歷史》就是一個沒有利用這一機會，依然守舊的絕好例子。」[34]

　　儘管Burke的作品被這些社會史學者說的一文不值，但Burke的文化史評論還是我們觀察當代新文化史發展新趨勢最好的入門讀本。Burke這位兼顧史學理論與實踐的文化史專家在二〇〇四年寫了一本淺顯易懂的新文化史著作，清楚地將新文化史的發展做了簡明扼要的描述。此書出版後，短短不到幾年，就於二〇〇八年發行第二版，可說是一本相當受到好評的新文化史入門書。新舊版本的最主要差別在於第二版的書末多了一篇後記〈二十一世紀的文化史〉以及二〇〇三年之後出版的新文化史著作參考書目，[35]這兩部分補充說明了二十一世紀新文化史的最新進展。

---

33 Richard J. Evans, *In Defense of History*, W. W. Norton & Company, 1997, p.257.

34 〈從現代到後現代：當代西方歷史學的新進展：英國帕特里克·喬伊斯教授訪談錄〉，李宏圖選編，《表象的敘述：新社會文化史》，上海三聯書店，2003，頁110。

35 Peter Burke, "Afterword: Cultural History in the Twenty- First Century," in *What is Cultural History*, Polity, 2008, second edition, pp.130-143。除了增加一篇後記之外，在其他內容部分也有所增修。

（二）專業期刊與國際組織的出現

　　自二〇〇〇年以來，最少已有十本談論文化史研究概況的書出版，分別是英國、法國、丹麥、芬蘭、德國、義大利、西班牙及葡萄牙。這些地區的新文化史發展並不一致，甚至有些參差不齊。新文化史在這些地區的發展，就如同人類學及自然科學一樣，有各自的國家作風或傳統。例如在英國，新文化史仍面臨一定的反抗。反觀美國，新文化史的發展，就好像文化人類學與文化地理學一樣，已有長足的進展。北美強調文化與英國強調社會的對比或許可以從文化方面來解釋，由於北美屬於移民社會的流動型態，其地理與社會流動相對來講較高，而英國的社會型態則較偏向定置型及穩定的社會，因而又可稱為「實證主義的文化」。

　　除了上述導讀類書籍之外，我們還可以從期刊的創辦與學術組織的設立看新文化史近來的發展。儘管有些社會史的書如《歷史社會學手冊》已經標舉出「文化史死了」（「九頭蛇」萬歲）這樣聳動的標題，[36]或者像法國的文化史大將Roger Chartier那樣的以〈「新文化史」存在嗎？〉反問句的方式探討新文化史的無所不在，[37]但諸多跡象顯示新文化史的重要性依然未減。我想大多數的史家會和我一樣地驚訝，新文化史發展至今已二十年，卻沒有一本專屬這個領域的專業期刊，也沒有一個正式的國際性組織。這個現象近來已有改觀，二〇〇七年國際文化史學會（International Society for Cultural History）在英國的亞伯丁正式成立。[38]這個機構也開始籌畫一本新的學術期刊

---

36 Gerard Delanty, Engin F. Isin,《歷史社會學手冊》，中國人民大學出版社，2009，頁272-303。
37 陳建守編，《史家的誕生：探訪西方史學殿堂的十扇窗》，臺北，時英出版社，2008，頁413-436。
38 該機構的網誌如下：http://www.abdn.ac.uk/ch/ch_soc.shtml。

Journal of Cultural History，目前名列網站上的編輯委員，屬於文化
史的老將計有Peter Burke、Robert Darnton、Natalie Zemon Davis、
Carlo Ginzburg、Lynn Hunt；有些則是文化史新秀，如Catherine
Belsey、Harvey Green、Karen Halttunen、Anne Eriksen等人，這些
委員的國家含括了英、美、挪威、加拿大、義大利、瑞典、丹麥、芬
蘭、法國，顯現了Peter Burke所說的當前文化史的全球化現象。

　　近來新文化史的勢力也影響到傳統的社會史社群。二○○四
年，英國社會史學會新辦了一份期刊*Cultural and Social History*。我
們光從名稱就可以看出這個期刊兼顧了文化與社會的課題，這在英
國倒是相當少見。這份期刊的主編是Anthony McElligott及Alexandra
Shepard，McElligott目前擔任愛爾蘭Limerick大學教授，同時也是歷
史研究中心（Centre for Historical Research）的主席，專長爲近代
德國史，二○○九年剛出版一本有關威瑪共和的研究；Shepard則是
Glasgow大學的近代史教授，曾寫過近代英國的男子氣概的專書及有
關男同性戀的論文。編輯顧問中，大家較耳熟能詳的有研究明代藝
術與物質文化歷史的英國史家Craig Clunas、以研究維多利亞晚期倫
敦性犯罪的敘事著稱的Judith Walkowitz及巴黎城市文化史專家Colin
Jones等人。

　　除了期刊及組織之外，另外一個顯現新文化史的影響無遠弗屆的
是幾乎你可以想得出來的題目都有文化史的著作，例如曆法、氣候、
咖啡館、緊身內衣、考試、美髮、恐懼、陽痿、失眠、神奇磨菇、手
淫、國族主義、懷孕、菸草、暴力、痲瘋病、地震、災荒等等的文化
史。

（三）研究課題的焦點

　　最近較受史家關注的新文化史研究課題是身體（body）、國家認同（national identity）與觀念（ideas）的文化史。其中身體史研究的焦點是清潔（cleanliness）的歷史，以往這個課題大多是業餘史家擅長的領域，近來專業史家受到人類學家Mary Douglas的影響，漸漸關注潔淨或純淨的隱喻的主題，例如靈魂的純淨、種族的進化、及語言的純淨等等。[39]最新一本是Kathleen M. Brown研究初期美國的潔淨的文化史*Foul Bodies: Cleaniliness in Early America*。[40]作者探討美國近五百年來的清潔、隱私和健康觀念的演變。

　　國家認同依然是近來文化史關心的主題。例如在集體記憶的研究熱潮中，最受重視的是「國家記憶」。其中針對國家的象徵所研究的課題有紀念碑、旗幟，這些題目在一九七九年法國史家Maurice Agulhon出版有關Marianne的研究時還尚未普遍，但現在已經紛紛在歐洲、巴西，甚至墨西哥開花結果。此外，受到Benedict Anderson的「想像的共同體」和Eric Hobsbawm的「發明的傳統」概念的影響，有關國家的發明著作可以塞滿一整個書櫃，範圍涵蓋了美國、阿根廷、澳洲、加拿大、衣索比亞等地。這些也鼓舞了有關語言的歷史——特別是國家的語言的「製作」（fabrication）研究，例如現代希臘文和希伯來文。[41]

---

39 這方面的著作有Virginia Smith的 *Clean*, 2006、Douglas Biow的 *The Culture of Cleanliness in Renaissance Italy*, 2006、Katherine Ashenburg的 *The Dirt on Clean: An Unsanitized History*, 2007。

40 Kathleen M. Brown, *Foul Bodies*: *Cleaniliness in Early America*, Yale University Press 2009.

41 這方面的代表著作有：David A. Bell的 *The Cult of the Nation in France*: *Inventing Nationalism, 1600-1800*, 2001、Joep Leerssen的 *National Thought in Europe*: *A Cultural History*, 2006。

在思想的文化史方面,以往思想史和文化史是不同的發展方向,但近來雙方的界限已漸漸模糊。思想的文化史的顯著例子也可稱為知識的歷史社會學或歷史人類學。有三位學者不約而同地將思想史引導至更具有文化發展的方向,他們分別是法國的Francois Waquet、德國的Martin Mulsow及美國的William Clark。他們關注知識的文化,強調文化實踐(cultural practices)的歷史,例如閱讀或註記的方式、學術通過儀式的歷史(如學位典禮、教育的物質文化史)。而書籍文化和閱讀實踐已經從比較的觀點來討論,例如比較歐洲和東亞在寫作系統和印刷技術上的差異。帝國國史學者——特別是大英帝國史學者,他們已發現實踐知識與一般知識在統治過程中的重要性。例如Richard Drayton的*Nature's Government: Science, Imperial Britain, and the "Improvement" of the World*(2000)。此外,幾本研究帝國和訊息的重要著作所處理的是殖民印度的歷史。

(四)新文化史的問題

「社會史的反撲」是Peter Burke於二〇〇四年觀察到的三個新文化史未來走向的其中一個標題。這樣的觀點不僅代表了文化史內部社群的重量級學者的意見,也點出了新文化史受到社會史挑戰的情勢愈演愈烈。自新文化史在史學界成為寵兒以來,這個王國就不斷地到處攻城掠地,許多以往政治史及社會史的信徒都改臣服其麾下。然而,這樣的場景並非一成不變,這種從「『文化的社會史』到『社會的文化史』」轉變的概念並未能完全說服每個人。依Burke的觀察,新文化史招致的批評中較嚴重的不外乎是:文化的定義、文本的解讀方法,以及斷裂的危險及社會建構論的問題。

文化的定義目前似乎變得無所不包。文化與社會之間的關係

是當前較爲嚴重的問題。在英國，「社會文化史」（socio-cultural history）這個詞彙已經變得更爲普遍。「社會」這個名稱已經重新予以定義，其涵義也包含了對文化的興趣。不管我們把這種現象視爲是社會史併吞的文化史或者相反，我們已經可以見到一種既強調文化也重視社會的混種類型的史學實踐隱然出現。以閱讀史爲例，現在的史家不僅重視特別的文本，他們也不會忘記所研究的讀者的多樣性；或者是，他們可能的研究重點是不同的讀者群體，但也不會忽略這些讀者所閱讀的內容。

　　社會與文化之間的關係儘管有這樣的轉變，就Peter Burke而言，無論我們如何運用這兩個名詞的概念，這兩者之間依然會產生問題。在二十幾年前，「文化轉向」這樣的概念的主要創始人之一Clifford Geertz，在〈濃密描述〉（"Thick Description"）那篇文章中就已經提到文化分析的危險性：「這將會使我們忽略了生活的實在層面：例如經濟與政治的結構。」因而Burke呼籲處於「後後現代」的我們，如何重建社會與文化之間的關係乃是當務之急。無論建構主義者如何重視「社會的文化史」，我們現在所要改變的方向，絕對不是以此去取代「文化的社會史」。就如同我們在前文中所介紹的著作*Beyond the Cultural Turn*所強調的，社會的概念不應該棄如敝屣，而是應當去重新配置（reconfigured）。例如，閱讀史學者就必須開始去研究「解釋的社群」（communities of interpretation），宗教史學者去研究「信仰的社群」（communities of belief）等等。其實，研究文本及圖像的接受的歷史學者早已開始提問一些更廣泛的問題，像是「是誰？」這種較大的社會的問題。換言之，史家應當要繼續關注的焦點，就是哪些人在特定的地方和時間在看這些東西。

　　在研究方法方面，以往新文化史學者受到人類學家的影響，將文化視爲是文本的這種概念，雖然極具吸引力，但卻是問題重重。無

論如何，我們應當要明白，歷史學家和人類學家在運用閱讀的隱喻概念時，其方法是大不相同的。如同法國年鑑學派第四代的文化史家Roger Chartier所說的，Geertz是透過觀察特別的打鬥及與參與者對話來研究峇里島的鬥雞；而研究法國大革命的殺貓儀式的美國文化史家Robert Darnton則是根據十八世紀描述殺貓事件的文本來分析殺貓的文化史。因而，Burke認爲，研究文化史時，應當針對不同的問題而有不同的研究方法。例如，在文化轉向之後，量化方法的運用在文化史研究中就遠低於社會史。關於這點，我們可以向法國文化史家Danile Roche效法。不管他是研究學術史、書籍史或者還是服飾史，這位史家毫不避諱地融合了量化和質性的研究方法。

　　除了上述來自文化史社群內部自身的反省之外，新文化史遭到最大的挑戰就是來自昔日被它批評的體無完膚的社會史。在英國，現今大概不會有人認爲「新文化史」是個新的玩意，因爲它少說在這已經發展了三十年。它的出現帶動了英國史研究的重要發展，舉凡將少數研究課題由邊緣帶進到核心，或者是研究視野及方法的提供皆屬之。也因爲如此，新文化史的研究方法漸漸受到一些社會史家的質疑。其中，反對新文化史的聲浪最高也最有震撼力的地方是來自英國。這波攻勢首先由劍橋大學現代史教授Peter Mandler點燃。二○○四年，他在由社會史學會新創的刊物*Cultural and Social History*首卷中發表了「The Problem with Cultural History」，他列舉了文化史內在的方法論問題，這些問題已爲文化史的實踐帶來了困擾。然而，此舉也引起一些文化史家的回應，例如曾寫過《巴黎城市史》[42]聞名史學界的英國史家Colin Jones就寫了一篇名爲「Peter Mandler's 'Problem

---

42 Colin Jones, *Paris: Biography of A City*, 2004，中譯本見董小川譯，《巴黎城市史》，
　　東北師範大學出版社，2008。

with Cultural History', or, Is Playtime Over」的短文反駁Mandler的說法。**43**

　　Mandler提出了三個困擾著文化史的方法論上的問題。他認為文化史的觀點來自文學批評或文化研究的多過來自歷史學的訓練。他們之所以受到吸引，並非因為這些學科是「簡單的」，反而是因為這些學科是「困難的」。他的第一個問題是：「誰的論述（discourse）？」。受到語言學轉向的影響，已有相當多的史學作品強調論述這個概念。史家投入太多精力在文本及論述空間的描述上，雖然相當愉快而有用，但這也會分散我們去評估文本意義的責任，以及文本間相互的關聯性。我們史家的職責不僅是要認同論述是什麼？也要了解它屬於什麼？著名德裔美籍歷史學家Georg G. Iggers對於關於歷史學的「語言學轉向」的問題，就沒有像Mandler那樣悲觀，他在*Historiography in the Twentieth*一書中這樣說道：「儘管如此，語言哲學更適用於文學批判而不是歷史寫作，對於歷史敘述而言，即使是使用在方式上接近文學模式的敘事形式，仍然要求描述和重現真實的過去，其程度超過了虛構的文學。儘管社會史和文化史學家極為稱道Lynn Hunt在*New Cultural History*一書中闡述的後現代主義的語言學理論，但他們卻走向了完全不同的方向。近十五年來，歷史研究中的『語言學轉向』是努力突破舊的社會經濟研究方法中所包含的決定論而採取的某些作法，並強調文化因素的作用，語言也在其中占有重要的地位。但是，正如Jones所指出的，這並不等於用語言學的解釋來取代社會學的解釋，而是為了考察兩者是如何發生聯繫的。」

---

43 Colin Jones, "Peter Mandler's 'Problem with Cultural History', or, Is Playtime Over," *Cultural and Social History*，2004年1期，pp.209-215。

　　第二個問題是關於區分本體的（noumenal）與現象的（phenomenal）問題。Mandler之所以會用這樣的字眼「本體的」vs.「現象的」，而不是用「想像的」vs.「眞實的」，是因爲他不想暗指想像的作品缺乏眞實的影響，或者眞實的文本的意義不是建構在想像之中。兩者的區分其實不是如此固定不變。但是我們仍然能夠在不同文本的狀況和影響中做出區別。第三個問題是我們該如何解釋意義的建構（construction of meaning）？最後，Mandler提出三個可行之道。首先，他認爲史家應當更堅決地將論述的位置放在它們的生產與接受的情況上。第二是更準確地處理本體與現象的證據之間的關係。第三個建議是，爲了要更令人信服地越過觀衆及類型去追蹤意義的足跡，我們需要去操作意義的理論。我們必須更徹底地探索近來以社會科學方式寫作的實證和理論的作品。Mandler認爲我們對於當代社會科學的理論先驅者都抱持相當保守的態度，現在應當是Marx、Freud、Saussure、Levi-Strauss，甚至Lacan及Derrida行動起來的時候了。此外，我們還需要了解今日心理學家所提出的關鍵概念「意義」及「認同」，心理語言學家所認知的「論述」及「敘事」，或者經濟學家所說的「需要」與「欲望」。我們必須以我們自己的證據以及學科的知識來測試其他學科的理論。

　　有關Mandler對新文化史的批評，Colin Jones也不甘示弱地回應。對於這位新辦期刊*Cultural and Social History*的編輯顧問而言，能在這樣的刊物討論文化史是個很好的時機。Jones認爲，這個期刊之所以會取這個名稱，原因有兩個，一方面反映在過去十年中，社會文化的寫作已經強烈受到文化史的影響；另一方面則可以開啓更廣泛的管道讓社會史與新文化史有進一步的交流。

　　新文化史招致反對者批評的諸多意見之中，史學的碎裂化（crumbling）是討論地較爲熱烈的一項。有關新文化史所帶來的史

學的碎裂化，微觀史學是傳統史家攻擊的焦點。有關微觀史學與新文化史之間的關係，讀者可以參考中國大陸復旦大學歷史系教授周兵的文章〈微觀史學與新文化史〉，此外，關於微觀史家Carlo Ginzburg的研究，最近中央研究院史語所副研究員李尚仁也有一篇很精采的評論文章〈如何書寫被排除者的歷史：金士伯格論傅柯的瘋狂史研究〉。[44]一九七〇至一九八〇年代，已有愈來愈多的史學家們開始對社會科學式的歷史學表示懷疑，微觀歷史學因而誕生，義大利的Carlo Ginzburg 和Carlo Poni是當中兩位重要的代表人物。這個學派對於日後新文化史的研究方法有重要的啓發，美國的文化史家Natalie Davis是當時唯一可以和這個學派相呼應的重要學者，當然，她日後也成為新文化史相當重要的推手。微觀史學派剛出現時，他們所面對的當時史學氛圍是宏觀歷史學的觀念及社會科學的歷史研究法。宏觀的歷史社會科學認為，世界歷史進程的特徵是現代化，微觀史學派則認為人類為此付出了慘痛代價。現代化進程所釋放出來的不僅是巨大的生產力，還具有破壞性力量。這樣的結果卻已經落在一直被社會科學的歷史學所忽視的小人物身上。

有鑑於此，社會科學的歷史學被視為與專門研究上層社會與權勢人物的政治史沒有什麼兩樣，歷史學必須轉向研究普通民眾的日常生活史。與義大利微觀史學派的風格極為類似，德國的日常生活史學派就是在此情境下孕育而生。原本這些深受馬克思主義影響深遠的史家也開始改變方向，向馬克思的宏觀歷史觀念中那種經濟增長理論提出挑戰。他們希望把人類的真實面貌還給歷史，這促使這些史家不僅反對馬克思主義，而且反對分析式的社會科學和年鑑學派。此時的年鑑

---

44 李尚仁，《科技、醫療與社會》，3（2005），頁175-227。

學派雖然避開了馬克思主義的某種狹隘觀念，但也犯了微觀史學的一個大忌，那就是歷史書寫中「人」的重要性。Natalie Davis相當認同微觀史學的觀念，但她更強調方法論中有關事實與虛構之間的界線已經變得模糊。按照微觀歷史學實踐者的說法，微觀歷史學的基本宗旨在於：「在小群體的層次上闡明歷史的因果關係，而絕大多數的生活都發生在這樣的小群體當中。」這樣反對社會科學的方法的歷史學，在文化人類學家Geertz身上借用了「濃密描述」的概念。他們進而認為，如同人類學一樣，歷史學也是一種詮釋性的而不是系統的科學。他們把研究的對象當作是客體，可視為是「他者」，要用閱讀文本的方式來研究對象。由於同一個文本可以用不同的方法來解讀，其帶來的必然結果就是事實與虛構之間界線的取消。

然而，微觀史學也遭受到批評：1.批評者認為他們過度去研究小範圍的歷史，結果把歷史學降至以軼聞瑣事為主要內容的古典主義；2.批評微觀史家過度以浪漫的態度研究過去的文化；3.批評這些史家較偏向研究較穩定的十五及十六世紀的歐洲文化，缺乏研究變化迅速的現代世界的能力；4.他們缺乏研究政治的能力。英國劍橋大學的德國史教授Richard Evans在《為史學辯護》一書中，對微觀史學中Natalie Davis的《馬丹·蓋赫返鄉記》及美國文化史學家Robert Darnton的評價是：「這兩部也是可讀性高的敘事，但都是根據那些隱諱不彰的事物寫成的。這兩本書都取材自日常生活中極細小的偶發事件，重新把它們當作故事來講，並當作是了解較為重大的事物的一些隱喻性及象徵性的線索，來加以分析。這麼做，它們便帶領著讀者去接觸一個與讀者時空遙隔的精神世界兼肉身世界中的日常人的生活面貌和感受。」

當然，對於許多社會史家而言，碎裂化的含意不只是指史學研究課題的瑣碎，它更指涉及新文化史所強調的「在二元對立的客觀論

模式經過『主觀論』角度的重新闡釋之後，喪失了理論結合的能力，具體來說，就是指文化領域愈益自主化所導致的理論方面的解體效應。」

四、社會史的轉變：感覺史、社會的歷史、後社會史

　　面對新文化史的挑戰，社會史研究者要不是堅持自己的招牌及清楚地劃清活動場域，如資深社會史大將Peter Stearns；就是隱身於新文化史的大旗之下，享受有如蝙蝠般的雙重身分。然而，有些學者就較不易歸類，我們可以稱他們是傳統社會史的變種。這些社會史學者如何為他們自己的研究定位？他們又如何去看待新文化史的發展？他們有無提出異於傳統著重結構及社會經濟的社會史的新觀點？我們將舉三位社會史家Mark M. Smith、Geoff Eley、Miguel Cabrera為例，這三位史家分別代表三種不同的類型，我們將透過他們的實際研究去探索這些史家如何和新文化史對話。

（一）Mark M. Smith：「感覺史」

　　Mark Smith的感覺史（history of the senses）研究雖然在光譜上是屬於文化史，但就他的認知，他的研究比較偏向帶有Eric Hobsbawm所標榜的社會史特色。Smith是美國南卡羅來納大學歷史系的教授，早於二○○一年著有*Listening to Nineteenth-Century America*，但一直要到二○○七年，才出版了有關感覺史的專書*Sensing the Past: Seeing, Hearing, Smelling, Tasting, and Touching* *in History*，此後，我們才比較清楚他的研究取向。其實，在此之前，Smith就已經先於二○○三年在社會史的老牌期刊*Journal of Social History*上發表了他對社會史發展的最新看法，這篇論文的題目爲「Making Sense of Social History」，通篇讀完，你會發現Mark Smith的研究特色其實和新文化史沒有兩樣，但他卻將自己的作法稱爲是社會史，這在在顯現了當前的史學風潮，有些領域其實是社會史和文化史的綜合，彼此很難有明顯區分。就如Smith而言：「雖然社會史和文化史在寫作中尚存有一些方法論上的差異，但實際上兩者已經合而爲一了。至少我們通常所說的文化史的概念幾乎已經完全囊括在Eric Hobsbawm所提出的社會史的概念之中。」Hobsbawm認爲，社會史的基本允諾和解釋力在於它明確要求考察和揭示經濟、政治和文化的相互關係。也就是說，Hobsbawm倡導一種折中的、開放的及趨向語境分析的社會史，力圖揭示經濟、政治和文化的互動關係。這種社會史研究重視底層但不排除菁英，強調經濟也樂於考察精神。Smith認爲作爲歷史學近來最引人注目的感覺史研究得益最多的還是來自社會史的貢獻，特別是Hobsbawm及E. P. Thompson所定義的社會史。大多數感覺史的著作在本體論、認識論以及對歷史思考的習慣上都是從社會史的研究中獲得歷史靈感。

　　此外，Smith還提到，文化史研究中對於語言分析的創新也影響了研究感覺歷史如何去定義、敘述和說明他們的研究計畫。Smith對於自己的感覺史研究被貼上「文化史」的標籤，雖然不以爲意，但他在文中多次強調，實際上是E. P. Thompson關於勞動紀律與時間的社會史研究，以及Eric Hobsbawm所倡導的綜合歷史研究提醒像他這樣的社會史學者，所謂：「歷史不僅僅是透過歷史行動者的眼睛，也是透過他們的耳朵來傳遞訊息的。」Smith特別強調，這些感覺史學家所用的方法，不僅僅是文本細讀和語言分析，更常使用的是那些被

Hobsbawm認為是社會史特徵的對具體經驗資料的分析。

　　對於Smith來說，那些舉出有力證據來區分社會史與文化史的學者，也開始趨向附和Hobsbawm的概念。按Hobsbawm對社會史定義的標準，《歷史的眞相》一書的三位作者Joyce Appleby、Lynn Hunt、Margaret Jacob對文化史的描述看來和社會史沒什麼兩樣，差別只在強調的程度不同，而非種類的不同。Smith的解釋是：「或許他們正確地指出社會史家把精神做爲形成認同和從語言學上討論事實的關鍵時，才與文化史家分道揚鑣。社會史家認爲『文化史家試圖在法律、文學、科學和藝術的正式成果下挖掘人們用以交流價值和眞理的符號、線索、暗喻、標示與古代遺物』，並開始尋找文化的具體涵義，因爲日常的接觸不斷地重塑各種文化符號。」雖然文化史偏好用人類學和文學的方法來處理意義的問題，但我們常會誤解以爲文化史家只會探詢意義，而社會史家只會注重因果關係，其實這樣的二分法有點言過其實。畢竟社會史家有時是既追求因果也會探求意義問題。

　　Smith舉法國年鑑學派的一位重要史家Alain Corbin爲例說明上述的觀察。按照Hobsbawm對社會史的定義，Alain Corbin的研究更帶有濃厚的社會史特色。事實上，這位積極響應Hobsbawm所說的「要研究菁英階層也要研究較底層的社會等級」的史家，即以此標榜自己是一位社會歷史學家。在《惡臭與芳香：氣味與法國的社會想像》一書中，Corbin探討了一七五〇至一八八〇年間法國對氣味的知覺的變遷。按Smith的觀察，他和早期的社會史家一樣，按照階級隊伍以及相應的知覺權威來建構他的研究框架：在帶有「危險」氣味的人群中是如何出現身體的和社會的距離；公共和私人空間是如何安排的；階級權威是如何大肆宣傳「中產階級控制了嗅覺」這樣的口號來贏得其他社會底層的支持。Smith認爲，Corbin和Hobsbawm一樣，用的分析方法就是Hobsbawm所提倡的平衡分析的方法，不僅要考慮工人階級

文化中積極的一面，也要考察他們保守的一面。Corbin於一九九八年
有關聲音的著作《大地鐘聲：十九世紀法國鄉村的聲音和意義》，用
了與氣味研究類似的研究策略。Smith認為，他的作品雖然被歸類為
文化史著作，但某些地方讀起來和E. P. Thompson的社會史著作極為
類似。Corbin有關社會的表現的討論都是根據具體的經驗證據基礎，
打從詳細討論鐘的鑄造程序、工藝及計時功能，到對法國十九世紀末
使用鐘的數量和種類做出定量分析都是如此。

　　總之，對於Smith而言，感覺史的研究與其說是文化史的研究取
向，倒不如說更具有社會史的特色，社會史學家將在這個領域中扮演
重要的角色。他的結論簡潔有力，他說：「我的結論，要我說得簡單
嗎？那就是這是社會歷史學家大顯身手的好時機。」

（二）Geoff Eley：「社會的歷史」

　　美國密西根大學歷史系教授Geoff Eley的研究就較受到歷史
學界重視，這幾年他接連出版了兩本重要的著作*A Crooked Line:
From Cultural History to the History of Society*及*The Future of Class
in History: What's Left of the Social*。[45]尤其是二○○五年出版的
A Crooked Line，此書出版後，立即受到美國重要史學期刊*The
American Historical Review*的熱烈討論，二○○八年四月這個期刊特
別規劃一個專題「Geoff Eley's *A Crooked Line*」討論Eley的這本書。
專題中有William H. Sewell、Gabrielle M. Spiegel、Manu Goswami的
評論文章及Eley回應的文章。*A Crooked Line*一書對於我們了解當前

---

45 Geoff Eley, *A Crooked Line*: *From Cultural History to the History of Society*, University
　of Michigan, 2005; *The Future of Class in History*: *What's Left of the Social*, University of
　Michigan, 2007.

的歷史是如何轉變成現在的模樣相當有幫助。此外，這本書也提供了一些論點指引當前的史家如何超越文化史，並重新拾回對社會史的關懷。他提出四個重點，第一、我們現在應當迫切需要有一種基礎的多元性（basic pluralism）。他在書中儘量避免對過去有關從社會史到文化史的區分的各種爭辯做詳細的分析。他認為在一九九〇年代所訓練出來的學生對於有計畫地去擁戴理論的權威性較不感興趣，反而是願意花費更多心力在找尋結合社會史與文化史的方法。近來新出版的著作很明顯地已經不再將「社會範疇」與「文化範疇」做兩極化的區分，而是賦予社會及政治這些主題一種文化分析的正當性，以回應文化史的煽動。第二、我們應當重新拾回把社會視為是一個整體的可能性的信心，將它那種聚合及不穩性的基礎予以理論化，並分析它的移動形式。Eley以自己研究為例，他依然根據資本主義、階級、國家及社會形成的概念來思考問題，但較以前更為小心翼翼，並對於宏大的理論概念能夠協助我們討論及解釋什麼，表示存疑。此外，Eley對於如國家、階級及社會的所有詞彙，歷史學家該揭露、具體說明及定位到何種程度，他已經有較以往更清晰的輪廓。或許，語言學的轉向比任何其他學說讓現代社會理解的範疇變得更為理論化，以致於像階級及社會這樣的詞彙變得更具有歷史的因地制宜特性。

第三、他認為萬物無時無刻不在變化。在他有生之年，已經歷了兩次史學界的巨大轉變。其中一次就是一九八〇年代的新文化史和文化研究成為最受歡迎的新方法。但Eley卻不認為這樣的史學方向會是歷史研究的終點。他認為「社會的歷史」（the history of society）即將再度受到重視。第四、政治事件有雙重意義。一方面，社會史和新文化史兩者不單純是學術的發展，它們其實都和政治的發展息息相關，Eley不認為這種政治的推力不會再發生，特別是目前我們已經進入重大及危險的政治時代。另一方面，他認為他書中討論過的幾位重

量級歷史學家：E. P. Thompson、Tim Mason、Carolyn Steedman，這些人都投入相當多的精力在校園外的公共事物。然而，這種知識與政治結合的奉獻，肯定更會激勵他們寫出最好的史學作品。

（三）Miguel A. Cabrera：「後社會史」

　　我第一次接觸這個名稱是來自於Peter Burke的*What is Cultural History*的增訂本，Burke對於西班牙這位史家Miguel A. Cabrera的著作*Postsocial History: An Introduction*[46]的評論只出現在正文及附注中的短短幾行。新文化史家似乎對當前新興的「後社會史」（postsocial history）的發展視而不見，這些學者要不是認為他們的論點尚未有一套明確的概念，就是自滿地覺得他們與新文化史並無兩樣。例如Peter Burke就對於西班牙史家Miguel A. Cabrera所提出的「後社會史」稍有微詞，他認為近來所提出的後社會史的概念不僅摒棄了傳統的社會史，也遠離新文化史。他甚至形容後社會史：「這種新『新史學』（new "new history"）的性質依然是渾沌不明。」[47]曼徹司特大學歷史系教授Patrick Joyce對Cabrera的評價與Peter Burke截然不同，他在Cabrera書中的序言中說道：「本書有助於我們認識到，在被稱為『新文化史』的思潮中，也存在著一種相類似的趨向，只是『新文化史』認定文化與表象（representation）具有自主性，並對此拳拳服膺。在此，『社會』（society）或『社會範疇』（social）常常從後門偷溜回來，要不就是舊時的修正論死灰復燃，

---

46 Miguel A. Cabrera, translated by Marie Mcmahon, *Postsocial History*: *An Introduction*, Lexington Books, 2004.
47 Burke在二○○八年的第二版才增加了有關「後社會史」的這一段評論，Peter Burke, *What is Cultural History* , Polity, 2008, second edition, pp.114, 156。

完全否認社會範疇有任何作用。本書耐人尋味的是，它成功地確立了新文化史中這股通常不為人意識到的思想保守立場。」

與其說「後社會史」是發展自社會史，到不如說其源頭來自於新文化史。Cabrera說道：「那麼後社會史不僅的確存在，而且包含著明確的斷裂，徹底擺脫了以往的各類史學，尤其是針對上一波史學風潮——即新文化史而來，後社會史極大程度上是從上頭發展出來。」對於新文化史學者而言，重新思考社會實在與意識之間的關聯，使其更靈活，是相當重要的問題。但後社會史並非只是蕭規曹隨，一味的繼續提高文化領域和人的意向性的自主。相反地，後社會史堅持擺脫二分理論模式及其構成角度。基本上，後社會史與新文化史在本質上並不相容，後社會史不僅是要重新思考社會位置與意識之間的關聯性，而且在本質上會重新界定這種關係的性質。

新文化史家對於「論述」相當重視，認為論述在人們介入社會世界時起了中介作用，為他們提供了人的能動性和社會變遷歷時性的基礎。對新文化史而言，即使是符號性的手段，語言依然是一種文化的存在，一種對客觀意義的表達手段。相對地，對後社會史來說，語言是一種具有歷史特定性的存在，與中介同時生成著客體性和主體性，並重新安排兩者之間的關係。因此，對於Cabrera而言，後社會史不等同於那些「主體論修正者」所推動的趨勢，他們放棄了所謂的客觀決定論與主觀效應之間的對立，也就是說，後社會史所主張的並非只是社會史的倒轉。

Cabrera從幾個面向來區分後社會史與新文化史之間的差異：論述和後社會史、社會實在（social reality）的論述建構、利益和認同的形成（the making of interests and identities）、新的社會行動概念（a new concept of social action）。作者考察了社會實在的「論述建構」（discourse construction），剖析了這個術語，並和單純的語言

上的聯想相區別；隨後，他考察了利益與認同的構成，探索了社會
行動這個概念。這種關注話題的核心要義，就是希望避免傳統的理
論解釋，將世界視爲整齊畫分的兩個區塊：社會與文化、客觀範疇
（objective）與主觀範疇（subjective）、物質範疇（material）和表
象範疇（representation）。Cabrera整本書所做的工作即在避免重蹈
這些舊有的二元解釋——這種舊式的對世界的二分呈現的覆轍，並嘗
試以一種新的眼光來看待社會世界。

五、結論

　　綜合上述看法，我可以見到新文化史已經將過去所丟去的「社
會」，又慢慢重拾回來。有學者認爲，物質文化的研究是未來研究方
向之一。Partrick Joyce曾在一個訪談錄中提到，爲了要彌補新文化史
研究中對於社會過程的關注的缺乏，一些強調文化與社會兼顧的歷
史學者開始強調物質文化史的研究。他舉出幾本重要的著作，這些
著作正嘗試避開早期的新文化史學者過度強調文化的建構性所帶來
的局限。例如Richard Biernacki的《勞動的配置》（*The Fabrication
of Labor*）[48]，本書對十九世紀同個時期發展起來的德國與英國的
紡織工廠進行比較，他們使用相同的技術，而且回應相同的經濟約
束。Chandra Mukerji的《土地上的野心與凡爾賽園林》（*Territorial
Ambitions and the Gardens of Versilles*）[49]，這本書研究十七世紀法國
專制權力被體現的方式，它不僅體現在話語方面，而且也原封不動地

---

48 Richard Biernacki, *The Fabrication of Labor*, California University Press, 1992.
49 Chandra Mukerji, *Territorial Ambitions and the Gardens of Versilles*, Cambridge University Press, 1998.

移植和體現在法國的自然景觀上，這些景觀以物質的形式來體現，並以物質的形式爲人們體驗，這種體驗就和以語言方式的體驗大不相同。Joyce的新書《自由的統治：自由主義與英國的城市》（*The Rule of Freedom: Liberalism and the City in Britian*）[50]也提出相同的質疑，他覺得當前的作法不是拒絕文化史或文化轉向的問題，因爲文化仍然重要，但是需要從它的局限性──尤其是絕對化語言和話語特徵進行質疑。[51]在這篇訪談錄中，最值得我們注意的是，Joyce揭露了「物質轉向」或許可以補充「文化轉向」的不足，他說道：「『物質轉向』顯然正在替代──在另一種意義上來講，是正在補充──文化轉向，尤其是在歷史與社會科學的新關係上。」

新文化史的發展動向仍然值得我們持續觀察，其中美國的發展是指標之一。就如同Lawrence B. Glickman近來在「The Culture Turn」一文中所說的：「現在我們都是文化史家了。」一語道破現在新文化史無所不在的情況。我們現在所處的時代，已經有愈來愈多的社會史家定義自己爲「社會文化史家」，這些史家所進行的文化史並未完全放棄社會史的觀念與方法。儘管兩者在研究方法及議題上看似二元對立，但兩者的區別已變得不再那麼重要，這說不定是下一波新文化史的走向。[52]

50 Partrick Joyce, *The Rule of Freedom*: *Liberalism and the City in Britian*, Verso, 2003.
51 Partrick Joyce, *The Social in Question*; *New Bearing in History and Social Sciences*, Routledge, 2002.
52 Lawrence B. Glickman, "The 'Cultural Turn'," in Eric Foner, Lisa McGirr, eds., *American History Now*, Temple University Press, 2011, pp.221-241.

第二章　從《新史學》看當代臺灣史學的文化轉向：創刊前期（一九九○～二○○○）的觀察

一、前言

　　近來，有學者對於《新史學》提出評論，認爲在二○○二年之前，《新史學》有關文化史的文章寥寥可數。他的看法是：「首先，關於西方文化史專著的評介有三篇，其中兩文由盧建榮所寫，剩下一文亦由盧建榮審查通過；其次，關於研究回顧有五篇，其中，「菁英與俗民互涉」、「生活史」、以及「身體文化」由該意見領袖麾下之同志所寫，此外，另委兩位別行人士寫了關於「人類學觀點的文化」和「香港婦女史」；第三、關於原本歷史專業領域中冠上文化題目的有三篇；最後，這位意見領袖和一位日本學者各自寫的一篇文化史，則略有新意，唯這位日本學者的開會論文曾由盧建榮以書面稿予以評論通過。」[1]

　　然而，我們若細讀他所說的二○○二年以前的《新史學》，會發現情況和他所說的有出入。就他所言，這個時期與西方文化史有關的書評僅有三篇，其中有兩篇是他所寫，但我們遍尋這十年的《新史學》所收錄文章，確實是有兩篇由他所作，但實際能算新文化史著作的，只有一篇談論Mona Qzouf的《儀式與法國大革命》（*Festivals and French Revolutions*）。另外一篇是談Ronald Grele的口述歷史，這本其實與新文化史沒有關聯。反倒是他在文中舉了Le Roy Ladurie的《蒙大猶》、Natalie Zemon Davis的《檔案中的虛構》及Carlo Gingburg的《乳酪與蟲》，並以這些著作所引用的口述歷史資料的特

1　盧建榮編，《社會／文化史集刊：臺法霸權史八十年》，臺北：時英出版社，2009，頁19。

色，指摘這本書對於這些當代的名家的研究手法完全沒有參考，這與
實際狀況也有很大差異。

　　《新史學》的創刊究竟對於臺灣史學的「文化轉向」有何影
響？或者說《新史學》對於臺灣新文化史的推動有什麼關聯？是否眞
如上述學者所說，影響甚微？我們認爲唯有仔細去分析其中所刊載的
文章，才能更清楚地回答上述問題。以下本章僅就《新史學》前十年
所收錄的文章，探討當代臺灣史學的文化轉向。

二、新史學、新社會史與文化轉向

　　現在若要了解《新史學》創刊之初，是在怎樣的時空背景下，這
群臺灣史家會在一九九〇年創辦這個期刊，我們當然不能遺漏掉這份
期刊的發刊詞。此外，透過發刊詞的撰寫人——也是日後在這個期刊
宣揚「新社會史」研究取向的杜正勝所寫的幾篇有關臺灣史學發展的
文章，也是不錯的選擇。[2]另外還有一個途徑，或許可以一讀王晴佳
所寫的《臺灣史學五十年（一九五〇～二〇〇〇）》。[3]

　　在這篇發刊詞中，杜正勝對於何謂新史學，並沒有太明確的指
涉。他認爲：

> 史學是以時間發展為主軸的學問，對時代的變化比其他學科更敏
> 感。一個時代必有一個時代的史學，新的時代往往孕育出新的史

2　杜正勝，〈什麼是社會史？〉，《新史學》，3:2（1992），頁95-116；杜正勝，
　　〈新史學之路：兼論臺灣五十年來的史學發展〉，《新史學》，13:3（2002），頁
　　21-40。
3　王晴佳，《臺灣史學五十年（一九五〇～二〇〇〇）》，臺北：麥田出版社，2002。

學。

一九九〇年春天有一種以前瞻、開放、嘗試態度研究中國歷史的學術刊物在臺北問世，它就是《新史學》。……

大凡傑出史學家輩出的時代，他們的著作便代表一種「新史學」。第二次大戰以後，歐洲史學界蔚成一股風尚的年鑑學派，注重社會經濟以及心態文化的研究，相對於十九世紀的歷史著作是一種新史學，到七〇年代大家遂冠以「新史學」之名。然而十九世紀下半葉德國史學家利用政府檔案建立歐洲的政治史和外交史，在當時何嘗不是一種非常新穎的史學！最近已有人開始反省這股流行數十年的「新史學」：他們開始思考社會經濟是否一定比政治對人類歷史的影響更具關鍵地位？歷史著作分析是否一定比敘述更高明？古人說：「後之視今，亦猶今之視昔。」任何學風既然不可能一成不變，我們並不想再來提倡一種「新舊史學」或「新新史學」。

中國也曾發生史學新舊的問題。本世紀初梁任公針對傳統史學的弊端，提出「敘述人群進化現象而追求其公理公例」的「新史學」。二〇年代末特別強調新史料的傅孟真、二〇年代中專攻社會經濟史的陶希聖，以及四十年來以馬恩史觀做為骨架的中國大陸的史學，也都是各種不同形式的「新史學」。梁氏之新史學乃上世紀歐洲社會科學的餘緒；傅氏「史學即史料學」的矯枉過正，長年以來遭受不同程度的批評；陶氏的《食貨》過分重視經濟社會層次，亦有時而窮；至於以史觀做為導引的大陸馬克思史學派，基本上已背離史學的本質。凡此種種都暴露出近一世紀來，中國出現的各種新史學，都不盡令人滿意。近代中國多難，歷史研究不如歐美波瀾壯闊，然而推陳出新，新又成舊的軌跡則如出一轍。……

在新時代的前夕，臺灣一群史學工作者籌辦這份史學雜誌——
《新史學》——以迎接新時代的到臨。《新史學》不想取代任
何形式的所謂「舊史學」，而是要嘗試各種方法（不論已用未
用），拓展各種眼界（不論已識未識），以探索歷史的真實和意
義。他們吸取歷史教訓，不要創造某一新學派，毋寧更要呼籲史
學同道，在新的解放時代中，共同培養一種不斷追求歷史真實和
意義的新風氣。……
《新史學》不特別標榜社會、經濟、思想或政治的任何一種歷
史，也不特別強調任何一種研究方法，但它也有所重視和關
懷——對整個時代、社會、人群、文化的關懷。當天際浮現一線
晨曦之時，正是萬丈光芒發皇的前奏。歡迎海內外所有史學同志
一起攜手，共同創造二十一世紀中國的新史學。[4]

　　這篇篇幅不長的發刊詞，透露出幾點訊息。1.強調史學與事變的
關係，當時正處冷戰結束之際，隨著社會主義與資本主義對立情況
的崩解，新的歷史觀念正在修正。2.還是相信歷史的客觀性，史家應
該繼續探索歷史的真實與意義。3.新史學的創刊多少受到法國年鑑學
派的新史學風潮的影響。4.新史學與傳統史學關係並未斷裂。5.希望
透過歷史研究，能指引國家民族及人類前途的作用。6.強調學術社群
間的對話，因此除論著外，還特別強調研究討論與書評的類型。7.這
個刊物在研究領域方面，不特別偏向社會史、經濟史、思想史或政治
史；在研究方法方面，也不強調任何一種研究方法。8.最初期刊主要
是在發展中國史，並未提及世界史及臺灣史。

---

4 杜正勝，〈發刊詞〉，《新史學》，創刊號（1990），頁1-4。

　　儘管這篇發刊詞並未特別推崇哪一種歷史學的研究，但到了一九九二年，從杜正勝的〈什麼是新社會史？〉一文，就可以看到他想要在傳統政治、軍事、社會經濟的史學研究領域之外，另闢蹊徑地找出新史學的道路。這種對於歷史研究要有血肉的說法，多少受到當時歐美年鑑學派風潮的影響。因此，我們可以見到《新史學》創刊初期，創社會員們花了相當多的精力在介紹歐美的文化史研究概況。

（一）歐美的文化史研究評介

1. 歐美通俗文化研究

　　《新史學》剛創刊的前六年，計從一九九○至一九九五年間，相當密集地以「研究討論」及「書評」的方式大量介紹歐美的史學動態，其中數量最多的是文化史研究取向的介紹，共計有研究討論十三篇，書評十七篇。

　　新文化史的研究視野究竟最早何時介紹至臺灣的歷史學界？一般可能認為與麥田出版社所推出的「歷史與文化」叢書有關。但事實上，目前所見，早在一九九○年，當時擔任中山人文社會科學研究所的研究員梁其姿教授，就已經在《新史學》創刊號中介紹了一本當時美國漢學界相當重要的明清通俗文化的論文集《中國明清時期的通俗文化》（*Popular Culture in Late Imperial China*）。透過這本書的引介，當時臺灣學界已經認識了歐美新文化史的三位重要史家：Peter Burke、Carlo Ginzburg及Roger Chartier。

　　其實，《中國明清時期的通俗文化》這本論文集的出版受到《歐洲近代早期的大眾文化》（*Popular Culture in Early Modern Europe*）的影響，這是Peter Burke在一九七八年所寫的一本有關大眾文化研究的重要著作。《歐洲近代早期的大眾文化》的幾位編者包含

了清史專家、宗教史學者及人類學家。他們想要呈現明清中國通俗文化的面貌具有以下特色：明清的價值系統具有極高度的一致性，這些價值滲透著當時各類通俗文獻，透過中央政府及統治階級的宣傳，以及有系統的對民眾灌輸，社會大眾最後逐漸內化這些價值。全書的重要論點是明清比同時期的西歐文明有更不尋常的文化一體性。然而，梁其姿對這個結論卻有不同的看法。她引用了當時一些新文化史家的著作來說明，普羅大眾並非想像的消極及被動地接受強加於他們的思想。上述Peter Burke的名著出版後，引起了各國史家對大眾文化或通俗文化的注意，紛紛投入相關研究。在一九九九年的修訂版序言中，Burke指出亞洲史家轉向大眾文化研究的趨勢，中國史就是其中一個。他認為：「中國史家近來已轉向了大眾文化的研究。至於南亞，這一領域中的重大事件是出現了一個『底層研究』群體。」文中所指的就是《中國明清時期的通俗文化》這本書。[5]

　　除了Burke的歐洲大眾文化的研究外，梁其姿還提及Ginzburg的成名作《乳酪與蟲》（*Cheese and Worms*）。[6]她認為這本書提醒研究者必須注意：「在通俗文獻本身與農民及工匠如何閱讀這些文獻之間存有差距。」這篇書評中所提到的最後一位歐洲文化史家是Roger Chartier。她認為：「所有閱讀文獻的行為對文獻的了解永遠與作者創作時的原意有所出入。」[7]這種閱讀活動並非消極地接受訊息的看法，則成為當前熱門的閱讀史的研究視野之一。梁其姿此處所根據的是Chartier的〈知識史或社會文化史？法國的軌跡〉。這篇文章更

5　[英]彼得・伯克，《歐洲近代早期的大眾文化》，上海人民出版社，2005，頁2。
6　梁其姿所引的《乳酪與蟲》是一九八○年的法文本*Le fromage et les vers*, Flammarion, 1980。
7　梁其姿，〈評David Johnson、Andrew Nathan、Evelyn Rawski編，*Popular Culture in Late Imperial China*〉，《新史學》，創刊號（1990），頁145-153。

早在一九八四年，就已經出現在梁其姿所寫的年鑑學派的研究取向的〈心態歷史〉一文中，這篇文章是目前所見最早將年鑑學派的心態歷史引介至臺灣的論著。[8]在一九九〇年代以政治外交史及社會經濟史爲導向的史學環境中，這幾位史家的著作多少對有意從事文化史研究的學子，起了相當鼓舞的作用。[9]

《中國明清時期的通俗文化》這本書對日後臺灣明清史學界的社會文化史研究有相當大的啓發。梁其姿不僅在《新史學》介紹這本文化史著作，還在一九九一年春天的臺大歷史所的「明清都市文化」課堂上，列爲上課討論的教材，當年在此課堂的研究生，日後都是目前明清史研究的青壯派學者，例如王鴻泰、邱澎生、巫仁恕、邱仲麟、費絲言。

2.「新文化史」名稱的首次出現

一九八九年，美國史家Lynn Hunt首次在《新文化史》書中提出了「新文化史」這個名稱。不到三年，這個名詞就出現在《新史學》的〈文化史與香港婦女的研究〉一文中。作者是香港中文大學歷史系的葉漢明教授，她在文章的第一節就以「文化史、新文化史與婦女研究」爲題。文中所謂的文化史指的是中西方史學的傳統文化史，在中國，有梁啓超、柳怡徵、陳登原、陳安仁等人的著作，在西方則是Jacob Burckhardt所提倡的「文化史運動」。[10]作者在文章中只寫有Burckhardt，未寫全名，所指應該就是瑞士著名史家Jacob

---

8 梁其姿，〈心態歷史〉，《史學評論》，7（1984），頁75-97。
9 筆者於一九九一年投考歷史研究所時，就已深受歐美年鑑學派的社會文化史取向所吸引，因此所準備的研究所集中在比較著重通俗文化研究及社會史的臺大、清華及中正史研究所。
10 葉漢明，〈文化史與香港婦女的研究〉，《新史學》，1:4（1991），頁117-119。

Burckhardt。此外，葉漢明也未在書目中列出所根據的是Burckhardt的哪一本著作，以及何謂「文化史運動」。其實，所謂的「文化史運動」指的是Burckhardt這位經典文化史家於一八六〇年發表了《義大利文藝復興時期的文化》，他所關注的是經典作品，也就是藝術、文學、哲學、科學等學科中的傑出作品的歷史。

相對於這些舊的文化史的書寫，葉漢明認為，在一九九一年時，中外都響起更新文化史和擴大文化史領域的呼聲。另一方面，西方則興起了「新文化史」的浪潮。葉漢明是這樣形容新文化史的風潮：「批判只重菁英文化的研究，鼓吹繼續開拓大眾文化的領域；而當代法國『年鑑學派』的『心態史』研究，和英國馬克思主義史家對工人文化的探討，也發揮了極大的刺激作用。」可見，對於香港史家葉漢明，這個時期的新文化史的特色在於強調大眾文化、心態歷史及馬克思主義史家對工人文化的關注。其中，工人文化方面，葉漢明舉出了馬克思主義史家E. P. Thompson於一九六三年所著的《英國工人階級的形成》。[11]簡單來說，語言、行動等符號成為新文化史家的重要分析和詮釋工具。新文化史的發展主要源自於歐洲史學界，但葉漢明也提到美國的社會史學者對文化交流的關注，例如，已有不少社會史學者著重文化交流的載體，如書刊、音樂和大眾傳媒的作用方式，並從作者、出版商、書商、圖書館、以至讀者的交流網路中，考察有關符號交換的問題。[12]

由於葉漢明這篇文章的主旨是談文化史與香港婦女史的研究成果，新文化史與性別史的關係當然是她的論述重點。她特別提到性

---

11 E. P. Thompson, *The Making of the English Working Class* (1963)。中譯本見《英國工人階級的形成》，臺北：麥田出版社，2001。
12 〈文化史與香港婦女的研究〉，頁119-120。

別分化研究對文化史方法的普及和發展起了相當作用。她認爲婦女
史和性別研究在當時是新文化史的前線，所根據的是Lynn Hunt在
*The Cultural History*書中導論〈歷史、文化與文本〉的觀點。Hunt
的看法是：「一九六〇和七〇年代婦女史研究與晚近對於性別差異
（gender differentiation）的強調，在文化史的方法發展中普遍地扮演
著一個重大的角色。尤其在美國，婦女史與性別研究一直站在新文化
史的前線」。[13]葉氏進而舉了三位當時相當著名的性別史學者：Joan
Wallach Scott、Natalie Zemon Davis、Carroll Smith-Rosenberg。
Scott則在一九八八年出版了一本影響日後性別史研究的經典《性
別與歷史政治》，在論文集裡，她有利地解釋了性別研究的方法論
意涵。[14]此處的Scott，並非第一次出現在《新史學》。其實，有關
Scott的性別史研究，周樑楷早在一九九〇年的〈舊史學向新史學的
反撲：討論G. Himmelfarb和J. W. Scott的史學思想〉一文中，就已有
深入的分析，可惜葉氏並未引用。[15]周樑楷在文中已經提到Scott專攻
婦女史，打出「兩性關係」（gender）的旗幟，雖未自稱是新史學的
作家，但自出版《兩性關係與歷史政治》[16]以來，不難看出她開創史
學新天地的企圖心。至於Davis，則是早在一九七五就已經出版了一
本文化史論文集《法國近代早期的社會與文化》。

---

13 林·亨特，《新文化史》，臺北：麥田出版社，2002，頁42。
14 Natalie Zemon Davis, *Society and Culture in Early Modern France*: *Eight Essays*,Stanford
   University Press, 1975。中譯本見鍾孜譯，《法國近代早期的社會與文化》，北京：
   中國人民大學出版社，2011。Carroll Smith-Rosenberg, *Disorderly Conduct*: *Visions
   of Gender in Victorian America*, New York, 1985。Joan Wallach Scott, *Gender and the
   Politics of History*, Columbia University Press, 1988.
15 〈舊史學向新史學的反撲：討論G. Himmelfarb和J. W. Scott的史學思想〉，《新史
   學》，1:2（1990），頁120。
16 周樑楷將*Gender and the Politics of History*翻譯成《兩性關係與歷史政治》。

　　除了這些性別史作品外，葉氏也舉出了對這些新文化史著作影響深遠的理論。由於新文化史關注符號的象徵與涵義，法國思想家Michel Foucault對文化中的權力解讀，有獨特見解。葉氏說道：「在他眼裡，語言不僅反映社會現實，也是權力的工具或因素，是可改造現實的媒介作用。……這樣，Foucault就爲社會史或經濟史未能兼顧文化範疇所造成的範式危機提供了一條出路。」[17]

　　葉氏另外提到與文化史關係最爲密切的人類學。她所舉的學者是Clifford. Geertz與Pierre Bourdieu，以解讀語言符號爲文化人類學和文化史的核心工作。Bourdieu發明「習性」（habitus）的概念。這兩套人類學揭示語意的解讀技巧以及論說如何產生的解構方法，都爲新文化史家所採用。[18]在介紹這些新文化史的作品與研究理論之後，葉氏開始紹介香港婦女研究的概況，分別從幾個主題談起：早期婦女移民的生活經驗、民俗學與通俗文化、地域社群與階級的文化、親屬與家族制度、文化變遷與社會經濟的衝擊、中西文化交流。由於早期香港的地理位置與移民特色，在中國大陸封閉的情況下，自然而然成爲人類學家要了解漢人社會一個有利的田野調查地點。

　　最後，葉氏則建議如何運用新文化史研究中對知識與論述中權力運作的重視，檢討香港的通俗文化與宗教研究。她也引用了梁其姿所介紹的新書《中國明清時期的通俗文化》中的一段話：「婦女文化和婦女在文化流傳中的角色也是極具研究價值的課題。婦女文化在某些主要方面與中國的主流化相異，這種現象反映出一個著重男性血統的社會中婦女的邊緣地位。」進而認爲婦女文化史的發展潛力無窮，目前僅處於起步階段。在文章末尾，葉氏引用Hunt的話：「歷史學家

---

17 葉漢明，〈文化史與香港婦女的研究〉，頁120。
18 葉漢明，〈文化史與香港婦女的研究〉，頁121。

實無須在人類學和社會學方法之間，或人類學和文學理論之間做出抉擇。」[19]的確，在她這篇文章之後的十年來，史學受到人類學的影響更爲明顯。如今，婦女史及性別史在臺灣歷史學界已經有了相當程度的成長。[20]

3. 年鑑學派的文化史研究的初體驗

《新史學》的前幾卷，相當頻繁地評介歐美史學的最新概況，尤其是年鑑學派。這方面的學者有楊豫、夏伯嘉、王汎森、林富士、蒲慕州、盧建榮。

在葉漢明的婦女史研究之後，緊接著介紹歐美史學走向的是楊豫的〈西方家庭史研究的發展現狀和未來趨勢〉。[21]作者認爲自一九五〇年代以來，在歐美的新史學運動中，家庭史做爲社會史的一支迅速發展。到了一九八〇年代，人類學及心理學取代了社會科學其他學科，對歷史的影響愈來愈大，遂出現一種新型的家庭史。首先，在法國出現了心態史，其研究領域首先是構成社會的基本單位——家庭，促使了新型家庭史的出現，開始著重探討家庭成員的價值觀與潛在意識。年鑑學派的心態史研究提供了許多方法爲歐美各國的家庭史研究廣泛應用，例如「精神考古法」。

在介紹心態歷史的家庭史的研究時，他文中提到了三位日後對文化史有深遠影響的歐美史家：Lawrence Stone、E. Le Roy Laudrie

---

19 葉漢明，〈文化史與香港婦女的研究〉，頁143。
20 有關這方面的性別研究成果，可見李貞德在《新史學》所做的介紹：〈最近臺灣歷史所學位論文中的性別課題：從三本中古婦女史新書談起〉，《新史學》，21:4（2010）。
21 楊豫，〈西方家庭史研究的發展現狀和未來趨勢〉，《新史學》，1:3（1990），頁89-115。

及以研究兒童史著稱的Philippe Ariès。[22]在楊豫的文章中，並未提到Lawrence Stone那篇預告史學的敘事轉向的著名文章〈歷史敘事的復興：是創新還是懷舊〉；而是舉出了Stone的家庭史研究成果，例如《英國十六至十八世紀的家庭、性與婚姻》。[23]至於Laudrie的微觀史名著*Montaillou*，楊豫提到了這本書「大量使用了教會法庭和世俗法庭的紀錄來揭示早期歷史階段上家庭之間的聯繫、家庭觀念、家庭內部的關係和性行為的許多事實。」至於以兒童史著稱的Ariès，楊豫提到了他的名著《兒童世紀》。這本書討論了傳統家庭向現代家庭轉變的問題，涉及過去家庭史所未碰觸的家庭內部的情況。Ariès認為，在推動向現代家庭的轉化並構成現代家庭主要特徵的各項因素中，心理態度的變化與經濟因素及社會結構的變化一樣重要。[24]

　　相對於葉漢明的文章僅針對歐美文化史與婦女史的互動所做的局部介紹，紐約大學歷史系教授夏伯嘉的〈戰後歐美史學發展趨勢〉則是《新史學》首次刊出直接介紹歐美史學趨勢的文章。[25]夏伯嘉這篇文章是在中研院史語所演講的文稿。文章主要介紹一九六〇至一九八〇年代法、德、義、美四個地區的史學發展，其中又以年鑑學派的介紹最為詳細。法國部分主要是年鑑學派一至三代的主要史家，其中與文化史較有關係的是第二、三代的學者。第二代的學者就是前述梁其姿及楊豫同樣有提到的Le Roy Ladurie。夏伯嘉詳細地介紹了

---

22 勞倫斯・史東，古偉瀛譯，〈歷史敘事的復興：是創新還是懷舊〉，《新文化史》，臺北：胡桃木文化，2007，頁11-34。本文原文出版於一九七九年，之後古偉瀛於一九八九年翻譯，改寫於一九九九年，然後收錄於《歷史：理論與批評》，臺北：臺北人文書會，2001。
23 中譯本見勞倫斯・史東（Lawrence Stone），《英國十六至十八世紀的家庭、性與婚姻》，臺北：麥田出版社，2000。
24 楊豫，〈西方家庭史研究的發展現狀和未來趨勢〉，《新史學》，1:3（1990），頁106-107, 113。
25 夏伯嘉，〈戰後歐美史學發展趨勢〉，《新史學》，3:2（1992），頁87-102。

這位學者的三個不同階段的史學取向變化。其中，在第二階段，Le
Roy Ladurie已經從經濟史、人口史及氣候史轉變到意識型態與結構
的歷史，特別是強調對時間與宗教的觀念研究。這個時期的代表作
品就是一九七五年出版的*Montaillou*。在一九九二年的臺灣史學界，
已經連續有三位史家在論文中提到這位法國史家的作品，可見他在
當時歐美學界的影響力。然而，這本書所提倡的微觀史學的研究方
法，卻要到二〇〇一年，麥田出版社的翻譯本出版，才有較清楚的認
識。到了年鑑學派的第三代，他們已經放棄社會經濟史與意識型態
史的研究，而回到文化史及思想史的研究。這時期最著名的史家是
Roger Chartier。Chartier此時的研究重點集中在讀書的歷史與寫書的
歷史。此處讀書的歷史指的就是後來文化史研究中的「閱讀史」。夏
伯嘉所引用的Chartier的著作有兩本，分別是*Cultural Uses of Print in
Early Modern France*（1987）及*Cultural History: Between Practices
and Presentations*（1991）。其實，Chartier已經出版了一本更有閱讀
史取向的新著，可惜夏伯嘉並未介紹，書名爲*The Cultural Origins of
the French Revolution*（1990）。

　　在義大利的史學方面，夏伯嘉指出，義大利史家一方面採用了年
鑑學派的創見，另一方面在方法上也創造出新的領域。其中的代表是
《歷史季刊》（*Quaderni Storici*）。他們主要研究的是人的歷史，而
非長期性、結構性的歷史。此外，他們研究的不是帝王將相，而是下
層民衆。這之中代表人物是Carlo Ginzburg，代表作也是上文所介紹
的《乳酪與蟲》。他的研究和法國年鑑學派所擅長的不同，所用的史
料大多不是數量性的史料，而是法庭審判資料。Ginzburg的幾部著作
對英美史學也造成頗大的影響。從夏伯嘉所引資料中，指的是*Clues,
Myths, and the Historical Method*（1989）及*Microhistory and the Lost
People of Europe*（1991）。至於美國學界方面，夏伯嘉談的就較爲

籠統。比較特別的是，強調了美國史家特別以「性別」（gender）角度來研究歷史。

　　夏伯嘉在介紹歐美史學發展趨勢時，所引用的書目中，有一本當時相當重要談論法國史學方向的書*The French Historical Revolution*（1991）。在該期的《新史學》中，王汎森針對此書做了更完整的介紹。王汎森寫作此文時，還在普林斯敦大學攻讀歷史博士，親聞年鑑學派對北美歷史學的影響，很快就對這本Peter Burke於一九九一年剛出版的新著，掌握了相關訊息。[26]在這篇書評中，王汎森相當清楚地掌握到年鑑學派第一至第三代的史學方向的轉變。年鑑學派到了第三代，展現了三種特色：一是心態史的回歸；二是以計量的方法運用在文化史上；三是批評計量史學，改研究政治史，或探敘事史的途徑。有兩方面的因素，促成這場變革。一方面是Philippe Ariès對西洋史中的兒童史所做出的傑出研究；另一方面是Robert Mandrou的心態史與心理史作品及Foucault對年鑑學派的研究理論的影響。因此，我們可以見到這個時期，已有相當多學者轉研究通俗文化、巫術、恐懼、罪惡感、時間與空間觀念轉變、數學觀、意識型態、文化產品、社會想像等課題。在這篇書評中，王汎森還提到Burke此書對於年鑑學派的人類學轉向的探討。例如在Ladurie的《蒙大猶》一書中，多次引用人類學家Victor Turner及Pierre Bourdieu的作品。另外像Jacques Le Goff以文化人類學的角度研究西洋中古史，而Michael de Certeau以政治語言學的方法對法國大革命時期企求統一及中央集權化的分析。

　　若我們進一步比較夏伯嘉與王汎森對於年鑑學派的介紹，許多談

---

26 王汎森，〈評Peter Burke編，*New Perspectives on Historical Writing*〉，《新史學》，
　　3:2（1992），頁169-180。

論的史家有重疊之處，但也有些許看法上的差異。例如夏伯嘉對於第一到第三代的史家的分類就和王汎森不同。夏伯嘉把布勞岱當作第一代，但王汎森則是當作第二代。至於以《蒙大猶》聞名的Ladurie，雖跨第二及第三代，但以他的人類學轉向來看，他其實比較偏向第三代的史家。若以Burke的書爲基準，王汎森的說法比較接近Burke的論點。

　　儘管王汎森注意到年鑑學派在第三代受到人類學的影響，其研究已經從「酒窖上升到閣樓」，許多方法已經運用到文化史上，介紹的史家也擴展到Jean Delumeau、Georges Duby，以及影響日後日常生活史研究甚巨的Michael de Certeau。在Burke所介紹的第三代史家當中，有兩位文化史家也相當值得我們注意。他們是研究書籍史的Roger Chartier，以及研究巴黎市民的日常生活的Daniel Roche。

（二）新社會史的提倡

　　到了一九九二年，杜正勝正式在《新史學》的「生活禮俗專號」[27]中提出了「新社會史」的名稱。[28]這種反省來自於他對於一九八〇年代以來中國社會史的研究只有骨架，缺乏血肉的遺憾。這樣的構想同樣地受到法國年鑑學派的影響。文中，他提到一本書對他的影響，那是Le Goff於一九七四年所寫的《史學研究的新問題、新方法、新對象》，中譯本出版於一九八八年，這本書很清楚地批判了過往的馬克思主義史學只是「一些骷髏機械地跳著骷髏舞，沒有血肉」，而解決之道即在於心態史上。此外，由於一九四九至一九八〇年代的臺灣史學風氣多受到美國的社會科學方法的影響，更加深社會

---

27 各個專號名稱見章末表二。
28 杜正勝，〈什麼是新社會史〉，《新史學》，3:4（1992.12），頁106-108。

科學方法的貧乏。因此在此基礎上，杜正勝提出了新社會史的標誌，主張運用類書、筆記小說、古禮經說、札記，以探討民眾的生活、禮俗、信仰與心態。這樣的新社會史和過往社會史最大的差別在於不限於政治、經濟與狹隘的社會三領域中。杜正勝特別開闢了三大領域：物質的、社會的、精神的。在這範圍內，他以生活禮俗史為核心，擬定了十二種綱目，也就是十二項研究課題，這之中有生態資源、產業經營、日常生活、親族人倫、身分角色、社會聚落、生活方式、藝文娛樂、生活禮儀、信仰與禁忌、生命體認、人生追求。

　　然而，這樣的區分也不意味著傳統的政治史就排除在外，而是不特別將政治鬥爭與行政制度等政治史課題直接視為新社會史研究的對象而已。這種說法雖然離新文化史所研究的「政治文化」有些差距，但都對政治史有所關注。杜正勝受西方史學影響的同時，也批評西方的史學缺乏內在聯繫的問題。例如他提到英國社會史家George Macaulay Trevelyan的《英國社會史》時，認為他還是只在奉政治史、外交史及軍事史為歷史研究正途，生活情趣的社會史只是其中一小塊。對此，他則表示無法認同，並指明以人民生活為主體才是歷史研究的重心。而Marc Bloch的《封建社會》一書對於環境與社會特質的關注，則較符合杜正勝對注意整體與內在聯繫的看法。

　　杜正勝此文的特色不在於直接建構出一套新的史學研究方法，反之，他採取從實際研究中舉例的角度，來說明新社會史的研究特色。例如他舉出《日知錄》中一條札記說明新社會史的研究特色在於，能在日常生活所常見的事物中發現社會民族的特點。關於這點又和新文化史中強調日常生活史的研究特點有些許類似。又從盜墓罪的例子來看，為何盜墓罪會比到宗廟罪來的重？若只從政治層面的律令角度及社會組織來看，就難以解釋其中緣由，必須從中國人的死後世界觀角度觀察。新社會史的研究則是比較重視這種多層次的問題。

　　總地來看，杜正勝此時就已有了日後學者對於新文化史批判過於破碎化的的體認，認爲日常生活史雖然瑣碎細微，但卻是表現文化特質最具體的證據。對杜正勝而言，新社會史的最終目的在掌握民族社會之文化特色，不是空洞的文化概念，其內涵以探索社會的文化爲目標，範圍含括了物質文明到精神文明。然而，這種對於探索「社會的文化」的角度，若放在新文化史的脈絡來看，則又與Roger Chartier對文化轉向觀察所得的名言「把當前發生的這場轉變稱作：『從社會的文化史』轉向『文化的社會史』」有所出入。[29]他並未留意到此時的西方史學界正受到建構主義的影響。此外，杜正勝主張新社會史在使史學去除是社會科學僕人的身分，並免於被各種學科瓜分的危機。最後，他提到：「一種新學風形成的基礎不在於簡潔明確的宣示，也不在於動人心弦的博辯，而在於具備歷史宏觀又經得起細部推敲的著作。」這樣的宣示，更顯出這篇文章通篇不在提倡一種新的研究方法或視野，而是強調具體問題研究的重要性。

三、《新史學》與新領域的開拓

（一）日常生活史

　　在杜正勝提倡新社會史的同時，我們可以見到有些臺灣史家已經注意到西方新文化史研究的一些重要課題，例如日常生活史就是其中一例。蒲慕州的〈西方近年來的生活史研究〉一文將生活史研究分爲兩種不同層次的階段。[30]第一種方法是所謂「日常生活史」。這類

29 《什麼是文化史》，頁88。
30 蒲慕州，〈西方近年來的生活史研究〉，《新史學》，3:4（1992.12），頁139-153。

作品是取歷史上的一段時間及地區，然後逐步描繪這範圍之中人們的生活型態。第二種方法，則是以一特定的問題為中心，設法從這一問題在一段時間中的發展，來探討文化性格的常與變。蒲慕州將西方的日常生活史著作分為兩類，介紹的重點則在於後者。有關第二類，他舉出了有時日常生活史與民間文化或庶民文化的研究相近，例如Norman F. Cantor與Michael Werthman所編的*The History of Popular Culture to 1815*（1968）及Philippe Ariès的*Centuries of Childhood*（1962）。Philippe Ariès這本兒童史的著作相當經典，他把童年的問題，以及人們對於童年的了解與對待童年的態度，做為了解整個社會文化性格的指標，此書對於後來兒童史的研究有重要影響。

除了兒童研究外，所謂的日常生活史研究的範圍，還包括了生老病死、成長、結婚等面向。Mireille Laget討論了十八世紀之前歐洲社會的生育問題。它不只是醫學上的問題，還是複雜的文化現象。有關結婚，Georges Duby的研究，則描述中古時代法國上層社會中的婚俗，並藉由討論婚姻問題，呈現貴族的價值觀與行為，以及宗教觀念、俗人與社會關係。有關疾病在人的生活中的作用、人對疾病的看法，也是生活史研究重點。這方面的作品有Roy Porter的研究。他的研究不單是醫學史或疾病史的問題，也是人們對健康、疾病、痛苦的了解與態度。Porter的方法是從許多人的私人記載，看一個人是如何理解疾病，如何接受他們自己的病痛。

另外，民間文化也是生活史的研究內容之一，蒲慕州的例子指的是Peter Burke的《歐洲近代早期的大眾文化》。蒲慕州對於這本書的介紹較前面所述的梁其姿更為詳盡。他提到這本書的焦點在十六至十八世紀的庶民文化，特別討論了歐洲人是如何「發現」民間文化。全書談論的重點涉及文化的傳播者與途徑，鄉村及家庭生活中的各種節慶。這既是一種社會控制，也是一種社會抗議的方式。

　　在文章結尾，蒲慕州介紹了年鑑學派當時最具代表性的著作《私人生活史》（*Histoire de la vie privée*）。這是兒童史大師Ariès與Georges Duby所策劃的五卷本套書。這套書所謂的日常生活史所著重的是生活中個人的觀念、心態、情感的本質及其轉變的過程。此外，探討私人生活，並非僅將目光集中在私人身上，而是處理大文化環境與私人生活間的互動關係。這是一種新的研究領域，也是一種新的方向。然而，蒲慕州也未一味地只強調生活史的特殊性，他還關注了這方面的研究，並未與傳統的政治社會史完全斷裂，他認為，政治社會史仍是了解生活現象的背景與基本條件。

（二）族群、認同與記憶

　　在一九九二年的「生活禮俗史」專號中，除了杜正勝揭示何謂新社會的概念與蒲慕州介紹西方的日常生活史的研究成果外，首度邀請人類學者黃應貴從人類學的觀點探討儀式、習俗與社會文化的關係。當時歐美的人類學正盛行詮釋人類學，黃應貴的文章是史學刊物中少見地以人類學家觀點，來呈現所謂的儀式與習俗的處置方式，以及如何呈現其與社會文化的關係。[31]文中，黃應貴花了相當大的篇幅在介紹Glifford Geertz有關峇里島鬥雞的田野研究。這也是首次，人類學家在歷史學的刊物上介紹Geertz詮釋人類學的作品。表面上，鬥雞是種微不足道的風俗，但卻呈現出他們文化中相當深沉的文化特性。Geertz的研究對於歷史學的文化轉向有深遠的影響，當時史家中又以Robert Darnton的《貓的大屠殺》最為著名。有關這方面的論述，Burke的《什麼是文化史》有相當深入的探討。Darnton仿照人類

---

31 黃應貴，〈儀式、習俗與社會文化〉，《新史學》，3:4（1992.12），頁117-137。

學家，指出「我們也能夠解讀儀式或城市，就如同我們能夠解讀民間故事或哲學文本那樣。」[32]除了Geertz之外，Jack Goody的作品也在此時引進臺灣，黃應貴介紹的是他有關花的研究。在文章結尾，黃應貴總結之一是強調「文化相對論」的觀點。這個論點也正是當時西方新文化史的重要觀念之一。由於人類學家主要研究對象是異文化，如何避免因研究者本身的文化觀點，所導致的文化偏見與誤解，正是人類學家所從事研究時的態度。[33]

　　新文化史中有關族群認同的討論與傳統史學有不同的見解，這在近來有關新清史的討論可見一斑。[34]這方面的研究又受到Geertz與Benedict Anderson影響最為明顯。其中後者的《想像的共同體》是討論這方面研究時被引用次數最多的著作。Burke是這樣形容這本書的：「該書為現代主義歷史的大量文獻增添了一份貢獻。它的特點至少表現在三個方面。首先是它的視角，因為作者選取了從外部世界來看待歐洲的角度，用了大量篇幅討論亞洲和美洲的歷史。其次，該書使用了文化的方法研究政治，這在當時是卓然不群的。作者不是從政治理論中，而是對待宗教和時間等無意識或半意識的態度中去識別他所說的「民族主義文化」的根源。」[35]在《新史學》創刊初期，就已經對於族群問題有了文化史寫作的特色。例如王明珂在〈民族史的邊緣研究〉中，雖然沒有提到Anderson，但也已經有了民族的概念是建構而來的看法。文中，他提出了一種介於歷史學與人類學之中介的民族史研究法為「邊緣研究法」。其看法是民族的邊緣研究是基於強

---

32 Peter Burke，《什麼是文化史》，頁43。
33 黃應貴，〈儀式、習俗與社會文化〉，《新史學》，3:4（1992.12），頁136。
34 西方史學界有關新清史的最新研究概況，可見劉鳳雲、劉文鵬編，《清朝的國家認同》，中國人民大學出版社，2010。
35 Peter Burke，《什麼是文化史》，頁98。

調民族的主觀定義，以致於對於史料中客觀文化特徵、族名、族源等
資料所透露的訊息，以及對於考古學、語言學、體質人類學在探討民
族問題的看法上，都與傳統民族溯源的研究有不同見解。這種建構的
族群概念，正符合上述Burke所說的文化史中的建構主義概念。王明
珂進而在結論中提到，民族不只是一種籠統的人群範圍，由一些可有
可無或含混的特徵來界定，我們更應該深入探討民族邊界的形成與變
遷的問題。其次，民族不是只有一個模糊的集體現象，它是在每一代
由每個人的重新詮釋而成，因此必須深入每個人的歷史意象、族群生
活經驗與族群身分。第三、與民族起源有關的歷史，不只是過去的史
實，也是人群的自我認定，或反映當前族群關係，或現實世界的政經
與意識型態之爭。[36]王明珂的研究取向明顯反映了新文化史發展初期
受到人類學影響的程度。

　　莊雅仲的研究也深受Geertz的影響。他的〈裨海紀遊：徘徊於自
我與異己之間〉是《新史學》早期文章中第一篇具有文化史取向的專
論，這或許與他在美國所受的人類學的訓練有關。這篇文章透過對清
代郁永河的《裨海紀遊》這部遊記的研究，認識到在歷來有關臺灣的
論述中，這是一部革命性的作品，不僅形式上有重大改變，內容上更
擺脫了過去的二分機制，提出一種新的族群概念。在理論上，莊雅仲
參考過往殖民論述中有關康拉德的《黑暗之心》與馬凌諾斯基日記的
研究，認為航行對他們而言，都不只是空間的移動，還代表著焦慮與
欲望的流動，以及主體的崩解與重建。而郁永河的臺灣遊記，同樣
也是一場心靈、價值與欲望之旅。此外，他還借用了後殖民論述中
Albert Memmi及Edward Said的研究，說明對於所有的殖民者而言，

---

36 王明珂，〈民族史的邊緣研究：一個史學與人類學的中介點〉，《新史學》，4:2
　（1993.6），頁95-120。

都需要一個被殖民的形象——懶惰、野蠻及非人特質，以合理化殖民統治的剝削與壓迫。在殖民體制下，西方的想像、欲望與善惡美醜的二分法加諸在異己的軀體上。

以這樣的看法來探討郁永河的遊記，可看出它帶有人道主義的關懷，與歷來臺灣論述形成斷裂，並拒斥了帶有剝削意味的刻板印象。然而另一方面，他再度以文／野的二分的文化觀建構出差異，並以此設計出一套更龐大的教化機制。綜觀這些敘述形式的轉變，代表了整個教化機制更為有效與全面。

到了一九九四年，王明珂又寫了一篇與族群有關的論文，這回他將焦點放在記憶這個主題上，以集體記憶來探討族群的本質、形成與變遷。作者認為所謂的親屬體系並非全然是生物現象，更是一種文化現象。他說明了族群是一種以集體記憶與結構性健忘為工具來凝聚人群，以維護、爭奪群體利益的人類社會的群體現象。[37]

（三）婦女史與性別史

文化史家Sarah Maza在〈歷史中的故事：晚近歐洲史作品中的文化敘事〉中提到三項歷史傳統對於新文化史中文化敘事的出現有影響。一是一九七〇年代，人類學與社會史的匯流；二是女性主義；三是跨學科的文化研究。[38]早期《新史學》對於婦女史及性別史的介紹除了葉漢明之外，則以李貞德最受矚目。他在〈婦女在家庭與社會中的角色：歐洲中古婦女史研究〉一文中，介紹了歐洲婦女史的研究概

---

37 王明珂，〈過去的結構——關於族群本質與認同變遷的探討〉，《新史學》，5:3（1994.9），頁119-140。
38 Sarah Maza，〈歷史中的故事：晚近歐洲史作品中的文化敘事〉，陳恆、耿相新編，《新文化史》，胡桃木文化，2007。

況。這篇文章涉及的主題涵蓋了教會婚姻法與婦女、婦女形象、婦女的社會與家庭角色，最後則論述婦女研究到兩性研究的轉變。其中值得一提的是Caroline W. Bynum這位性別史與身體史家的作品。李貞德此文提到的是她的成名作*Holy Feast and Holy Fast*（1987）。Peter Burke讚譽這位新型的婦女文化史研究者，亦推薦這本書。他說：「這本書探究了中世紀晚期飲食的符號意義，特別是其中充滿著宗教符號。」[39]這本著作大量引用了人類學家Mary Douglas、Jack Goody及Victor Turner的作品。關於這點，李貞德倒是沒有留意，只強調Bynum注意到婦女與食物之間的密切關係。「禁食」尤其是中古婦女的重要宗教經驗。此外，李貞德也點出Bynum的研究指引了婦女如何跳脫性別的兩極化所帶來的限制。這些性別史的研究，促使研究者將視野從過去的政治、經濟、社會範疇，擴大到家庭、私人生活史的探討。另外一方面，也刺激史家重新思考公私領域畫分的普遍性。這種將婦女生活放在以往的傳統歷史分期的脈絡時，對於史學界既有新材料的認識，亦有新觀點的啟發。[40]

（四）通俗文化

　　《新史學》早期除了上述梁其姿有關歐美通俗文化研究概況的介紹之外，也對於中國史這方面的研究有進一步的探討。這方面的作者有李孝悌有關士大夫與民眾的研究回顧、宋光宇對David Jordan與Daniel Overmyer的飛鸞扶乩的研究介紹、Paul Katz（康豹）有關道教儀式與民間信仰的介紹、釋見曄有關Timothy Brook（卜正民）的

---

39 Peter Burke，《什麼是文化史》，頁56。
40 李貞德，〈婦女在家庭與社會中的角色：歐洲中古婦女史研究〉，《新史學》，4:2（1993.6），頁121-143。

佛教與晚明士紳社會的研究介紹、蔣竹山有關五通神、宋至清代的國家與祠神信仰及明清厭砲之術陰門陣的研究。

在李孝悌的〈十七世紀以來的士大夫與民眾〉一文中，他已經點出了早期西方學者對於中國下層社會的研究，大多是屬於社會史的範疇，到了一九九三年時，則已經擴及至「文化史」的領域。其中最受矚目的則屬李孝悌的哈佛老師Philip A. Kuhn（孔飛力）的著作《叫魂》（*Soulstealers*）。他認為這種轉變在於：「不限於狹隘的文化史，而包括社會史、人類學等領域的庶民文化研究，在這幾年成為重要的學術趨向。」這本書之所以重要，不只是因為Kuhn生動地描繪了清代叫魂的信仰，如何為民眾所奉持；同時還能在一個看似無關宏旨的民間信仰之外，進而探討了中國官僚制度如何運作的問題。[41]

筆者的五通神的研究則是受了Richard von Glahn的影響，他那篇研究江南五通神的文章，透過士大夫所寫的一些筆記來研究民眾集體的心態。文中，他已經引用了上文提到的《中國明清時期的通俗文化》，也提到Mikhail Bakhtin及Carlo Ginzburg有關通俗文化的理論。

（五）思想文化史

Peter Zarrow的〈近期西方有關中國近代思想史的研究〉一文，是繼葉漢明之後，在《新史學》文章中直接使用「新文化史」一詞的論文。對於思想史的文化轉向有了第一手的介紹。在他寫作的年代一九九四年前的三十年，西方的思想史經歷過許多危機。一方面是來自於思想史內部的挑戰。因為過往只研究思想家究竟在想什麼及思想

---

41 李孝悌，〈十七世紀以來的士大夫與民眾：研究回顧〉，《新史學》，4:4（1993.12），頁97-139。

從何而來的問題，已經爲質疑作者的意圖、身分的概念所取代。另一方面，社會史的當道，也造成了思想史的式微。然而，Zarrow在這篇文章中則揭示了思想史的復甦，最主要的因素之一就是受到新文化史的影響。他認爲一種新興的「文化史」強調文化傳播的媒介、對象與心理狀態，這方面與思想有所重疊。一種可行之道是在舊的作品中，置入新的脈絡，不僅關注菁英，也注重底層作品。因此，大思想家與經典仍然可以找到新的切入點進行研究。有兩個西方的例子可以參考，Dominick LaCapra的作品可視爲是正典研讀的新方向。研究貓的大屠殺的Robert Darnton的《啓蒙運動的事業》則是一部以當時出版業爲中心的文化史作品。**42**

　　儘管上述西方學界的思想史危機並未對當時的中國史研究有太大的衝擊，但依Zarrow所見，由於中國思想史屬於雙重邊緣化的學科，既是帶有異國情調的區域研究，又是孤立於其他領域之中的次學科，因此也逐漸被史學的新趨勢所同化。這篇文章還有個特別之處在於他已經提到清代思潮與政治文化研究的重要性，這部分的學者有Philip Kuhn的《叫魂》、Susan Naquin的八卦教研究、Joseph W. Esherick的義和團研究、David Johnson等人所編的《中國明清時期的通俗文化》，這些著作雖然不是思想史的著作，但都深入探討了非菁英分子的思想。此外，他還提到了William Rowe的陳宏謀研究。由於當時西方學者對於清代正統思想體系有濃厚的興趣，Zarrow還舉出了日後新清史的重要推手之一Pamela Kyle Crossley（柯嬌燕）的研究。她曾討論過滿族意識中特權統治的起源，認爲與其說滿清統治者企圖漢化或被中國同化，不如說他們像儒家聖王一樣，承擔起治

---

42 Peter Zarrow，〈近期西方有關中國近代思想史的研究〉，5:3（1994.9），頁73-75。

理中國人的困難工作，同時也維持其族群的獨特性。[43]在結論部分，Zarrow再度重申有幾個方向的研究影響了思想史的發展，例如文化史的興起、對於讀者心態的新注意、思想史方法論上的變化、解構主義與後結構主義的影響。

（六）醫療與身體史

　　醫療史或許是臺灣近二十年的史學發展最為快速的一門研究課題。《新史學》早在一九九一年時就已經刊登了杜正勝有關中國古代的形體、精氣與魂魄的討論。但一直要到一九九五年，杜正勝寫了一篇作為社會史的醫療史的文章，介紹了「疾病、醫療與文化」小組的研究成果，才有較明確的醫療史研究方向。這篇文章其實是延續了〈什麼是新社會史〉一文的精神。[44]在這那篇文章中，他提到了十二項新社會史的研究項目，其中，「生命體認」基本上是要仰賴醫療史的研究才能充實它的內容。杜正勝此時所謂的醫療史已經和正統的醫療科技史有所不同。它所側重的，「與其說是『生生之具』的『具』──方法，不如說是這些方法體現的歷史、社會現象和文化意義。」自一九九二年起，在杜正勝的帶領下，臺灣的醫療史研究剛剛起步，以中研院歷史語言研究所為核心，結合了年輕學者與學生，組成了「疾病、醫療與文化」研究小組，開始研究醫療與歷史的問題。杜正勝認為把醫療史當作社會史來研究，更能使中國文化的特質顯現出來。

　　在兩年內的二十多次的研討報告，杜正勝歸納了幾個研究的重點。第一、對身體的認識及賦予的文化意義。這方面的研究有杜正勝

---

43 〈近期西方有關中國近代思想史的研究〉，5:3（1994.9），頁81。
44 杜正勝，〈什麼是新社會史〉，《新史學》，3:4（1992.12），頁106-108。

利用甲骨卜辭占問疾病所記的病名與先秦經典出現的人體器官，歸納出中國人對於形體認識的原則。王道還則從《醫林改錯》探討解剖學在中西醫傳統中的地位。第二、醫家的族群和學術歸類：醫與巫、道、儒的關係。關於中國歷史上的醫家，大致可概分為三類：上古時代混於巫，戰國至唐合於道，宋代以下援於儒。例如金仕起探討古代醫者的出身，認為養馬者或庖廚酒人習見動物內臟，這些人可能是醫者獲得技藝的重要來源；杜正勝研究古代人體氣的觀念，認為其確立主要是戰國道家的貢獻；此外根據陳元朋的研究，「儒醫」的名稱大量出現在北宋末年，剛開始時指的是儒者習醫，到南宋才受到肯定的價值判斷。

　　第三、男女夫婦與幼幼老老的家族史。這方面研究有李貞德討論唐朝以前婦人分娩的習俗與醫療，包含了產前調理、服食易產的方藥、產室布置、坐草分娩的姿勢、產後行為及難產急救；李建民則研究馬王堆醫書中「禹藏埋胞圖」，這類的術數觀念一直存在於傳統社會中，也堂而皇之地載入正統的醫書；熊秉真研究的是明清的兒科醫學，認為《嬰童百問》等書的普及化，對於近世以來的兒童保健有相當正面的作用。第四、從醫學看文化交流的問題。例如印度醫學對中國的影響不在理論方面，而是實用醫療技術和本草藥學的引進。這方面的研究許多都是沿襲自陳寅恪及范行準的早期研究。第五、疾病醫療所反映的大眾心態。醫學反映的社會心態，可從對疾病的認識、治療方法和採用藥物三方面視之。林富士研究《太平經》中的疾病觀念，認為「中邪」是很重要的致病原因，其觀念來源甚早。李建民則鑽研古代醫書，發現醫家相信罹患鬼祟之病多和特定場所有關，如露臥於田野、或偶會於園林，最易致病。舉凡古廟、墳塚、廢屋、荒地、鬼神壇場、祠社、陰森樹林、沼澤之地，這些都是容易招致祟病的場所。筆者則利用明清的筆記小說，探討痲瘋病的民間療法，其中

以蛇酒治癩病的方法，頗有「以毒攻毒」的思維。

　　在「疾病、醫療與文化專號」中所收錄的幾篇文章，大多環繞著社會史的研究取向。直到一九九七，杜正勝完成另外一篇綜合性的討論〈醫療、社會與文化：另類醫療史的思考〉，我們得以更清楚的見到當時臺灣醫療史的研究特色。此處所強調的「另類醫療史」，其重點是一般的歷史研究，與傳統的專業醫學史不同。過去正統的醫學史所從事者多為醫者，所寫的醫學史也多為傑出醫者的成就史與思想史。而史家所從事的醫療史不同，他們更擅長從歷史的脈絡中來研究醫療課題。他舉出幾位當時研究有成的作品，例如蕭璠重建了漢以來一千年中國南方的地方病。梁其姿則研究天花與種牛痘，探討疾病的控制與人口增長間的關係。林富士則考察東漢末年的疾疫，探究巫祝、新興道團、外來佛教對應疾病的方法。就我而言，這篇文章的意義不僅在於示範了史家從事醫療史的研究特色外，還破除了當時史學界「不懂醫學可以研究醫療史嗎？」的疑慮。

　　這十幾年的發展下來，臺灣醫療史的研究成果相當豐碩，從一九九〇至二〇一〇年間，《新史學》共編輯了二十一個專號，其中光是醫療的專號就有三個，由此可見這個領域受重視的程度，計有：「疾病、醫療與文化專號」、「身體的歷史專號」及「醫療史專號」。這將近十五年的研究成果，也在中研院史語所與聯經出版公司的合作下，出版了「生命醫療史系列」，共出版了《性別身體與醫療》、《帝國與現代醫學》、《從醫療看中國史》、《宗教與醫療》、《疾病的歷史》。

　　《新史學》前期除了在現有傳統中國史研究中找尋醫療史的研究課題外，也開始出現一些有關西方醫療史的書評與研究討論。例如書評方面：《新史學》第一篇有關西方學者的醫療史的介紹是一九九八年筆者所寫的Carol Benedict鼠疫研究書評。之後，又有在英國取得

醫療史博士學位的李尚仁就十九世紀英國的公共衛生所做的介紹。

　　在醫療史研究之外，臺灣歷史學界又漸漸開展出身體史的研究。身體史在某些方面，與醫療史的探討的課題有關，但大多數的題目，所談的不是一個醫療上的身體。在一九九四年的「女／性史」專號中，祝平一就首先介紹當時西方史學界一本相當有新文化史特色的名著*Making Sex*。經由此書被引介至臺灣，讓史學界認識到，這本書不但不關心科學真理的進步，反而將不同時代的醫學論述擺在同一個平臺上解剖，進而探討不同時代對人「性」的醫學論述與文化、政治間的聯繫。祝平一明確地點出，這既不是醫／科學的內在史，也不是醫／科學的社會史；而是一種試圖將兩者結合，並將文化、權力等議題帶入醫療史或科學史的嘗試。

　　筆者的明清陰門陣的研究〈女體與戰爭〉是《新史學》中第一篇不在醫療史的基礎上談論身體的文章。這篇文章明顯受到新文化史的影響，例如，借用人類學家Mary Douglas有關女性經血與生產汙穢的「汙穢理論」，來說明陰門陣現象背後的文化意涵。文中也深受美國明清醫療史家Charlotte Furth有關身體與性別關係的研究影響。

　　一九九九年中研院史語所舉辦了「健與美的歷史」學術研討會。這是一場強調科際整合的研討會，會中除了歷史學外，還有藝術史、人類學與社會學的學者，共發表了十三篇論文。同年，《新史學》收錄了部分文章，編成「身體的歷史專號」，並寫了一篇會議報導〈從醫療史到身體文化的研究：從「健與美的歷史」研討會談起〉。就李貞德而言，歷來學者對於疾病及其治療技術之探討不虞匱乏，然而對於人們如何認定身體之間健康狀況，並加以保養維護，則有待深入研究。這次會議的突破即在於邀請學者從醫療、宗教、軍事、美術、乃至商業活動等領域的資料，從各種角度探討與健康有關的議題。文中，李貞德特別提到Thomas Laqueur與Charlotte Furth的

研究，認為性別分析的角度和醫療社會學所提出的「醫療化」理論，對於歷史學者探討身體文化的議題尤其有用。其中，李貞德特別強調性別是歷史研究的一項利器，這方面她舉出美國學者Joan Scott在「〈性別：一個歷史分析的有效範疇〉」這篇文章所提到的觀點，認為陽剛或陰柔並非一成不變地伴隨著生理的男體和女體，在特定的時空脈絡下，陽剛、陰柔及其所牽涉到的尊卑、強弱、優劣、善惡乃至美醜，可能因各種理由與男人、女人交叉組合，而代表不同的意義。這個會議的部分文章除了收錄在專號之外，另外有的是單篇發表，例如鈴木則子的〈從江戶時代的化妝書看美容意識的變遷〉。[45]

此外，在筆者的翻譯下，首度將Charlotte Furth的〈再現與感知：身體史研究的兩種取向〉介紹給臺灣史學界認識。這是Furth於一九九九年十一月在中研院近史所演講的講稿。作者綜覽近來身體史的研究概況，並將她自己的著作放在這個脈絡中，進而提出了兩種詮釋的類型：再現（representation）的身體史與感知（perception）的身體史。Furth在文中所介紹的史家都是當時歐美文化史與身體史研究的重要人物，例如Michel Foucault、Alain Corbin、Roy Porter、Thomas Laqueur、Barbara Duden、Dorothy Ko、栗山茂久。作者在探討這些作品時，雖然拿著再現與感知的放大鏡來檢視，但也不時強調兩者之間連續性的重要。此外，她認為我們應當認識個別的「身體史」片斷必須要根植於特定的文化領域，例如性別史、勞工史、政治史、技術史、藝術史、醫學史、科學史或宗教史。我們若是單獨地研究狹隘的「身體」，則會犯了身體史的宗旨在於批評學術界將身體孤立看待的覆轍。最後，她提醒我們，研究身體史，不僅要注意身體與

---

45 《新史學》，11:2（2000.6）。

思考、實踐與語言之間的哲學關聯；也包括以現存人類生命為基礎的身體的社會關聯。

　　在「身體的歷史專號」中，有兩篇書評值得注意，一篇是祝平一對栗山茂久的新書 *The Expressiveness of the Body and the Divergence of Greek and Chinese Medicine*（《身體的語言：從中西文化看身體之謎》）的介紹。本書不以某一文化的規範為標準，質疑何以另一文化沒有類似的現象。栗山追問的是何以在一文化中顯而易見，視為理所當然的身體與感覺，在另一文化中卻如此不同，甚或完全被忽視。從而揭露我們習以為常的身體觀是文化的建構物。只有透過比較研究，才能看出不同文化之間所認為的「客觀事實」，終究是人為的建構。有關這種論點的說法，是當時新文化史相當常見的理論，關於這點，Peter Burke在他的《什麼是文化史》一書中，有專章〈從表象到建構〉進行討論。另外一篇是李尚仁評後殖民主義醫療史家David Arnold的名著 *Colonizing the Body*。這本在探討印度殖民醫學史的著作中，Arnold主張「身體」是殖民史研究的重要分析對象，因為身體是殖民主義用來建構其權威、合法性與控制的場所。這種概念明顯受到Foucault的系列著作中，有關知識、權力與身體的分析，對Arnold的研究有很大影響。然而，Arnold則認為他與Foucault的研究還是有差異，一是殖民醫學與國家是密不可分的。此外，他比Foucault更強調「抵抗」在殖民醫學史中的重要性。

四、結論

　　《新史學》在創刊前期，不僅在研究方法方面，多方介紹了當時歐美學界有關新文化史的最新動向，在研究課題上也超越以往社會史

的範圍。其中，較爲明顯的就是本章第三節所介紹的日常生活史、族群、認同與記憶、婦女史與性別史、通俗文化、思想文化史、醫療與身體史。在這幾項研究課題中，又以醫療史的研究成果最受矚目。此外，在這些領域之外，我們還可見法律史的研究強調「法律文化」、經濟史強調文化如何影響經濟。[46]藝術史此時的發展，也漸漸朝著文化史的研究方法轉向，例如王正華及馬孟晶的研究（見表一）。王正華的〈傳統中國繪畫與政治權力——一個研究角度的思考〉則是當時藝術史論文中，首位在正文中提到新文化史的研究取向對藝術史研究的影響，她說：「以歷史學爲例，政治權力多面向、各種形式的體現是近十餘年來的研究趨勢，藝術品於此提供了新的研究角度，其中淺近明白或隱微轉折的政治意義比傳統政治史研究的制度、政策或政治事件更能探測政治權力的性質及具有的訓化力量，年鑑學派及新文化史的研究貢獻尤多。」此外，王正華還提到了Peter Burke的名著《製作路易十四》以及Lynn Hunt對於新文化史的方法學及研究範圍的介紹。

總地來看，《新史學》創刊前期對於新文化史的引介成果，光從表一所列篇章，即可看出相當豐富。並未如有些學者所言，僅有幾篇文章，其特色可歸納如下。第一、剛開始的引介並未對於新文化史是什麼有整體的共識，但在研究課題上已經相當類似，而且已經出現了「新文化史」這樣的名稱。第二、初期對新文化史的介紹，多爲通俗文化，而後陸續有婦女史、日常生活史，這些課題大多是延續著臺灣史學界對於「年鑑學派」的長期關注。第三、杜正勝的「新社會史」

---

46 這部分課題的引進，則歸功於邱澎生，見〈「法律文化」對法律史研究的效用：評梁治平編《法律的文化解釋》〉（1998）；〈文化如何影響經濟？評Samuel Adrian Adshead, *Material Culture in Europe and China, 1400-1800: the Rise of Consumerism*〉。（見表一）

概念的提出，促進了史學界對於文化史研究的重視。第四、《新史學》專題的設計開創了一些新的研究課題，例如婦女史與性別史、生活禮俗史、疾病與醫療史、身體史、生活史，其中，又以醫療史及明清的社會生活史在臺灣的發展最為蓬勃，也最有研究成果。[47]

表一：《新史學》一至十卷（一九九〇～二〇〇〇）

作者	篇名	卷期
梁其姿	〈評David Johnson、Andrew Nathan、Evelyn Rawski編，*Popular Culture in Late Imperial China*〉（1985）	創刊號1:1（1990）
周樑楷	〈舊史學向新史學的反撲 —— 評論G. Himmelfarb和J. W. Scott的史學思想〉	1:2（1990）
宋光宇	〈評David K. Jordan, Daniel L. Overmyer, *The Flying Phoenix: Aspects of Sectarianism in Taiwan*〉（1986）	1:2（1990）
蒲慕州	〈評Paul Veyne編*A History of Private Life vol.1, From Pagan Rome to Byzantium*〉（1987）	1:2（1990）
楊豫	〈西方家庭史研究的發展現狀和未來趨勢〉	1:3（1990）
梁其姿	〈評William T. Rowe, Hankow, *Conflict and Community in a Chinese City, 1796-1895*〉（1989）	1:3（1990）
李孝悌	〈評Joseph W. Esherick, *The Origns of the Boxer Upising*〉（1987）	1:3（1990）
邢義田	〈介紹三本漢代社會史新著——林富士《漢代的巫者》、羅彤華《漢代的流民問題》、祝平一《漢代的相人術》〉	1:4（1990）

47 明清史的文化轉向，請見王鴻泰，〈社會圖像的建構：一百年來明清社會史研究的透視〉，《東華歷史學報》，22（2009.12），頁73-100。有關醫療史的發展狀況，可見本書第四章。

杜正勝	〈形體、精氣與魂魄——中國傳統對「人」認識的形成〉	2:3（1991）
Paul Ropp著，梁其姿譯	〈明清婦女研究——評介最近有關之英文著作〉	2:4（1991）
葉漢明	〈文化史與香港婦女的研究〉	2:4（1991）
楊秀珠	〈評Rubie Watson、P. Ebrey編，*Marriage and Inequality in Chinese Society*〉	2:4（1991）
梁其姿	〈評介有關珠江三角洲婚姻制度的兩種近作〉	2:4（1991）
蒲慕州	〈評Stephen F. Teiser, *The Ghost Festival in Medieval China*〉（1988）	3:1（1992）
楊肅獻	〈馬克思主義與法國大革命的解釋——一個解釋傳統的解體〉	3:2（1992）
夏伯嘉	〈戰後歐美史學發展趨勢〉	3:2（1992）
廖炳惠	〈後殖民時代的歷史研究——普林斯頓大學戴維斯中心九一年秋季論文簡介〉	3:2（1992）
王汎森	〈評Peter Burke, *The French Historical Revolution*〉（1990）	3:2（1992）
林富士	〈評Peter Burke編，*New Perspectives on Historical Writing*〉（1992）	3:2（1992）
杜正勝	〈什麼是新社會史？〉	3:4（1992）
黃應貴	〈儀式、習俗與社會文化——人類學的觀點〉	3:4（1992）
蒲慕州	〈西方近年來的生活史研究〉	3:4（1992）
王明珂	〈民族史的邊緣研究——一個史學與人類學的中介點〉	4:2（1993）
李貞德	〈婦女在家庭與社會中的角色——歐洲中古婦女史研究〉	4:2（1993）
莊雅仲	〈裨海紀遊——徘徊於自我與異己之間〉	4:3（1993）
蔣竹山	〈評Susan Naquin、Chun-fang Yü編，*Pilgrims and Sacred Sites in China*〉（1992）	4:3（1993）
李孝悌	〈十七世紀以來的士大夫與民眾：研究回顧〉	4:4（1993）

于志嘉	〈日本明清史學界對「士大夫與民眾」問題之研究〉	4:4（1993）
盧建榮	〈評Mona Ozouf, *Festivals and French Revolution*〉（1988）	5:1（1994）
梁其姿	〈清代的惜字會〉	5:2（1994）
Peter Zarrow	〈近期西方有關中國近代思想史的研究〉	5:3（1994）
王明珂	〈過去的結構——關於族群本質與認同變遷的探討〉	5:3（1994）
Paul Katz	〈評Ken Dean, *Taoist Ritual and Popular Cults of Southeast China*〉（1993）	5:3（1994）
王汎森	〈道咸年間民間性儒家學派——太谷學派研究的回顧〉	5:4（1994）
宋光宇	〈關於善書的研究及其展望〉	5:4（1994）
蒲慕州	〈評Peter Burke, *History and Social Theory*〉（1992）	5:4（1994）
杜正勝	〈作爲社會史的醫療史——並介紹「疾病、醫療與文化」研究小組的成果〉	6:1（1995）
蔣竹山	〈湯斌禁毀五通神——清初政治菁英打擊通俗文化的個案〉	6:2（1995）
周婉窈	〈臺灣人第一次的「國語」經驗——析論日治末期的日語運動〉	6:2（1995）
王心揚	〈美國新社會史的興起及其走向〉	6:3（1995）
Peter K. Bol	〈美國宋代研究的近況〉	6:3（1995）
盧建榮	〈評Ronald J. Grele, *Envelopes of Sound: The Art of Oral History*〉（1991）	6:3（1995）
王汎森	〈評Carlo Ginzburg, *Clues, Myths, and the Historical Method*〉（1989）	6:3（1995）
林崇熙、傅大爲	〈歷史中的臺灣科學——關於「臺灣科學史」研究的回顧與檢討〉	6:4（1995）

釋見曄	〈評Timothy Brook, *Praying for Power: Buddhism and the Formation of Gentry Society in Late-Ming China*〉（1993）	6:4（1995）
李貞德	〈超越父系家族的藩籬——臺灣地區「中國婦女史研究」（1945-1995）〉	7:2（1996）
王心揚	〈評David Montgomery, Citizen Worker, *The Experience of Workers in the United States with Democracy*〉（1993）	7:2（1996）
黃金麟	〈歷史的儀式戲劇——「歐戰」在中國〉	7:3（1996）
范燕秋	〈醫學與殖民擴張——以日治時期臺灣瘧疾研究爲例〉	7:3（1996）
游鑑明	〈近代中國女子體育觀初探〉	7:4（1996）
祝平一	〈評Thomas Laqueur, *Making Sex*〉（1990）	7:4（1996）
林崇熙	〈AIDS、省府虛級化、與B型肝炎疫苗：科學知識在臺灣的一種社會建構歷程〉	8:1（1997）
蔣竹山	〈宋至清代的國家與祠神信仰研究的回顧與討論〉	8:2（1997）
王正華	〈傳統中國繪畫與政治權力——一個研究角度的思考〉	8:3（1997）
杜正勝	〈醫療、社會與文化——另類醫療史的思考〉	8:4（1997）
呂妙芬	〈陽明學講會〉	9:2（1998）
王汎森	〈明末清初儒學的宗教化：以許三禮的告天之學爲例〉	9:2（1998）
李玉珍	〈評John Kieschick, *The Eminent Monk: Buddhist Ideals in Medieval Chinese Hagiography*〉（1997）	9:2（1998）
范燕秋	〈新醫學在臺灣的實踐（1898-1906）——從後藤新平《國家衛生原理》談起〉	9:3（1998）
蔣竹山	〈評Carol Benedict, *Bubonic Plague in Nineteenth-Century China*〉（1996）	9:3（1998）
周樑楷	〈英國史家湯姆森夫婦的史學和社會思想〉	9:4（1998）

林美香	〈評Susan Frye, *Elizabeth I: The Competition for Representation*〉（1993）	9:4（1998）
李尚仁	〈評Christopher Hamlin, *Public Health and Social Justice in the Age of Chadwick: Britain, 1800-1854*〉（1998）	9:4（1998）
江政寬	〈評Keith Jenkins, *On "What is History": From Carr and Elton to Rorty and White*〉（1995）	10:1（1999）
張彬村	〈明清時期寡婦守節的風氣——理性選擇的風氣〉	10:2（1999）
王晴佳	〈如何看待後現代主義對史學的挑戰〉	10:2（1999）
邱澎生	〈「法律文化」對法律史研究的效用：評梁治平編《法律的文化解釋》〉（1998）	10:2（1999）
蔣竹山	〈評Paul R. Katz, *Demon Hordes and Burning Boats: The Cult of Marshal Wen in Late Imperial Chekiang*〉（1995）	10:2（1999）
馬孟晶	〈文人雅趣與商業書坊——十竹齋書畫譜和箋譜的刊印與胡正言的出版文化〉	10:3（1999）
巫仁恕	〈明代平民服飾的流行風尚與士大夫的反應〉	10:3（1999）
林麗月	〈衣裳與風教——晚明的服飾風尚與「服妖」議論〉	10:3（1999）
蔣竹山	〈女體與戰爭——明清厭砲之術「陰門陣」再探〉	10:3（1999）
邱澎生	〈文化如何影響經濟？評Samuel Adrian Adshead, *Material Culture in Europe and China, 1400-1800: the Rise of Consumerism*〉（1997）	10:3（1999）
李貞德	〈評Anne Llewellyn Barstow, *Witchcraze: A New History of the European Witch Hunts*〉（1994）	10:3（1999）
李貞德	〈從醫療史到身體文化的研究——從「健與美的歷史」研討會談起〉	10:4（1999）
Charlotte Furth著，蔣竹山譯	〈再現與感知——身體史研究的兩種取向〉	10:4（1999）

祝平一	〈評栗山茂久（Shigehisa Kuriyama）, *The Expressiveness of the Body and the Divergence of Greek and Chinese Medicine*讀後〉	10:4（1999）
陳元朋	〈身體與花紋——唐宋時期的文身風尚初探〉	11:1（2000）
黃金麟	〈革命與反革命——「清黨」再思考〉	11:1（2000）
宋家復	〈「歷史與理論」——介紹近年出版的幾本英文論著選輯讀本〉	11:1（2000）
李貞德	〈評Clarissa W. Atkinson, *The Oldest Vocation: Christian Motherhood in the Middle Ages*〉（1991）	11:1（2000）
John Kieschnick	〈評Peter Burke, *The Art of Conversation*〉（1993）	11:1（2000）
鈴木則子著，黃秀敏譯	〈鏡中美女——從江戶時代的化妝書看美容意識的變遷〉	11:2（2000）
王鴻泰	〈從消費的空間到空間的消費——明清城市中的酒樓與茶館〉	11:3（2000）
何淑宜	〈以禮化俗——晚明士紳的喪俗改革思想及其實踐〉	11:3（2000）
Stephen Averill著，吳　、孫慧敏譯，江政寬校譯	〈中國與「非西方」世界的歷史研究之若干新趨勢〉	11:3（2000）
巫仁恕	〈岸本美緒，《明清交替與江南社會——十七世紀中國的秩序問題》〉	11:3（2000）
邱澎生	〈評Melissa Macauley, *Social Power and Legal Culture: Litigation Masters in Late Imperial China*〉	11:3（2000）

Robert Culp 著，黃煜文譯	〈評中國童子軍——南京十年童子軍手冊中的公民訓練與社會意識〉	11:4（2000）

表二：《新史學》的專題名稱

卷期	專號名稱
2/4（1991）	中國婦女史專號
3/2（1992）	史學專號
3/4（1992）	生活禮俗專號
5/4（1994）	宗教與社會專號
6/1（1995）	疾病、醫療與文化專號
7/4（1996）	女／性史專號
9/4（1998）	英國史專號
10/4（1999）	身體的歷史專號
11/3（2000）	明清的社會與生活專號
13/3（2002）	史學與理論專號
14/3（2003）	西洋史專號
14/4（2003）	醫療史專號
15/2（2004）	藝術史專號
16/4（2005）	王權專號
17/4（2006）	物質文化專號
18/2（2007）	臺灣史專號
19/2（2008）	史學史專號
19/4（2008）	思想史專號
20/2（2009）	地域社會專號
20/4（2009）	道・術・信仰專號
21/3（2010）	跨學科的歷史學專號

第三章
大陸歷史研究的「文化轉向」：從新社會史到新史學

一、前言

　　迄今有關新文化史的發展，中西學術界都已有爲數不少的介紹性作品可供參考。可惜的是，這些著作要不是只集中在個別新文化史名家的介紹，就是浮光掠影地評述過往二十年新文化史的興起與走向。反而對於這個領域的最新發展，以及社會史與新文化史的重新對話與合作的問題，較爲少見。然而，近來這股對新文化史研究取向的引介風潮吹進了大陸史學界。關於這點，我們大致可以從大陸學界近來積極地翻譯相關著作或撰寫引介文章可見一斑。[1]

　　大陸近來有關新文化史的介紹以復旦大學歷史系周兵、張仲民及王晴佳爲代表。[2]這些學者對於歐美的新文化史著墨較深，對於大陸近幾年的發展則較少探討。本章將在上述學者的研究積累上，探討大陸史學近年來的新文化史走向。首先從新社會史概念的發展談起。其次，透過「新社會史叢書」，觀察大陸史學的文化轉向與歐美史學的互動。在結論部分，則對《新史學》有初步觀察。

1　Lawrence B. Glickman, "The Cultural Turn," *American History Now*, Temple University Press, 2011, pp.221-241。Glickman在文中指出，以美國史的近來發展爲例，文化史已經在美國獲得空前的勝利。從一九八〇至一九九〇年代是「新文化史」興起的時代。到了二〇〇一年，James Vernon已經宣稱「我們現在都是文化史家」。這也顯示出在文化史拔得頭籌的同時，曾經具有獨特性的文化史開始在邁向新世紀時，其形象卻愈來愈模糊。在中國史方面，近來William T. Rowe所寫的一本清史新書*China's Last Empire: The Great Qing*, Harvard University Press, 2009，也指出美國的清史研究目前當家的是「新清史學派」，研究取向就是新文化史走向或「文化轉向」，同時也可稱爲「內亞轉向」或「中亞轉向」，研究的主題已經由以往的社會史時代的下層民眾轉變至研究宮廷。

2　王晴佳，《新史學講演錄》，中國人民大學出版社，2010。

二、新社會史概念的提出

　　大陸史學界這幾年的文化轉向必須從「新社會史」此一名詞出現的來由談起。楊念群於二○○一年編了一本有關新社會史的論文集《空間、記憶、社會轉型：「新社會史」研究論文精選集》，這應該是大陸史學界首次以此名詞來和過去的社會史做一區隔。他在導論〈東西方思想交匯下的中國社會史：一個「問題史」的追溯〉首次提出「新社會史」的概念。他對「新社會史」的定義有幾點看法：第一、「新社會史」不是一個範式轉換的概念，但也不是一個簡單類分範圍的概念，而應該是與本土語境相契合的中層理論的建構範疇。對此，他還對杜正勝的〈什麼是新社會史〉這篇文章中有關新社會史究竟是在研究什麼的論點，有不同看法。他認為：「畫定範圍當然重要，但更為重要是釐定與傳統研究方法不同的規範性概念與解釋思路。」言下之意，他認為杜正勝所提倡的新社會史不過只是一種研究範圍的界定，卻不代表著研究方法上的突破，而且容易淪為一堆史料的發現而已。

　　杜正勝的「新社會史」概念只是研究範圍嗎？透過本書第二章的探討，我們可以發現，他在提倡新社會史時，《新史學》已經對於新文化史的重要史家有了許多介紹。因此，杜正勝儘管看似只列出了新社會史可擴展的領域，但這些領域的背後，其實已經受到年鑑學派從心態史到文化史的研究視野之影響。事實上，大陸史學界的新文化史發展，最早源起於世界史與史學理論領域的學者有關年鑑學派及歐美史學理論的介紹，直到二○○二年左右，中國史學界才開始有實際的探討。相對地，臺灣史學界在新文化史的推動上，一開始《新史學》創刊時，就是在中國史學者的積極引進歐美的新文化史最新研究概況。

　　第二、所謂的新社會史在傳統經濟史所建構的整體架構之外，找尋更微觀的單位來深描基層社會文化的可能。此處的「深描」與「微觀」都是西方新文化史常見的關鍵詞。然而楊念群也指出，這本論文集雖然標示出其中的概念，但並不能明確地解釋其中的內涵，也無法畫分它與以往社會史的明顯差別。即使這樣，楊仍然認為可以透過具體研究來觀察一九九○年代以來社會史融入和匯通世界新思潮的程度，以及這種匯通對於對於理解中國社會變遷的新進展。

　　要去理解楊念群這本書在大陸史學界的文化轉向中所扮演的位置，這可從其研究課題與研究取向究竟哪些地方是與當時西方的新文化史接軌來看。這本論文集分為三個部分，第一部分主要探討中國社會空間從傳統到現代的建築規則與形式，特別是關注社會變遷造成的空間觀念與結構的轉換。第二部分則是將人類學的田野調查方法引進歷史學，強調地方文獻的研究過程，這部分比較接近現今「華南學派」所謂的「歷史人類學」研究取向。第三部分則強調口述資料的運用。強調以往的歷史敘事大多透過書寫史料，易形成對歷史記憶的壟斷，唯有透過個體聲音的發掘，才能予以突破。

　　在這些文章中，則以下列文章比較與新文化史取向有關。例如導論中，楊念群已經引用了文化史的重要理論大師Clifford Geertz的《文化的解釋》的概念，說明「解讀歷史應重其意義，而不是法則」；此外還提到了文化史中有關社會記憶的基本理論方法，參考了法國集體記憶的理論家Maurice Halbwachs的概念。楊念群自己的文章則受到Michael Foucault的《規訓與懲罰》一書的明顯影響，強調西方醫療體系傳入北京後對城市空間變化的多重影響。應星則在中外學者有關「士紳社會」的諸多理論的研究基礎上，借用P. Bourdieu有關場域—資本—慣習的互動關係框架，分析了晚清科舉制度廢除後，中國近代社會的支配關係在湖南地方的複雜表現。同樣地，景軍在探

討西北兩座廟宇的重建過程中，也借用了Pierre Bourdieu象徵資本的概念，分析基層社會在重建神聖標誌的過程中，人們會選擇尊重何種知識，什麼人透過何種途徑擁有這種知識，廟宇重建過程中知識的運用如何反映社會變遷。程美寶在談論「廣東文化」於晚清形成的過程中，運用了「現實的建構」的概念，將「廣東文化」視爲是一種論述，探討在近代話語的構造中，「廣東文化」如何被整合進民族國家的論述中，而使原有的內涵產生變化。雖然這本論文集的文章已經運用了新文化史研究中兩位理論大師Geertz的文化解釋與Bourdieu象徵資本的概念，卻對於此時已經引進的西方新文化史的實際作品完全陌生。

楊念群的這本論文集對於新文化史的研究方法的提倡有重要貢獻，可惜的是，他似乎對於研究史學理論的這批學者的作品沒有太多關注。例如早在二〇〇〇年，楊豫已經發表了〈新文化史學的興起：與劍橋大學彼得・伯克教授座談側記〉，這應該是「新文化史」的名稱在大陸首度出現。這篇訪談錄是當代新文化史重要推手Peter Burke於一九九九年接受北京大學、南京大學及復旦大學的邀請，在南京大學演講後，與南京大學教授楊豫會談的訪問紀錄。文中，Burke已經明確指出，當時西方史學有兩個重要變化，一個是生態史（現在常用的名稱是環境史）的出現，另一個是新文化史的興起。就Burke而言，新文化史的興起不是自發的，也不是個人的突發奇想，而是場跨國的集體運動，有美、英、法、義的學者共同參與。例如Clifford Geeztz、E. P. Thompson、Geroges Duby、Carlo Ginzburg、Michael Foucault、Michel de Certeau、Emmanuel Le Roy Ladurie、Lawrence Stone等人。文章中，他舉出了新文化史家研究的課題可分爲五方面：物質文化的研究，身體、性別的研究，記憶、語言的研究，形

象的歷史，政治文化史。[3]隔年，李霞又與楊豫合寫了〈走向開放的綜合——新文化史學探析〉，該文已經很明確地介紹了新文化史的幾本重要著作。例如Carlo Ginzburg的《乳酪與蟲》、Robert Darnton的《貓的大屠殺》、Peter Burke的《製作路易十四》、《蒙大猶》、Roger Chartier的*Cultural History*、Lynn Hunt的《新文化史》等書。[4]

總地來看，若細讀楊念群所編的論文集中的這些文章，會發現其研究方法的確與傳統的社會史有所區隔，但也有所延續，兩者並非斷裂的關係。若放在西方新文化史的研究脈絡上來看，當時大陸對於新文化史的理論已經有了初步的介紹。大陸中國史學界對於新文化史的進一步認識要到孫江所主編的「新社會史」叢書的出現，才有新的進展。

繼《空間、記憶、社會轉型：「新社會史」研究論文精選集》之後，最能代表大陸史學的文化轉向的就屬「新社會史」叢書的出版。總主編是孫江，編委有楊念群、王笛、黃東蘭、劉建輝、朱慶葆、麻國慶、余新忠。前三輯的主編分別是孫江、黃東蘭及王笛。三輯涉及主題有：「事件、記憶、敘述」、「身體、心性、權力」、「時間、空間、書寫」。從總主編孫江在第一輯寫的代序可以看出這套叢書的研究取向。[5]孫江在代序〈閱讀沈默：後現代主義、新史學與中國語境〉中，首先探討了後現代主義對歷史敘述所造成的影響、歐美史學是怎樣回應後現代主義的挑戰的問題。其次指出了中國新社會史研究

---

3 楊豫，〈新文化史學的興起：與劍橋大學彼得‧伯克教授座談側記〉，《史學理論研究》，2000年1期，頁143-150。
4 李霞、楊豫，〈走向開放的綜合——新文化史學探析〉，《國外社會科學》，5（2000），頁27-33。
5 孫江編，《事件、記憶、敘述》，浙江人民出版社，2004。黃東蘭編，《身體、心性、權力》，浙江人民出版社，2005。王笛編，《時間、空間、書寫》，浙江人民出版社，2006。

的走向。他的意見有三，一是放棄構建整體史的野心。他明顯受到日本有關年鑑學派的翻譯作品的影響，其中可以日本學者二宮宏之爲代表，他贊成「社會史概念是做爲反對僵化的武器來使用的，不是自我限定的概念，而是邊緣性的概念。」[6]此處的邊緣性概念，指的是受到近代主流敘事所排擠的課題，例如民族、少數集團、性、階級和年齡、人的集團、心性等。孫江進而強調，新社會史是與傳統社會史所研究的表面上的地方史、區域史與下層社會史等邊緣性課題背道而馳，其主旨在把研究對象從對普遍性轉變至地方性，從抽象的概念世界轉向關注日常生活世界。二是實現歷史知識論的轉變。孫江認爲新社會史可以接受後現代主義／後結構主義關於解讀文本的觀念及方法，但不能將文本與產生文本的語境給切割開來，否則新社會史在歷史學將無立足之地。第三是擺脫以美國中國學爲中心的中國研究。其目的不在以狹隘的民族話語否定美國中國學，而是要求把美國中國學的文本與產生文本的現實語境結合起來，放在全球的脈絡下重新對待。[7]

　　在序言中，值得一提的是，孫江已經引用了法國年鑑學派文化史大將Roger Chartier的作品。有關這方面的作品，日本在一九九〇年代就已經有了介紹，臺灣也在一九九二年左右，透過《新史學》得知相關訊息。可惜，大陸學界並未引用《新史學》早期既有的成果，只引用了王晴佳於一九九九年刊登在《新史學》的文章〈如何看待後現代主義對史學的挑戰〉。有關Roger Chartier的介紹，孫江所引的文

6　孫江很多對年鑑學派的了解來自於日本的翻譯。日本的世界史學界對於法國年鑑學派的作品很早就展開介紹，重要經典的翻譯是所有國家中進行的最全面的，例如早在一九九二年，二宮宏之就已經編譯了年鑑學派的著作《歷史‧文化‧表象》。孫江，〈閱讀沈默：後現代主義、新史學與中國語境〉，《事件、記憶、敘述》，浙江人民出版社，2004，頁22。

7　孫江，〈閱讀沈默：後現代主義、新史學與中國語境〉，頁22-26。

章是〈做為表象的世界〉一文，從書目中得知似乎引的是Chartier於一九八九年的法文本。[8]在序言的最後一小節，孫江對於這本《新社會史》的幾點嘗試有概略介紹。例如他特別提到第一輯的兩個主題：「政治及事件」與「記憶、象徵與認同」。在政治及事件方面，他特別提到在傳統社會史的研究中，政治與事件是與社會相孤立的，但新社會史特別會強調兩者的關聯性，並特別關注在晚清時代。[9]

　　第一個主題所涉及的課題，有王笛以四川成都為研究對象的〈街頭政治〉、王冠華從集體行動規律的視野探討一九〇五至一九〇六年的抵制美貨運動、韋斯諦的江西山區的地方菁英與共產主義革命的研究。上田信的〈被展示的屍體〉，將一九八九年河南農民將家人屍體放在縣政府門口抗議的報導，放在明清以來的歷史語境中，進行歷史學與人類學的分析。Barend J. ter Harr的中國文化中暴力的研究，指出各種形式的暴力使用曾是菁英階層個性建構的組成部分。這幾篇文章所涉及的政治文化的研究，也正是當前歐美新文化史中新的研究方向之一。Peter Burke的《什麼是文化史》一書中，就提到新文化史當前的前景是擴大過往所謂注意的領域，例如政治、暴力與情感。例如「政治文化」這個術語，在一九六〇年代開始為政治學家所用，但似乎到了一九八〇年代才進入歷史學家的話語之中。以Lynn Hunt為例，他的著作《法國大革命中的政治、文化與階級》，將注意力集中在政治文化上，論證了政治行為規則發生的變化，並以專門的篇幅討論了新的「符號實踐」，討論範圍涉及公眾節日的舞蹈、配戴三色帽花或紅色的自由帽。[10]

8　一九九二年，二宮宏之編譯了《歷史・文化・表象》一書，也收錄了這篇文章。
9　這如同年鑑學派大都關注中世紀的歷史。
10 Peter Burke，《什麼是文化史》，北京大學出版社，2009，頁121-127。Lynn Hunt的中譯本見，《法國大革命中的政治、文化和階級》，華東師範大學出版社，2011。

　　至於暴力的研究，已經引起文化史家愈來愈多的注意。例如荷蘭的人類學家Anton Blok指出，解讀暴力者傳送出來的信息非常重要，正是他們的行動帶有的符號因素，觸及到這一個關鍵問題。使用文化的研究方法去探討暴力，關鍵是要揭露出那些表面上看起來毫無意義的暴力中所帶有的意義。例如Natalie Zemon Davis在一九六〇年代對於政治暴力所做的研究。[11]這股有關暴力的風潮延續至今，近來一本研究恐怖主義的文化史的著作才剛剛出版。

　　此外，有關記憶的課題，一直是新文化史研究的重要領域。例如黃東蘭有關岳飛廟的研究，以記憶之場為核心概念，探討做為祭祀與紀念空間的岳飛廟是如何凝聚社會的公眾記憶，以及這種敘述是如何被再現出來。孫江則從歃血為盟的角度，探討了傳統漢人社會裡的模擬親屬結合。他認為做為「他者」的秘密結社透過傳統的創造構建了一套自身的歷史記憶。[12]在這些文章中，黃東蘭已經運用了法國年鑑學派有關社會記憶的相關著作，例如法國學者兼出版商Pierre Nora主編的七卷本的《記憶的場所》。這套書所討論的內容是法國的「民族記憶」，這種記憶重塑了像百科全書派、萬神殿這樣的建築物、以及每年七月十四日對攻占巴士底獄這樣的週年紀念活動。[13]此外，她還提到了文化史家Eric Hobsbawm有關「傳統的發明」的論著。

　　到了二〇〇五年「新社會史叢書」的第二輯《身體、心性、權力》的專號出版時，他們不僅延續上一輯有關記憶的探討，還將課題擴展至空間、身體與權力。其探討的主題相當多元，包括有：晚明太陽記憶的知識考古、華盛頓神話在晚清中國的形成、清末地理教科書

---

11 《什麼是文化史》，頁127。可參考Natalie Zemon Davis有關暴力儀式的討論，見《法國近代早期的社會與文化》，中國人民大學出版社，2011，頁212-261。
12 孫江編，《事件、記憶、敘述》，頁26。
13 Peter Burke，《什麼是文化史》，北京大學出版社，2009，頁76-79。

的空間再現、黃花崗公園的革命記憶的探討、中山陵的政治精神的表達與實踐、五四的知識人的自殺行為、晚清光緒皇帝的醫病關係、日本近代打造衛生秩序的過程、清代做為生存策略的一夫多妻現象。整體上，《身體、心性、權力》是放在一個稱之為「知識社會」與「情報社會」的空間脈絡上來看文本。從新文化史的視野來看，下面這段話，相當能夠反映本書編者的史學觀念。所謂：「史家必須思考歷史紀錄和敘述行為所依託的知識和思想背景，歷史是怎樣被表象化的，這種表象化多大程度記錄或抹煞了歷史等等問題。一言以蔽之，即歷史是怎樣被敘述出來的，這些問題在實證主義和科學主義的歷史學中一直是不證自明、無須探究的問題。」此外，本書編輯也注意到社會史在面對後現代主義的批判時，已經做了許多調整，在大眾心理、記憶、紀念物、節日、文化層次上的權力與權威，以及社會性別與日常生活中的微觀政治上取得相當好的成績。[14]

在對於新文化史研究著作的運用上，《身體、心性、權力》較第一輯更為深入，例如提到的新文化史作者有：Peter Burke的《知識的社會史》、Benedict Anderson的《想像的共同體》、Pierre Nora的日文本《記憶之場》、《紀念碑的話語：美國的暴力與追悼的風景》、《語言與權力：印尼的政治文化探討》。到了二〇〇七年，上述新社會史叢書的班底，編輯了第三輯之後，另外新創了《新史學》叢書，此時他們已經不再強調他們所進行的是否是新社會史，但細究其內容，仍可看出新文化史的研究特色。[15]

---

14 黃東蘭編，《身體、心性、權力》，浙江人民出版社，2005，頁1-14。
15 楊念群編，《新史學：感覺‧圖像‧敘事》第一卷，中華書局，2007。孫江編，《概念‧文本‧方法》，第二卷（中華書局，2008）。黃興濤編，《新史學：文化史的再出發》第三卷，中華書局，2009。黃東蘭編，《新史學：再生產的近代知識》第四卷，中華書局，2010。

三、從底層看歷史：微觀史學與通俗文化

　　近來大陸史學界的民間信仰研究正吹起一股社會文化史取向的風潮。其中兩本書的出版透露出這種趨勢正逐漸受到史家的重視：《空間、記憶、社會轉型：「新社會史」研究論文精選集》和《中國社會史論》。[16]關於文化史與社會史的關係，劉志琴的〈社會文化史的視野〉一文清楚地點出了這種研究視野的轉變：「八〇年代中期隨著經濟改革的全面推開，突出了觀念變革的問題，文化研討與社會改革意識融為一體，推動了社會史的復興。從社會史領域探索民族文化心理的形成、發展和改造，觸動觀念變革的深層結構，也是文化史進一步深化的趨勢。」[17]劉志琴的社會文化史概念主要從大小傳統的關係角度展開：「在討論社會文化史的時候，視線是向下看，著眼於小傳統，可是做為菁英文化的大傳統又是怎樣影響和制約小傳統的發展呢？這是理解上層文化和下層文化互動關係中的一個關鍵性問題。沿著文化傳統的脈絡，揭示菁英文化社會化的過程和特點是建設社會文化史的重要思路。」劉認為中國古代社會的大傳統表現為禮的意識型態和社會制度，這是菁英文化的主流，小傳統在古代的表述為「俗」，唯有貼近社會下層看歷史和從社會下層發掘足以反映歷史變動的軌跡，才較能接近歷史的眞相。[18]

---

16 楊念群編，《空間、記憶、社會轉型：「新社會史」研究論文精選集》，上海：上海人民出版社，2001；周識明、宋德金編，《中國社會史論》，湖北教育出版社，2000。

17 劉志琴，〈社會文化史的視野〉，收錄於：周識明、宋德金編，《中國社會史論》，頁98。

18 〈社會文化史的視野〉，頁98-120。有關大傳統與小傳統或上層文化與下層文化之間的互動關係的理論和模式，並非只是單純的上對下的問題，目前學界已有幾種不同論點的研究，例如「衝突論」、「霸權論」、「截然對立說」、「循環交流論」、「對話說」。見李孝悌，〈上層文化與下層文化──兼論中國史在這方面的研究〉，《近

　　若要透過下層社會來看歷史，民間信仰或許是一條不錯的研究途徑。最近幾年，明清史學界相繼出版了幾本結合宗教史與社會史研究的專著，[19]像是趙世瑜的《狂歡與日常：明清以來的廟會與民間社會》（以下簡稱《狂歡與日常》）與鄭振滿、陳春聲合編的《民間信仰與社會空間》（以下簡稱《民間信仰》）。

　　《狂歡與日常》則是趙世瑜近十年來民間文化與基層社會歷史的初步成果，主要集中在明清以來的廟會與基層社會組織、經濟發展、民間法、官府與鄉土社會網絡的關聯。全書分為三部分，共收有十三篇文章，另有附錄三文。第一部分「概說之部」包括五篇較綜合性的研究。第一篇〈中國傳統社會中的寺廟與民間文化〉開宗明義地點出作者為何要以廟會做為此書研究的主題。第二篇〈民間社會中的寺廟：一種文化景觀〉則從文化地理學的角度切入，提出明清寺廟可研究的方向，例如民間寺廟的位置與崇拜程度的關係、建築格局、規模、色彩與地方文化、偶像形象、衣著、表情、神祇的信仰圈和寺廟戲臺與酬神的社會空間等等。第三篇〈中國傳統廟會中的狂歡精神〉則透過傳統廟會活動的原始性、全民性和反規範性等特徵，對中國傳統廟會中的狂歡精神做探討。第四篇〈寺廟宮觀與明清中西文化交流〉則企圖引起學界對下層文化，乃至民間寺廟文化在中國文化傳統中重要地位之重視；其次，作者欲指出晚明開始的中西文化衝突，經由鴉片戰爭的變化，卻仍有一脈相承的線索。第五篇〈廟會與明清以來的城鄉關係〉則透過廟會來探討明清城鄉之間的關係與差異。作者提出了明清時期的城市和鄉村各自的界線是有區別的看法，因為它們

代中國史研究通訊》，8（1989），頁97-100。
19 明清之前的研究可參考著作有：侯旭東著，《五、六世紀北方民眾佛教信仰》，中國社會科學出版社，1998；王青，《魏晉南北朝時期的佛教信仰與神話》，中國社會科學出版社，2001；榮新江主編，《唐代宗教信仰與社會》，上海辭書出版社，2003。

有各自的崇祀對象，也透過廟會整合和凝聚自己的社區；此外，城鄉之間又存在著本質一致的文化，敬神和廟會就是共同存在的現象。

第二部分「地域研究之部」包含三篇研究華北的文章。第一篇〈明清時期的華北廟會〉主要在透過廟會來檢驗克里斯塔勒（Walter Christaller）的「中地理論」（Central Place Theory）的有效性問題。第二篇〈明清時期江南廟會與華北廟會之比較〉則企圖藉由比較廟會的特徵，探索華北與江南地域社會發展的不同程度。第三篇〈明清華北的社與社火〉則是把華北基層社會組織和儀式表演聯繫起來考察。

第三部分「個案研究之部」有五篇文章，大多針對明清時期華北的廟會活動。第一篇〈明清婦女的宗教活動、閒暇生活與女性亞文化〉，主在探討明清時期的婦女如何利用參加宗教性的活動來擴大自己的活動空間的過程。第二篇〈太陽生日：東南沿海地區對崇禎之死的歷史記憶〉講的是人們如何將崇禎皇帝神格化，並舉辦廟會活動，進而對故國的情感隱晦地傳給後代。在〈黑山會的故事：明清宦官政治與民間社會〉這篇文章中，作者探取敘事的角度，把歷史當作神話來剝離和解構，看看歷史是如何被創造和建構的。最後的附錄，作者附上一些具有理論和方法色彩的研究，表明學術研究中，從問題到實證，再從微觀研究到理論概括的基本過程。

鄭振滿和陳春聲合編的《民間信仰》全書分為五個部分：「國家意識與國家認同」、「社會風俗與民眾心態」、「神祇崇拜與地方社會的變遷」、「鄉村廟宇與家族組織」、「社區組織與村際關係」。研究民間信仰的學者常會碰到的問題是「國家」與「民間社會」的互動關係。本書的一個重點即在透過民間信仰來探討民眾與國家的關係。陳春聲的〈宋明時期潮州地區的雙忠公崇拜〉探討的是，一位來自北方的神祇，自唐以來就被列入國家祀典，如何在南方地域逐漸地

方化和民間化。黃挺的〈民間宗教信仰中的國家意識與鄉土觀念〉將宋代至近代的文獻記載與田野調查結合起來，討論雙忠信仰活動中鄉民、官師和士紳的態度。

第二部分趙世瑜的〈明清以來婦女的宗教活動、閒暇生活與女性亞文化〉，透過有趣的角度探討宗教活動與明清婦女戶外休閒生活的關係，指出婦女參與宗教活動，與女神、女性宗教師的存在，形成了女性獨特的次文化。第三部分：濱島敦俊關於江南金總管信仰的研究〈近世江南金總管考〉，力圖說明在江南農村有支配力的土神信仰，與整個地域社會結構變遷的歷史聯繫。梁洪生的〈傳統商鎮主神崇拜的嬗變及其意義轉換〉，探討了數百年間江西一個商業市鎮主神崇拜的變遷，他發現，這一商業城鎮經濟和社會的變化，與更大範圍具有全國意義的社會政治變動密不可分。顏章炮的〈清代臺灣移民社會的分類信仰與分類械鬥〉，討論了臺灣移民社會中，對原鄉的地方性神祇的信仰與不同地區移民之間「分類械鬥」的關係。

第四部分：朴元鎬的〈方仙翁廟考〉對宋代以後江南地區淳安縣祭祀方仙翁的廟宇，陸續轉化成當地方氏的宗祠和統宗祠的情況，做了實地調查與文獻分析。張宏明的文章〈村廟祭典與家族競爭〉亦在探討村廟祭祀與家族發展的關係，以福建南部山區一座廟宇的祭典為對象，透過儀式和祭祀組織的分析，重構廟宇周邊地區藍姓和王姓兩個家族，數百年間移居、開發和相互競爭的歷史。第五部分：蔡志祥〈香港長洲島的神廟、社區與族群關係〉的文章以香港長洲島的廟宇系統和儀式行為為中心，重構了十八世紀以後各地緣與方言群體在島上定居與發展的過程。廖迪生的〈群體與對立之象徵〉則以香港新界元朗一個村落參加天后誕的花炮會為例，說明花炮會做為一個宗教符號，如何被地方菁英創造出來。錢杭〈祭祀圈與民間社會〉的文章討論浙江平陽縣一個鄉村廟宇的祭祀組織，分析了參與祭祀活動的廟宇

周圍各村四個姓之間的關係，強調民間社會內部組織法則的生命力。劉志偉〈大州島的神廟與社區關係〉調查的對象是粵東沿海一個小島的神廟系統，研究重點在於，通過廟宇系統表達的社區內部結構和村際關係，去重新建構這個多族群定居的小島的形成和發展過程，以及這個過程所包括的文化整合的意義。

　　這兩本書可以視爲當前社會文化史風潮的代表性著作，它們的共同特色就是採取「由下而上」看歷史的觀點。趙世瑜的研究取向則偏向楊念群近年來提倡的「新社會史」概念。他近年來在明清民間信仰上研究有相當突出的成果，是目前大陸此領域研究者中極被看好的一位學者。他對於國外相關研究的掌握相當充分，認爲只要有利於問題的解決，就不必拘泥斷代史和學科界線，可以借鑑地理學、人類學與社會學等其他社會科學的理論和方法，其作法和傳統大陸研究民間信仰者有很顯著的差異。目前他正在研究的華北移民傳說與歷史的問題，嘗試將歷史學、民俗學與文化人類學的特色結合起來，其成果指日可待。[20]他師事民俗學者鍾敬文，但其研究卻能跳出傳統民俗學者研究之窠臼，其方法兼容史學、人類學與民俗學之特色，因此予人一種耳目一新的感覺。他的新著《狂歡與日常》將較多篇幅集中在明清時期的民間信仰、記憶與政治間的關係上，透過對廟會的研究，描繪出一幅生動的明清民間社會的生活。趙世瑜認爲中國傳統史學中的官修史學基本是帝王將相的「政治史」，所根據的材料大都是檔案文書，把政治層面看成是決定歷史發展的重要因素，因此他特別主張「社會史」的研究範式，嘗試將研究視角由「自上而下」轉變爲「自

---

20 趙世瑜，〈傳說、歷史與記憶──從二十世紀的新史學到後現代〉，收錄於：楊念群、黃星濤、毛丹（編），《新史學：多學科對話的圖景》，中國人民大學出版社，2003，頁643-677。

下而上」，試著將立場移到民眾一方，由此觀察整個社會。雖然趙世瑜批評政治史，但並不認為新社會史可以取代政治史，而是主張要採取一種被社會史改造的政治史或可稱為「社會政治史」，例如孔飛力（Philip A. Kuhn）的《叫魂》一書就是他所推崇的著作。

　　事實上，將目光從帝王將相轉向民間底層生活的研究，並非近來才有。據趙世瑜的訪談錄，早在二十世紀的三〇年代，就已經有民俗學者關注這些課題，例如顧頡剛等人的研究；[21]五〇年代後相當一段時期，歷史學中政治史當道，事件史和農民戰爭史取代了日常生活史，即使偶爾可見老百姓的歷史，但那也只是菁英歷史研究下的附屬品。近年來，民眾生活史重新成為焦點，但離趙世瑜理想的新社會史研究有段距離，他認為社會史不是一個領域，而是全新的研究取向，可以重新解釋過去那些有定論的東西，因此有必要將以往忽略的民眾的日常生活史和民間文化重新審視。[22]

　　民間社會中可供選擇的切入歷史題材相當多，趙世瑜為何會選擇廟會，尤其是華北地區的廟會這種民間文化現象做為明清歷史研究的切入點？他認為當我們審視地方文獻中的地圖時，會發現除了官府的衙署外，標識最多、最醒目的就是當地的祠廟。祠廟構成了廣大民眾日常生活的組成部分，在民間文化中扮演了重要角色。對於社會史研究而言，廟會當然不是唯一的切入點，事實上切入點可以有許多，目前也出現了不少好的研究成果。對趙世瑜而言，這個切入點應該具備理解區域社會的功能，有可能從中透視社會的深層內容，發現過去忽

---

21 趙世瑜，《眼光向下的革命──中國現代民俗學思想史論（一九一八～一九三七）》，北京師範大學出版社，1999。
22 有關領域與研究取向的差異，見趙世瑜的〈傳說、歷史與記憶 從二十世紀的新史學到後現代〉，他探討傳說、歷史和歷史記憶的關聯，主張要從多學科的背景下重新思考不同的資料，對其加以提出不同的解釋。

視的重大問題。此外，趙世瑜認爲社會深層的東西，絕不因改朝換代而發生根本的變化。就地域而言，整部中國史是由不同的區域史構成的，區域性與長時段的研究努力，有助於我們重新詮釋歷史。

　　民間信仰的研究在日本早已有可觀的成果，大陸早年的民間信仰研究取向也較偏向日本學界，[23]但近來，這種趨勢則已有轉變，最明顯的就是「新社會史」的觀點，趙世瑜就是一個代表。趙世瑜和楊念群所強調的「新社會史」概念有點類似西方八〇年代 Lynn Hunt和Natalie Zemon Davis等人所推動的「新文化史」。[24]前者強調，「新社會史」並非一種範式轉換的概念，而應該是與本土語境相結合的中層理論的建構範疇。

　　廈門大學歷史系鄭振滿與廣州中山大學歷史系陳春聲合編的《民間信仰》一書則可視爲是近年來大陸的「歷史人類學」研究的最新成果。而去年底在南開大學中國社會史研究中心所召開的「多元學科視野下的中國社會史研究」亦展現了這股研究趨勢。歷史人類學已經成爲一門逐漸受到研究者重視的學科。鄭振滿的〈從民俗研究歷史——我對歷史人類學的理解〉針對當前尚未形成共識的歷史人類學概念問題，認爲歷史學者應該認清並堅守歷史學的本位，而歷史學者的歷史人類學研究，就是從民俗去研究歷史，在做民俗研究時，必須借助於人類學的方法。國家與社會問題仍然成爲不少學者研究的關懷所在。例如會議的幾篇論文涉及這樣的課題：代洪亮的〈正統文化與民間文化的互動：明清山東儒家知識分子中的泰山碧霞元君信仰〉就明清時期生活在民間文化中的山東士紳對碧霞元君信仰的的三種不同

---

23 相關研究成果參見：蔣竹山，〈宋至清代國家與祠神信仰研究的回顧與討論〉，《新史學》，8:2（1997），頁187-220。

24 有關西方新文化史的發展，可參見：蔣竹山，〈「文化轉向」的轉向或超越？——介紹四本論歐美新文化史的著作〉，《新史學》，12:1（2001.3），頁233-246。

態度進行分析；王健的《正統的消解：明清江南周孝子信仰初考──以常熟爲中心》主要利用留傳至今的十九通碑記以及其他相關記載，對明清時期江南的周孝子神信仰發展的不同階段及其特點進行了考察。

　　雖然所論述的對象各不相同，但都不約而同地歸結到國家與社會的互動。《民間信仰》一書則特別注意收錄區域的、社區的和個案的研究論文，提倡田野調查和文獻分析相結合的研究風格，企圖把民間信仰做爲理解鄉村社會結構、地域支配關係和普通百姓生活的一種途徑，特別是透過對這種研究加深對民間信仰所表達的「社會空間」之所以存在的歷史過程的了解，揭示這些過程中所蘊含的社會文化內涵。

　　這兩本書除了上述所說的都帶有「由下往上」的觀點來研究民間信仰外，另一個共同的特點則是都談論到民間信仰與國家的關係。有關史學界對民間信仰與國家的互動關係的研究已經從明清時期上推至唐宋。[25]在日本，有兩位少壯派的學者的作品不可忽視，一是須江隆的〈熙寧七年の昭──北宋神宗朝期の賜額、賜號〉，[26]一是京都大學研修員水越知的〈宋代社會と祠廟信仰の展開：地域核としての祠廟の出現〉和〈宋元時代の東嶽廟：地域社會中の核的信仰として〉，這兩篇有關宋代的祠廟的研究對我們去理解宋代的民間信仰與地域社會有很大的啓發；[27]此外韓明士（Robert Hymes）的新書*Way*

---

25 有關唐代祠廟的最新研究概況，可見雷聞，〈唐代地方祠祀的分層與運作──以生祠與城隍神爲中心〉，《歷史研究》，288（2004.2）。
26 須江隆在一九九四年還有一篇值得重視的論文：〈唐宋期における祠廟廟額、封號的下賜にいて〉，《中國──社會與文化》，9（1994）。
27 水越知，〈宋代社會と祠廟信仰の展開：地域核としての祠廟の出現〉，《東洋史研究》，60:4（2002）。〈宋元時代の東嶽廟：地域社會中の核的信仰として〉，《史林》，86:5（2003）。

*and Byway：Taoism, Local Religion, and Models of Divinity in Sung and Modern China*也值得此領域的研究者參考。

　　透過趙世瑜的《狂歡與日常》一書，我們可以看到國家與民間信仰的互動的另一種面向。在〈國家正祀與民間信仰的互動——以明清京師的「頂」與東嶽廟爲個案〉一文中，作者試圖對北京周邊崇拜碧霞元君的各「頂」、東嶽廟及其兩者的關係做探討，並通過各種祭祀群體的關係，反映出在北京這個首善之區的民間信仰如何與官方信仰產生互動。趙世瑜認爲北京的例子是個很好的參照點。因爲以往無論是歷史學家或人類學家，他們所選擇的研究地點都是屬於中國的邊陲，或是政治統治中心的鄉村，因此民間信仰組織與國家及其代理人——地方官之間有很大的距離。但明清時期的北京卻不同，它本身就代表著「國家」，國家的力量在此空前強大。一方面，無論是做爲國家正祀的東嶽廟，還是民間性較強的祭祀碧霞元君的各頂，都有純粹民間的香會組織在活動；另一方面，國家的力量不僅充分表現在做爲官方祀典的東嶽祭祀和香會組織上，也同樣體現在民間信仰的碧霞元君及其香會組織上；在這不僅有官方或具有明顯官方色彩者主動參與，也有民衆對高官顯貴參與的渴求。趙世瑜在這篇文章中運用大量的碑刻資料，亦徵引了相當多西方漢學界的名作，[28]美中不足的是，他遺漏了韓書瑞（Susan Naquin）的新著——*Peking: Temples and City Life, 1400-1900*。[29]

　　《民間信仰》一書中亦有多篇文章處理到民間信仰與國家的互動，其中最明顯的例子就是潮州地區的雙忠公崇拜，陳春聲和黃挺的

---

28 例如Susan Naquin一九九二年發表的 "The Peking Pilgrimage to Miao-Feng Shan: Religious Organizations and Sacred Site"。

29 Susan Naquin, *Peking: Temples and City Life, 1400-1900*, Berkeley: University of California Press, 2000.

文章不約而同地都是在處理這個主題。在廣東東部的潮州地區，雙忠公是鄉村社會中信仰最爲普遍的神祇之一。陳春聲考察了宋代至明代雙忠公信仰在潮州地區出現和傳播的歷史，希望能釐清這個自唐以來就被列入官方祀典、來自北方的神明，如何在南方這個「開化中」的地域逐步地方化，以及這個過程所反映的地方社會變動。陳春聲發現，圍繞著潮州靈威廟的祭祀和修建，主要是地方官員和當地士紳的活動。到了清王朝，政府對張巡與許遠推崇備至。此外，清以後，宗族組織在潮汕地方社會影響力日趨增強，可見到不少的宗族組織力利用雙忠公謀取發展。黃挺則同樣採取區域研究手法，透過雙忠公信仰，審視官師、士紳、鄉民三個社會階層對待民間宗教的態度，並對民間信仰中的國家意識和鄉土觀念做進一步思考。黃挺的看法是：張巡與許遠行爲的典範性使得他們名列正史，成爲國家象徵體系的一部分。潮汕雙忠公崇拜自其產生和傳播的形式來看，完完全全是泛靈型的民間傳統，毫無從國家意識型態脫胎的跡象。

　　有關雙忠公信仰的研究，范純武的〈雙忠崇祀與中國民間信仰〉是目前最爲完整的研究，該文的特色是將雙忠公信仰自福建、廣東延伸至臺灣，雙忠信仰隨著移民傳入臺灣後，曾出現不同的面貌：例如王爺、元帥信仰、厲王信仰、以及在臺北盆地相當興盛的保儀尊王信仰等不同的系統；此外，其稱號亦不同，像尪公、尪王、大使爺等不同稱謂。[30]這些變異的形象似乎可以透過康豹（Paul Katz）的溫元帥研究中所提出「回響」（reverberation）概念來解釋：即不同的神明形象不會是孤立而隔絕的，而是不斷透過各種方式、途徑彼此相互

---

30 范純武，〈雙忠崇祀與中國民間信仰〉，國立師範大學歷史學研究所博士論文，2002。

影響。[31]

　　除了民間信仰與國家的互動外，信仰與官僚體系、信仰與記憶的課題亦是學者們關注的焦點。〈黑山會的故事：明清宦官政治與民間社會〉一文可視爲是首創民間信仰與宦官政治關係研究的開山作品。這篇論文試圖擺脫以往對宦官所進行的政治史研究——即重視宦官干政及其對軍事與經濟的干預，透過黑山會的故事，以社會史的角度對明清宦官與地方祭祀組織「會」的關係做探索。趙世瑜發現，從宦官透過組織、參與、支持民間祭祀或廟會的活動中，我們可以看到以下訊息：首先，在寺廟的祭祀活動的特殊氛圍中，發現了宦官、貴族、士大夫和普通民眾可共享的文化。在黑山會裡，宦官政治透過民間的造神和拜神表現出來，最後故事的緣起都消失了，但其大眾信仰的形式和組織卻保留下來。這些故事啓發了我們去思考日常生活中宦官與京師民間社會的關係，將宦官視爲是宮廷與民間社會之間的媒介。其次，從許多生活實踐的紀錄來看，宦官與宗教的關係可能是除了宗教師或信徒之外最爲密切的。趙世瑜的〈太陽生日：東南沿海地區對崇禎之死的歷史記憶〉一文則有很濃的文化史取向，是三本書當中唯一處理到傳說信仰與歷史記憶關係的文章。崇禎皇帝的自縊日被民間做爲「太陽生日」暗自祭祀，實際代表著民間對明朝所象徵的本土歷史傳統的懷念。這種民間歷史與明清之際官方版本的史事有相當大的差異。

　　總地來說，這兩本書最值得我們借鏡的應屬田野調查與歷史學的結合，這點是臺灣的明清史學者較不擅長的部分，反而較受到日本、香港和大陸的重視。

---

31 Paul Katz, *Demon Hordes and Burning Boats: The Cult of Marshal Wen in Late Imperial Chekiang* , State University of New York Press, 1995.

四、城市文化與大眾文化

　　若以上新社會史叢書與新史學叢書是當前大陸史學的新文化史轉向的代表的話，我們要如何看待上海史研究與上述所揭示的研究領域之間的關係，或許從上海城市文化史著手是不錯的選擇。**32**

　　這類書籍又可概分為三個主題：都市空間與知識群體研究、上海城市社會生活史、城市與大眾文化。第一個主題以華東師範大學的許紀霖為首，其研究的課題有：東方雜誌的公共輿論、近代中國城市的欲望與生活、《申報》中廣告的文化史、上海的公共領域、上海的文化場域、知識分子的公共交往。這套書的研究路徑，奠立在近來兩種知識分子的研究基礎上，一是從學術史角度，更加細緻地研究知識分子如何繼承中國的學術傳統，建構現代知識體系和進行知識的生產與再生產；另一個則是從社會文化史的角度，研究明清以來士紳階層自身的內部變化。許紀霖特別強調知識分子的社會文化史，希望從都市史的角度研究知識分子。他們關懷的重點，在於知識分子在特定的社會語境與關係網絡中，是如何產生知識分子共同體，又如何相互交往，影響和建構公共空間和關係網絡。其中，許紀霖認為或許能透過Pierre Bourdieu的場域理論中的場域、資本和慣習的概念來研究都市知識分子共同體，以獲得新的視野和角度。這點又與楊念群所編的《空間、記憶、社會轉型：「新社會史」研究論文精選集》一書中所運用的方法有所延續。

　　第二個主題以上海社科院熊月之為主，在他帶領下，結合了社科院的研究人員及周邊大學的學者，共同籌組了上海社會生活史的研

---

32 有關上海史的研究，本文僅就近幾年大陸的出版品為主。

究團隊，試圖從多角度、多時段與多面向切入。研究的課題涉及了：公共活動場所、公共娛樂場所、校園生活、各式行業人員、科學技術工作者、底層民眾、上海外國人。其中，公共活動場所又可細分爲茶館、飯店、旅店、廣場、菜場；公共娛樂場所則可分爲：公園、劇院、書場、遊樂場、跑馬廳、跑狗場、賭場等。他們強調要在宏大的歷史敘事之外，特別關注日常生活。目前已經出版的作品主題有：上海買辦、上海社會與文人生活、上海學生生活、上海同鄉組織、政商互動、上海房荒、上海娛樂生活、照像與近代社會、上海城市空間、上海醫生生活史、上海公眾娛樂場所、工人生活、職員生活、教師生活。若將此研究，放在以往上海史研究的脈絡來看，其題材的確豐富了以往上海史研究的面向。然而，這些研究是否有新文化史的研究取向，則有待更細緻的分析。初步看來，這套叢書的確有新文化史中日常生活史的特色，但在研究方法上，略爲欠缺對西方現有研究成果的引用與對話；對於一些近代中國城市史的名著，也較少關注與回應，例如盧漢超、王笛、葉文心的研究。[33]

　　在第三個主題作品方面，以姜進所編的都市大眾文化論文集爲主，目前已有兩冊出版。分別是《都市文化中的現代中國》、《近代中國城市與大眾文化》。[34]姜進教授是繼張仲民、周兵、孫江、楊念群之後，對新文化史研究的理論與方法引介最深的學者。[35]在研究視野上，姜進所編的論著是三類作品中，最有新文化史研究取向的，一

---

33 王笛著、李德英等譯，《街頭文化：成都公共空間、下層民眾與地方政治，一八七〇～一九三〇》，中國人民大學出版社，2006。盧漢超，《霓虹燈外：二十世紀初日常生活中的上海》，上海古籍出版社，2004。葉文心，《上海繁華：都會經濟倫理與近代中國》，時報出版社，2010。
34 姜進編，《都市文化中的現代中國》，華東師範大學出版社，2007；姜進、李德英編，《近代中國城市與大眾文化》，新星出版社，2008。
35 這方面可見「新文化史經典譯叢」的序言。

來文集中的學者與新社會史及新史學叢書的作者有重疊，另一方面則是她直接提到西方新文化史的名稱與研究特色。在《都市文化中的現代中國》一書的編後記中，她已經指出新文化史研究中，Natalie Zemon Davis、Lynn Hunt、Robert Darnton等學者的重要性。到了二○○八年的《近代中國城市與大眾文化》，她更將研究範圍擴大至北京、南京，再到杭州、成都等內陸都市，並且解釋了為何要提倡都市大眾文化研究的原由。最主要原因是中國史學界長期忽略大眾文化。但這卻是西方自一九七○年代以來，受到英國的E. P. Thompson的*The Making of the English Working Class*的影響，陸續發展了大眾文化史研究。其次，可以從都市大眾文化的角度重新檢視近代中國史。

五、結論

　　目前大陸史學有股新文化史的熱潮，這可從歐美新文化史研究動向的介紹文章增多、各大學紛紛召開新文化史會議，以及新文化史翻譯叢書的出版看出。在研究討論方面，我們可以看到這兩年的介紹文章有增多趨勢，例如有：梁景和的〈西方新文化史述略〉、[36]徐達的〈新文化史：一種歷史研究範式的困惑與超越〉、[37]豐華琴的〈對

---

36 梁景和，〈西方新文化史述略〉，《首都師範大學學報》，2010年3期。摘要：「西方新文化史是二十世紀七○～八○年代興起於法國和美國歷史學界的一場重大史學理論運動。新文化史研究注重文化的作用，注重從文化角度研究歷史；新文化史借助了文化人類學、心理學、文化研究等學科的理論和方法，注重分析語言、符號、儀式等文化現象並解釋其中的文化內涵與意義；新文化史從『宏大敘事』轉向注重普通民眾、日常生活、微觀歷史的研究，其著作注重雅俗共賞。新文化史是對傳統社會史的揚棄和融合，其實質是向人文主義史學傳統的逐漸回歸和發展。」
37 徐達，〈新文化史：一種歷史研究範式的困惑與超越〉，《中國圖書評論》，2010年7期。摘要：「《超越文化轉向》反映了新文化史的最新學術走向，不僅走在史學研

西方新文化史的闡釋：歷史研究中的多維視角〉、[38]江文君的〈西方新文化史簡析〉。[39]可惜的是，這些文章所介紹的內容大多是過去一九九〇年代歐美新文化史的發展概況，對於近來的動向沒有新的看法。其次這些文章的寫作靠的都是翻譯作品，較少直接接觸原書，也未延續前人研究成果。他們所寫的內容，在兩岸學者如筆者、張仲民、周兵、盧建榮或本書第二章所提的研究中，都已經有很多的研究成果，但上述作者大都視而不見。

　　總之，相較於本書第二章所提臺灣新文化史在研究脈絡上與歐美史學有明顯的延續，大陸史學則有不同的發展路徑。以目前最能代表這個取向的大陸《新史學》來看，這個刊物所收錄的文章的內容及研究方法，與歐美的新文化史研究相當接近，但他們似乎刻意不提「新文化史」這個名詞，除了少數文章有提到新文化史名著外，大部分文章看不出其研究與西方作品的關聯性，以至兩者似乎有明顯的斷裂。為何會有這種現象？或許是日後我們可以持續追蹤探討的課題。

究的前沿，而且站在西方歷史學、社會學諸學科新思潮的風口浪尖。敏銳的新文化史家自己發現了陷阱，並進行了自我審視，焦點在於文化是否可以無限制地解釋一切，以及新文化史該向何處去的問題。」

38 豐華琴，〈對西方新文化史的闡釋：歷史研究中的多維視角〉，《歷史教學》，2010年16期。摘要：「新文化史是一九七〇年代以來西方史學理論和歷史研究中產生的一種新的史學型態，它的興起拓寬了歷史研究和文化史研究的視野。本文從『新文化史的產生』、『新文化史的三個轉向』、『新文化史的研究取向』和『對新文化史的認識』四個方面，闡述新文化史學的基本範疇及其意義。新文化史的產生，有助於歷史學與社會科學各門學科之間的交流與溝通，它推動了跨學科的歷史研究的發展。」

39 江文君，〈西方新文化史簡析〉，《史學研究》，2008年4期。摘要：「新文化史的興起是二十世紀七〇～八〇年代西方歷史學界一場重大的史學理論運動。二十世紀七〇年代以來興起的新文化史，是站在對已有的社會史理論基礎的批判、修正的立場上展開的。在經歷了文化轉向後，新文化史學家對文化轉向進行了反思。從目前的情況來看，歷經數十年的發展，新文化史和傳統的社會史有逐漸融合的趨勢。從某種意義上來說，新文化史的實質是向人文主義史學傳統的回歸。新文化史的未來將是對傳統社會史的揚棄和發展。」

第四章
新文化史視野下的中國醫療史研究

一、前言

在二〇〇九年底舉辦的「新史學與臺灣史學二十年」研討會的一篇回顧文章中，陳秀芬曾指出有關醫療史研究的回顧論文，從一九九二年起至二〇〇六年止至少有二十二篇，充分反映了這段期間海峽兩岸醫療史研究的盛況。中研院史語所研究員李尚仁也說：「醫學史近年來在臺灣已經成為一個活力旺盛的研究領域，回顧這十餘年來的發展，成果最豐碩的還是中國傳統醫療史研究，不過對現代醫學史的探討也出現令人振奮的發展，並且累積了相當的研究成果」。[1]

中國醫療史的研究成果，近來已經有相當多的學者做過介紹與評論，如李建民、杜正勝、李貞德、余新忠、梁其姿、飯島涉、皮國立、曹南屏、李忠萍等。[2]儘管這些文章的回顧重點不同，但多數回顧文章的焦點還是偏向社會史的探討，少有從文化史的觀點檢視醫療史的研究。就醫療史而言，已有愈來愈多學者的研究取向有著新文

1　陳秀芬，〈醫療史研究在臺灣（1989-2009）：兼論其與「新史學」的關係〉，《漢學研究通訊》，29：3（2010.8），頁19-28。臺灣史學界的醫療史專書的出版可以下列四本書為代表：李建民編，《從醫療看中國史》，聯經，2008。李貞德編，《性別、身體與醫療》，聯經，2008。李尚仁編，《帝國與現代醫學》，聯經，2008。林富士，《中國中古時期的宗教與醫療》，聯經，2008。
2　余新忠，〈中國疾病、醫療史探索的過去、現實與可能〉，《歷史研究》，4（2003）。皮國立，〈探索過往，發現新法：兩岸近代中國疾病史的研究回顧〉，《臺灣師大歷史學報》，35（2006）。李忠萍，〈「新史學」視野中的近代中國城市公共衛生研究評述〉，《中國近代史》，2009年8期，頁101-114。例如李忠萍的文章主要集中在近代中國城市的公共衛生的探討，回顧的範圍大多集中在近代城市公共衛生事業的發展變遷、近代城市公共衛生管理、疾病與近代城市公共衛生、社會力量與近代城市公共衛生，及殖民主義、民族主義與近代城市公共衛生；少部分談及公共衛生與近代城市政權擴展。這些研究大多屬於社會史、疾病史與城市史的範疇。

化史的風格，例如Larissa N. Heinrich、楊念群、高彥頤、張仲民、Ruth Rogaski、雷祥麟、李尚仁、Hugh Shapiro、Bridie J. Andrews、余新忠、胡成等等。

　　本章將從西方新文化史的研究取向，集中探討近來的中國醫療史論著，以了解近來醫療史的「文化轉向」。以下我們將這些研究概略分爲下列幾種類型：1.圖像、視覺文化與醫療史；2.疾病、現代性與後殖民；3.出版文化、衛生與國族；4.性別、身體與國族；5.藥、物質文化與醫療史，在結論部分，則帶入全球史研究中有關「文化相遇」的討論，探討這種既是有「文化轉向」又具有全球視野的醫療史研究取向。

二、圖像、視覺文化與醫療史

　　圖像與歷史學的關係近來愈來愈受到學界的重視，Peter Burke就曾寫過*Eyewitnessing: The Uses of Images as Historical Evidence*一書，介紹當前史學界的「圖像轉向」。Peter Burke在導論中解釋了這本書的用途：「本書的主要內容是關於如何將圖像當作歷史證據來使用。目的有二，一是鼓勵此種證據的使用，二是向此種證據的潛在使用者告知某種可能存在的陷阱。一兩代人以來，歷史學家積極擴展興趣，所涉及的範圍不僅包括政治事件、經濟趨勢和社會結構，而且包括心態史、日常生活史、物質文化史、身體史等等。如果他們還是把自己局限於官方檔案這類傳統史料的話，則無法在這些比較新的領域

中從事研究。」[3]關於這方面研究的介紹,曹南屏的〈圖像的「文化轉向」:新文化史視域中的圖像研究〉是一篇很好的入門文章。[4]

　　Larissa Heinrich是目前為止以圖像為題材探討醫療史課題最為深入的學者。她師從美國比較文學教授劉禾,獲加州柏克萊大學亞洲研究的哲學博士。Heinrich的研究興趣在醫學文學與文化的象徵、視覺文化下的文學研究、科幻小說與烏托邦想像。她最著名的是*The Afterlife of Images*一書,[5]採用視覺文化的取向為主要視角,輔以文學批評理論來研究醫療史。不同於傳統的醫療史研究,Heinrich的焦點乃透過運用一些十九世紀中國的醫療圖像,再現醫療文化所隱含的象徵意義。正如Heinrich所說,這本書試圖提供醫療史研究一種新的範例,即透過視覺文化與文學研究的結合來研究背後的文化意涵。全書最大特色在於採用視覺文化作為視角探討「中國病體」此一觀念的形成與變遷。

　　早在二○○八年*The Afterlife of Images*出版前, Heinrich就已經發表了數篇相關論著。其中,最著名的是有關晚清Peter Parker助手廣州畫家林華所畫的醫療繪畫的研究。這些尚存的醫療繪畫共有一百一十四幅,繪於一八三六~一八五五年間,出自一位廣東商業畫家林華之手,畫了約八十八位傳教士醫生Peter Parker的患者醫療肖像。

　　Larissa Heinrich這篇文章為目前晚清圖像與醫療史研究的少數佳作。作者以新文化史的研究手法呈現了晚清醫療繪畫的背後文化意

3　Peter Burke,《圖像證史》,北京大學出版社,2008,頁3。
4　復旦大學歷史學系編,《新文化史與中國近代史研究》,上海古籍出版社,2009,頁323-361。
5　Larissa N. Heinrich, *The Afterlife of Images*: *Translating the Pathological Body between China and the West*, Duke University Press, 2008.

涵，這些繪畫的價值不在醫療上，而是它表現了中國人的性格、風俗、思想及行為習慣。林華的繪畫以一種交流的方式，告訴了中國本土的病人，外國人的醫院可以為他們的身體和靈魂，提供有成效的治療。Heinrich認為透過考察這些繪畫製作的背景、技術和內容，提供了一個案例，說明十九世紀早期有關病態和中國人身分的信息是如何在文字和視覺文化上被傳播和變化的。

簡言之，林華的繪畫以某種「中國特徵」為基礎，既創造性地發揮中國身分，也將中國身分病態化：對疼痛的麻木、本地藥物的缺乏、無法接受截肢與解剖的文化、對死後靈魂的相信以及總體的迷信。其中一部分形成了近代所說的「東亞病夫」觀念，此一觀點形成了對中國做為一個國家的地位的虛構的、帝國主義式的成見，認為國人身分和種族已經是病態的，這些繪畫作品不僅構成了中國從根本上即為病態的文化身分，也描述了治療方案。

對於那些接受西方外科手術的中國人而言，這片希望的土地或許有救。但是對於拒絕醫療傳教士治療，或者不能脫離傳統中國之險惡網絡的人，後果將更為嚴重。無論如何，林華的繪畫作品再現了一種激烈的治療方案——一個嶄新且經過改造的中國形象只能藉由醫學傳教士的協助才能實現。[6]

三、疾病、現代性與後殖民

傳染病與人類的歷史息息相關，彼此有著緊密的互動關係，傳

6　Larissa Heinrich，〈病態的身體：林華的醫學繪畫〉，收錄於楊念群編，《新史學》，第一卷，中華書局，2007，頁216。

染病可能造成人口的大量死亡、可能扭轉戰爭局勢，或帶來政治、社會的變遷；此外，它亦會影響人類文化活動的傳布。有關這方面的研究，Alfred Crosby的*The Columbian Exchange*（1972）及William H. McNeill的*Plagues and Peoples*（1976）可說是相關著作中的經典，日後西方許多有關傳染病與人類歷史的研究，基本上是循著這兩人的觀點及模式。近來疾病、環境與歷史的課題分別受到中西方學界的重視，例如由Mark Elvin、劉翠溶合編的*Sediments of Time*: *Environment and Society in Chinese History*、[7]Jared Diamond的*Guns, Germs, And Steel*,[8]以及美國環境史家J. R. McNeill的最近著作《蚊子帝國》。[9]在亞洲的諸多傳染疾病中，鼠疫是最受到學者青睞的研究對象，這方面的學者有Carol Benedict、曹樹基、李玉尚、余新忠、飯島涉。由於鼠疫問題的特殊性，從二十世紀初期以來即不乏調查中國鼠疫的著作，但這些著作大多是醫政主事者的政策執行報告，少有從醫學與社會的關係去探討疾病的流行史。而Carol Benedict的鼠疫研究正好補足傳統研究的缺憾，*Bubonic Plague in 19th Century China*（1996）此書可說是西方史學界討論十九世紀末中國疾病史的第一本專著。全書分爲兩部分，第一部分主要採取一個區域系統的方法去建立鼠疫在區域間的傳布模式。第二部分則探討十九世紀末中國政府及社會對鼠疫的反應。

　　有關鼠疫這個主題的研究回顧，可見曹樹基與李玉尚的最新著

7 Mark Elvin、Liu Ts'ui-jung, eds., *Sediments of Time*: *Environment and Society in Chinese History*, Cambridge University Press, 1998，中文本見劉翠溶、伊懋可主編，《積漸所至：中國環境史論文集》，中央研究院經濟研究所，1995。
8 Jared Diamond, *Guns, Germs, And Steel*，本書中文本見，王道還、廖月娟譯，《槍炮、病菌與鋼鐵——人類社會的命運》，聯經，1998。
9 J. R. McNeill, *Mosquito Empires*: *Ecology and War in The Greater Caribbean, 1620-1914*, Cambridge University, 2010.

作《鼠疫：戰爭與和平》的導論。本書是大陸學者針對中國鼠疫流行時進行的首次詳細而全面討論。兩位作者累積近十年研究成果，分別從鼠疫史的方法論、鼠疫流行模式、環境變遷與國家醫學等角度，深入探討中國的鼠疫流行歷史。近代亞洲的鼠疫問題與「國家醫學」及「殖民醫療」（colonial medicine）息息相關。有學者認為，「國家醫學」（state medicine）是十九世紀才在歐洲及北美逐漸發展的觀念，它的中心思想是國家有主要責任去保障公眾的健康，因此為了全民利益，國家有權利亦有義務將衛生學的觀念及公共衛生措施加於私人身上。要了解近代中國「國家醫學」的發展，當時一些在中國有租界地的國家（英、美、德、日）的殖民地醫學發展就不得不談，而這些殖民地醫學又與他們本國的國家醫學發展息息相關，因此三者關係呈現一幅錯綜複雜的局面。例如香港的鼠疫防治受了英國的影響，袁世凱的北洋公共衛生部門是德、日模式，伍連德於一九一二年成立的「北滿州鼠疫防疫署」則深受德國影響，而二十世紀初期做為日本殖民地的臺灣的公共衛生發展亦可說是日本母國「新醫學」的移植。

　　究竟這些西方醫學如何影響近代中國公共衛生政策的發展？近來一些殖民主義與醫學的研究成果頗值得我們借鏡，例如美國學者William Johnston及日本學者福田眞人都於一九九五年不約而同出版近代日本結核病史的專著，這兩本著作都有相當大篇幅涉及國家醫學與疾病的課題。有關十九世紀末鼠疫病原學中的細菌理論（germ theory）是如何為香港殖民政府接受？鼠疫桿菌發現前後香港政府的前後處置態度如何？近來Mary P. Sutphen曾在*Journal of the History of Medicine*就此問題和同是英屬地的加爾各達（Calcutta）做詳細的比較及探討，她認為「鼠疫桿菌」的說法很快就被香港政府及當地菁英所接受，他們所爭議的不是「何謂鼠疫桿菌？」；而是能在何處發現它們的蹤跡，以及如何預防及控制疾病的爆發。她分析細菌理論之

所以會如此順利被接受，一是因爲當時醫界人士、殖民官員及當地菁英習慣將細菌理論套用在先前的理論架構（瘴氣說）上，因此仍在導致昔日其他疫病原因的場所找尋病原；其次，殖民官員接受新的細菌理論並不需要改變既有控制疾病的例行作法。換句話說，法國科學家Alexandre Yersin（一八三六～一九四三）及日本微生物學家北里柴三郎的新醫學發現並未對殖民政府的防疫措施有任何的重大影響。

　　以往近代亞洲的疾病研究課題大多是從社會史的角度來探討。近來則改從殖民醫學的角度重新省視帝國主義醫療。這可以日本學者飯島涉的研究爲代表。他在〈做爲歷史指標的傳染病〉一文中提到：「醫療以及衛生事業是推行殖民主義最重要的工具。在世界各地的殖民地，許多醫學家以及動物學家推動了傳染病以及熱帶醫學的發展（殖民醫學），以此爲基礎，在建立醫療、衛生行政的幌子下，殖民統治得以強化（帝國主義醫療，imperial medicine）。包括日本在內的歐美各國均試圖對中國進行侵略，這也是帝國醫療強行進入中國的過程。爲對抗帝國醫療，中國開始著手建立衛生事業，中國的衛生事業是在應對鼠疫流行的情況下建立起來的。」[10]在某種意義上，李尙仁、劉士永、范燕秋的研究方法基本上是採取殖民醫療的角度來探討近代中國或臺灣的公共衛生制度的建立經過。這些研究幾乎有一致的共識，那就是「在某種意義上，所有的現代醫學都在進行一種殖民的過程，他們追求的是對身體的壟斷權力」。這些研究提醒我們，若把「帝國」納入考量，我們就不會陷入以現代醫學爲標竿而忽略帝國擴張的歷史脈絡，進而淪入史學界早已避免的進步史觀，而做出褊狹的

---

10 飯島涉，〈做爲歷史指標的傳染病〉，收錄於余新忠編，《清以來的疾病、醫療和衛生》，三聯書店，2009，頁37。

論證與評斷。[11]

　　有關疾病、現代性與殖民醫療的課題，梁其姿的〈醫療史與中國「現代性」問題〉一文有進一步的精采論析。這篇文章就中國醫療史所反映的「現代性」（modernity）問題嘗試提出反省。文中提出三個思考的方向：第一、十九世紀中葉以來，西洋醫藥的引進引起了醫學知識與醫療制度的變革。此時，中國在時序上走進了「近代」。第二、有關「近代」西方醫療史的發展背景。梁其姿認為西方的「近代」醫療制度的複雜歷史因素是獨特的，中國並沒有類似經驗。同時，概略地綜合近來西方學者對「近代性」的批判，並提出一些新的研究取向。第三、我們應更靈活地思考中國「近代性」的問題。即「近代性」並不一定是十九世紀以後中國醫療史的特色。換言之，或許從中國本身的歷史現象來看，這些透露出類似現代社會的醫療理性、創新與策略。[12]

　　自古以來就有「衛生」此名詞，其詞意上的更新詮釋了有關個人及國體健康觀念「現代化」的特色。近年來學者對近代「衛生」一詞在詞意上、內容上的轉變，已有不少深入的研究，例如劉士永、雷祥麟、余新忠。美國學者Ruth Rogaski更以提出英文hygienic modernity（衛生所彰顯的現代性）一詞來翻譯含意複雜的近代「衛生」一詞。此詞所隱含的意義不只是狹義的與醫療、人民健康有關的行政制度。在清末民初間中國所處的困境中，「衛生」更透露多層意義。它代表了中國政體、社會與個人從落後、「病態」的傳統提升到「健全」的「現代」文明的需要。講求衛生不單是個人身體與精神上的提升，更

11 李尚仁編，《帝國與現代醫學》，聯經，2008，頁12。
12 梁其姿，〈醫療史與中國「現代性」問題〉，《中國社會歷史評論》，天津古籍出版社，2007，頁1-2。

是民族國家集體的提升，「衛生」一詞意味著「健康」不再單是個人「養生」的問題，而是已成爲公共領域事務。

　　醫療衛生的語言將中國近代個人與政體的共同焦慮與期待恰當地表達出來。「衛生」也成爲彰顯中國「現代性」最常使用的概念與用詞之一。這個出自莊子的古老名詞，經過明治時期的日本再傳入中國之後，巧妙地詮釋了一個源自傳統，但企圖突破傳統，以求快速進入更高層次的現代文明的訴求與方法。也因此，建立現代的「公共衛生」也成爲此時公認的一項重要的國民任務。[13]

　　此外，雷祥麟的研究也相當值得我們觀察。雷祥麟對於中西醫論戰及近代醫病關係有深刻的研究，其研究方法有STS的特色。〈負責任的醫生與有信仰的病人〉這篇文章追溯十九世紀末到二十世紀初的中國現代醫病關係的誕生過程，始於傳統醫家的開業術與擇病而醫，終於西醫如何在傳統中醫主導的醫學文化中，爲醫病關係樹立全新的責任、權力與信仰。[14]有關衛生的現代性的研究，我們還可以舉Ruth Rogaski的《衛生的現代性：中國通商口岸衛生與疾病的含意》一書爲代表。Rogaski的目的是將衛生與疾病的含意置於中國現代性體驗的中心。作者探查的都市環境是做爲通商口岸的天津，在這裡出現了一批有關健康和衛生的著述，這些著述的作者生活在被傳染病、墓地、洪水、市場、街道、妓院和外國人包圍的環境中。這些被畫分爲不同外國租界的多樣性華洋互動特色的「半殖民地」提供了相當好的研究題材。作者結合了三種學術研究脈絡：醫學史、城市史及翻譯研究。此外，Rogaski有關殖民醫學的觀點深受David Arnold於一九九三年著作*Colonizing the Body*及Bridie J. Andrews的文章影響。前者認爲，隨

---

13 梁其姿，〈醫療史與中國「現代性」問題〉，頁1-2。
14 雷祥麟，〈負責任的醫生與有信仰的病人〉，《新史學》，14:1。

著英國行政官對印度進行統計、隔離、接種疫苗及檢查，英國的殖民主義體現在身體方面。尤其鼠疫爆發時，西醫的疾病預防方法體現出「對身體的侵犯」，這是以現代的健康和衛生為口號，粗暴地強迫對身體進行殖民。Andrews則論證了中國的醫師是在中文的框架內來翻譯細菌理論，從語言學將細菌概念化為類似分離的、動物一樣的病原體。Rogaski則認為，「身體的殖民」和「質疑殖民霸權」這兩種傾向都普遍存在於十九至二十世紀中國人對西方衛生之道的感受中。

　　除了鼠疫之外，另外一個受到醫療史學界重視的疾病是我們今日俗稱為痲瘋病的漢生病（Hansen's disease）。有關近代亞洲的痲瘋病研究，目前已有梁其姿、李尚仁、王文基、范燕秋、鈴木則子、Michael Worboys、Jane Buckingham、[15]Susan L. Burns、蔣竹山等學者就不同地區的痲瘋病進行研究。其中最具代表性的當屬梁其姿的新著*Leprosy in China: A History*，[16]本書的重點有三：一是提供了中國史中數個世紀以來的痲瘋病的歷史圖像；其二是將中國的痲瘋病史放在十九世紀的殖民主義、種族政治及帝國險境的全球化脈絡下；最後，透過近代與現代、地方與全球的聯繫，這本書顯現了中國對於疾病史、公共衛生及全世界的生物學權力政體的傳播經驗的中心地位。

　　痲瘋病在十九世紀後期至二十世紀前半葉是全球矚目的疾病。十九世紀後期開始，殖民主義賦予痲瘋病兩種新的意義：做為種族優劣的評定標準與威脅全球的流行病。十九世紀痲瘋病相關論述的主導者是西方基督教強國。而中國在此論述中成為典型的落後有色種族，需要西方科學、精神及宗教救贖。與此同時，中國同樣被認定為危及

---

15 Jane Buckingham, *Leprosy in Colonial South India: Medicine and Confinement*, New York: Palgrave, 2002.
16 Angela Ki Che Leung, *Leprosy in China: A History*, Columbia University Press, 2009.

全世界的痲瘋輸出國，中國的勞工移民也成爲各國加強防範的傳染病原。清末社會菁英對痲瘋病的言論，部分受到白種殖民者的偏見的啓發。由於中國往外移民的較他國爲多，更被指責爲痲瘋病流行全球的罪魁禍首。事實上，十九世紀末的華人移民在時間上較晚，比較不可能是此疾病傳至各地的元兇。但是在當時殖民主義的高峰期，華人移民被誤認成爲一種普遍的觀點。由於痲瘋病的病癥明顯且醜陋，強烈象徵著中國近代病重的政治身體，並證明中國人爲劣質的民族。此外，它還被認爲是可傳染的，會危及全球的健康。這些負面形象使得主政者認爲唯有去除傳染病的威脅，才能證明中國已進入文明之途及現代化的發展。

　　梁其姿還提醒讀者，這種民族被汙名化所帶來的羞恥感，不僅影響中國，也促使日本成爲亞洲諸國中現代化最成功的國家。一九一五年日本發起鼓勵病患絕育、強迫墮胎的運動。到了一九三一年，更通過病患終身被隔離的法令。一九四一年時，日本被隔離的病患已達百分之七十八，之後更高達九成。與當時的日本一樣，民國時期救濟痲瘋運動基本上是從民族主義激發出來的社會運動。強化種族、國家是此運動的最終目標。這無疑是當時西方「殖民主義」或「種族主義」的意識型態所激發出來的。基本上，中日兩國在近代努力消除汙名的決心不相上下。痲瘋病的問題，同樣受到亞洲以外地區學者的重視，Rod Edmond的*Leprosy and Empire*不僅受到Michel Foucault的影響，也試圖提供不同的研究取向。在書中，Edmond刻意標榜他的新文化史研究取徑，主要在探索浪漫時期、維多利亞時期及二十世紀作品中痲瘋病的文學再現。[17]

---

17 Rod Edmond, *Leprosy and Empire*: *A Medical and Cultural History*, Cambridge: Cambridge University Press, 2006.

四、衛生、出版文化與國族

　　除了上述從現代性的角度探討衛生史的課題外，有的學者則從書籍史、閱讀史的角度討論。例如大陸學者張仲民即關注晚清文化市場上出版的「衛生」書籍。他是大陸學者中，首次標榜採取新文化史取向的學者。[18]他之所以研究衛生書籍，理由是晚近學術界對近代衛生史、疾病史、醫療史、身體史、性文化史、種族觀念的論述的研究愈來愈多，但這些著作都沒有充分利用晚清出版的衛生書籍，即便是關注近代衛生觀念傳播與影響的Ruth Rogaski，在《衛生的現代性：中國通商口岸衛生與疾病的含意》一書中也只是稍微提到而已。有關「衛生」的意義，南開大學的余新忠在〈晚清「衛生」概念演變探略〉一文裡，整理了Rogaski的研究成果，對「衛生」在近代的含意進行了梳理，他認為近代「衛生」概念已經確立。[19]

　　張仲民則認為，「衛生」在當時並沒有一個明確的直線演變的情況，換句話說，「衛生」概念尚未出現一個「近代化」，由「保衛生命」的傳統意義演變到現代性的「衛生」。

　　在研究方法上，張仲民主要是從中國書籍史研究及西方閱讀史的研究中，借鑑西方新文化史的研究手法。他在書中常徵引當前西方新文化史的重要推手Robert Darnton及Peter Burke的研究成果。張提出了晚清的文化市場上生理衛生書籍、生殖醫學書籍的大量出版，正可以表明清代這種關於強種與民族國家的「文化想像」的趨勢，以及這種「文化政治」的運作效果，這也可以展現出清代以來追求「衛生現

---

18 張仲民，《出版與文化政治：晚清的「衛生」書籍研究》，上海書店出版社，2009。
19 余新忠，〈晚清「衛生」概念演變探略〉，《西學與清代文化國際學術研討會論文集》（下冊），中國人民大學清史研究所，2006，頁915-950。

代性」的努力。換言之，這些書籍的出版，不但體現出一種鮮明的關於身體、種族與國家的想像、建構及至規訓，也表現著一種消費的政治化趨勢，這種政治化的文化消費旨在教育民眾向「文明」靠攏，擺脫文弱的「病夫」形象，接受西方的現代性和意識型態，樹立民族國家的意識。

在消費市場上，晚清關於衛生的表達率先被一些敏感的商家挪用，成爲他們方便的符號資本，這些體現在消費表達與商業活動中。當時許多商業廣告不僅將書籍、生殖、性、衛生和種族、國家聯繫起來，甚至將一些商品、藥物都與之聯繫起來。最後，作者引用Peter Burke在《歐洲近代早期的大眾文化》一書中的「大眾文化的政治化現象」觀點，進而提出晚清的「新政治文化」的出現。這主要是說，身體、種族、民族國家做爲大眾文化泛政治化過程中的象徵符號以及現實關懷，已經確立了「政治正確」的論述。在當時向西方學習和對大眾啓蒙的浪潮下，以建構民族國家、激發民族意識爲目的之新政治文化逐漸形成宰制敘述。而晚清以衛生、種族爲關懷的消費表達及由此所形成的消費文化，不過只是這種新政治文化中的一個面向。[20]

近來余新忠則從衛生史的框架思考中國清潔觀念與行爲問題，主要透過清潔的角度來檢視中國近代變遷的研究。其中兩篇文章的研究方法頗有從社會史轉向新文化史的意味。〈中國近世的糞穢處置及其變動：兼論公共衛生觀念的形成〉探索了前近代中國城市的糞穢處置辦法及西方影響近代變動歷程，並旁論城市的整潔欲求對近代公共衛生觀念形成的直接影響。〈防疫、衛生行政、身體控制：晚清清潔觀

---

20 張仲民，《出版與文化政治：晚清的「衛生」書籍研究》，頁84-85。他的最新研究是有關艾羅補腦汁的探討。

念與行為的演變〉[21]則在社會與文化的雙重視野下，考察在中國近代防疫機制建立的過程，傳統的清潔觀念與行為如何「近代化」，以及在這過程中有關身體與政治的種種權力關係。作者排除了以往的近代化論述的敘事模式，而以反省精神檢視我們的近代化歷程，其作品深受小野芳郎的《「清潔」的近代：從「衛生唱歌」到「抗菌商品」》及英國醫學史家Christopher Hamlin有關英國Chadwick時代的公共衛生研究的影響。

　　南京大學的胡成亦是大陸少數採新文化史研究取向的醫療史學者。近來主要研究近代華人「不衛生論述」的課題。他由三個方面展開討論：1.華人「不衛生」被定義為瘟疫之源和近代細菌學理論的傳入；2.租界衛生景觀的改善和華人社會的變革維新；3.文化優越感、民族主義訴求和主權之爭。作者認為在那個殖民主義、帝國主義體系擴張的年代，華人「不衛生」的論述再現外人的強烈文化優越感，同時也激起華人菁英的民族主義情緒。在此意義上，關於華人「不衛生」的論述的歷史複雜性和多樣性，體現於外人方面，雖有明顯的文化與種族歧視，但由此引入西方近代公共衛生理念，改善了在地衛生情況。在華人菁英方面，雖接受外人關於華人「不衛生」的講述，卻不單只是複製西方霸權論述，或將之內化為自身的文化，而是由此形成對自身社會及對殖民主義、帝國主義的再反省及再批判，其中當然包括對新文化的接受和想像。[22]

---

21 余新忠，〈防疫、衛生行政、身體控制：晚清清潔觀念與行為的演變〉，黃興濤編，《新史學》，第三卷「文化史研究的再出發」，中華書局，2009。
22 胡成，〈「不衛生」的華人形象：中外間的不同講述──以上海公共衛生為中心的觀察（一八六〇～一九一一）〉，《中央研究院近代史研究所集刊》，56（2007.6）。胡成最新的研究是〈上海禁娼與在華西人的道德焦慮：以上海進德會為中心的觀察（一九一八～一九二四）〉，收錄於《新史學》，22:1（2011.3），頁59-104。

五、性別、身體與國族

　　Peter Burke認爲：「如果說新文化史中有這麼一個領域，今天正經歷著盛況空前，但在一代人之前，也就是一九七〇年代，這幾乎是不能想像的，那麼這個領域非『身體史』（history of body）莫屬。」這個領域的重要推手之一的已故英國醫療史家Roy Porter亦指出：「人們對於這個主題的興趣之所以迅速升溫，無疑是受到愛滋病傳播的影響，因爲這個疾病讓人注意到『現代身體的脆弱性』。」此外，身體史的興起與法國哲學家及歷史學家Michel Foucault的一系列有關癲狂、診療、監控與性的研究有相當大的關聯。

　　身體史是一種由醫療史延伸出來的次領域，是西方史學界的新文化史研究中的重要項目。美國中國醫療史學者Charlotte Furth曾寫過當前身體史研究的兩種取向是「再現」（representation）與「感知」（perception）。[23]近來，劉宗靈則針對國內外的身體史研究概況做了詳細的回顧。[24]這方面著名學者有：Charlotte Furth（性別與身體）、Frank Dikötter（醫學科學與性認同）、苗延威（纏足圖像與科技）、Larissa Heinrich（病體觀）、傅大爲（亞細亞的新身體）、游鑑明（健美）、楊瑞松（東亞病夫）、黃金麟（身體與國家）、高彥頤（纏足）、楊念群（再造病人）、海青（自殺）、周春燕（女體與國族）。[25]以下我們則以高彥頤（Dorothy Ko）的纏足研究爲例，

---

23 Charlotte Furth著，蔣竹山譯，〈再現與感知：身體史研究的兩種方向〉，《新史學》，10:4（1999）。
24 劉宗靈，〈身體之史：歷史的再認識：近年來國內外身體史研究綜述〉，見復旦大學歷史學系編，《新文化史與中國近代史研究》，上海古籍出版社，2009，頁287-322。
25 周春燕，《女體與國族：強國強種與近代中國的婦女衛生（一八九五～一九四九）》，復文，2010。

探討帶有新文化史視野的身體史研究特色。

　　纏足史這個研究並不是一個新的課題。事實上，歷來的研究可謂汗牛充棟。但高彥頤這本有關中國纏足的文化史專著卻試圖另闢蹊徑，從書名中的「修正」（revisionist）一字，即可看出作者想替纏足史平反的意味濃厚。作者高彥頤教授目前是美國哥倫比亞大學的歷史學教授。從高彥頤近十年的發表文章看來，這本書的主題似乎醞釀已久，早從一九九七年起，她就陸續發表了相關的中、英文論文，所關懷的纏足史主題有：男權與女體、情與癖、文字遊戲與玩物、複製、模仿與發明、懷舊與現代性等等[26]。這本書中的部分章節雖然早已發表，但大多數的內容仍屬首度公開的研究成果。

　　作者在導論中開門見山地說她最初的用意是希望不以嘲諷手法寫一部纏足史。這意指歷來有關纏足的研究都是反纏足的歷史。在這些著作之中，有相當比例的焦點是聚集在反纏足運動的成就之上，或者從反纏足的爭論轉移至可憐的前近代婦女的遭遇。本書主旨認為纏足的面向不止一個，而是有很多個。從十九世紀到二十世紀，每個地區及村莊都有其各自的纏足方式、儀式及鞋子樣式。但我們卻沒有足夠的資料去證明這種空間差異的發展。然而，我們可以看到從十二世紀到十九世紀的人們，以不同的方式寫下了對纏足的描述。這些文本的斷裂及發展在在都暗指了每個階段的纏足的多元與競逐的意義。

　　高彥頤舉出了目前學界詮釋纏足現象的幾種說法。其中最有影響力的或許是心理學大師佛洛伊德的「性心理解釋」。其次，和佛氏

---

26 英文部分見高彥頤本書的參考書目，另外有兩篇論文及一篇演講稿，未收在書目中，分別是：〈「痛史」與疼痛的歷史：試論女性身體、個體與主體性〉，收錄於黃克武、張哲嘉編：《公與私：近代中國個體與群體之重建》，中央研究院近代史研究所，2000。〈檔案‧纏足史‧欲望：遊戲《采菲錄》〉，收錄於熊秉真、余安邦編：《情欲明清：遂欲篇》，麥田，2004。"Rethinking Sex, Female Agency, and Footbinding"，《近代中國婦女史研究》，7（1999）。

同樣值得注意的是社會學家Thorstein Veblen所謂的「炫耀性消費」
（conspicuous consumption）；最後提出看法的是人類學家Hill Gates
及Laurel Bossen，他們靠著在四川及福建的田野調查，借用了馬克思
及女性主義者的觀點來解釋纏足，認為開始和停止纏足的決定只是經
濟上考量；Gates且進一步認為四川的纏足是一種「非文化習慣」。
另外一種較不權威，但可能最有影響力的是近代Ida Pruitt對纏足婦女
所做的民族誌式的口述訪談。高彥頤認為這些學者所提出的經濟、社
會、象徵及心理分析的解釋終究有其缺點，因為他們都將纏足視為是
只受一種因素影響的不變慣習。事實上，纏足的文化延續已久，而且
分散廣布，並不是一種描述性及解釋性的架構就足以含括在內。

　　相較於上述這些各家說法，高彥頤將自己置於反纏足的啟蒙論
述之外。這本書所要做的既非建構一套龐大理論及全面性的報導，也
不是要提供一種線性史觀，而是要從許多片面的觀點、不一致的資
料、被遺漏及放棄的人物，及不合情理的故事中，拼湊出一個相對完
整的歷史圖像。此外，受到婦女史健將Joan Scott的影響，高彥頤與
研究的對象之間保持了「邏輯分析的距離」（analytic distance）。易
言之，她的研究取向是將研究對象視為是一種歷史議題，而非論戰議
題。她認為，儘管這之中有許多斷裂及不完整，但對於這樣一個位居
中國社會與性別關係核心的纏足慣習，的確需要有一個歷史，對於那
些忍受著疼痛與不便的婦女，更應該要有人為她們撰史。

　　在架構上，這本書的寫作方式亦是令人耳目一新。全書共有六
章，分為兩大部分，第一部分前三章以暴露在外的纏足身體為探討對
象，第二部分後三章則回到隱藏卻較真實的「金蓮世界」。作者首先
將纏足的結束當作是一種社會實踐，然後將時間往前回溯，以纏足的
文化威望與情欲的高峰當作結尾。作者之所以將年代倒轉的用意在
於，因為我們目前有關纏足的知識幾乎完全來自於反纏足運動的觀點

與文獻。將纏足的結束當作是文章開頭或許有助於我們以另類的方式觀看及認識問題。

　　第一章〈天足的修辭性（一八八〇至一九一〇年代）〉，談的是「天足」類型的出現。本章不只介紹了一種將身體視爲是機械的觀點，同時也促進了十九世紀有個新的全球實體的想像。身爲啓蒙運動論述的一部分，天足成爲一種對初期中國的國家想像的工具。第二章〈放足的實踐（一九〇〇至一九三〇年代）〉，則轉向檢視一九〇〇到一九三〇年代的放足運動中，地方學校及村莊家庭中的天足訊息是如何推行的？抽象的教條在何處遭遇到頑固身體的抵抗。裹小腳的風氣到了十八世紀已漸式微，十九世紀後半葉，改革派以文字及社會運動提倡「天足」，揭露了纏足這一習俗的文化氛圍終結的開端，在終結的最後階段，出現了一本涵蓋所有纏足知識的百科全書式的合集——《采菲錄》。

　　第三章〈拒絕年代中的鑑賞家（一九三〇年代至一九四一年）〉以檔案及欲望爲主軸，解讀《采菲錄》這一記錄纏足史的寶庫。《采菲錄》的編纂者是清末民初江蘇文人姚靈犀，於一九三四至一九四一年間陸續結集出版。雖是一篇篇有學術的、科學的、自傳的、情色等不同調性的記載，但《采菲錄》的本質無疑是色情的：它無外乎是一群文人爲了自身的快樂及商業的考量，樂此不疲地暴露女性的身體。高彥頤建議將這樣的文本當作是一座紙上檔案館來解讀。在形式及內容上，《采菲錄》都是集大成之作。它以連載片段開始，徵集手稿的方式出現，類似一本傳統的雜錄及叢書。然而編者的社會地位、他們對古典世界的懷舊心態，以及所製造的知識的本質，在在顯現了這些是通商口岸的現代都市文化的產物。《采菲錄》的文本世界因此充滿著矛盾。這一章可細分爲以下幾個部分：姚靈犀與他的友人、新的民族誌知識的產生、舊文人新玩家、天足與纏足的融合、方

絢的發明、帶有男人、調查者及蒐集者色彩的鑑賞家、女性的欲望、楊鐵崖與胡雪巖、女性主義者鑑賞家、痛苦的身體。

高彥頤在第三章的結論中引用史學家Thomas Richards的話說：「檔案不是一幢建築物，甚至也不是文本的集合，而是所有已知或可知之事物集體想像的結合。」檔案若要顯得真正完備，就必須清楚地畫分界線，什麼是值得收進，什麼是無關宏旨的材料。在民國初年纏足快成爲陳跡的關頭，這種收尾才成爲可能。但即使在所記錄的習俗不再流行之後，檔案也從未封閉，總是不斷有從某個塵封閣樓翻出的舊文獻或舊鞋中產生新知識的可能性。就是在這種懷舊與理想的衝動下，姚靈犀與他的朋友藉由《采菲錄》享受組合及傳布纏足知識的快樂。《采菲錄》之所以成功地開創了一種新的文本形式與定義，部分歸因於其現代的編者本身以傳統文人自居的表現。其次，第二個理由與一九三〇年代通商口岸的商業市場密切相關。製瓷人與鞋匠所製造的無數鞋狀物，通常是根據文字描述的樣式所造。這些物品後來又成爲酒宴中啓發詩文雅興的源頭，透過文字──實物──文字的循環創造，文獻檔案與消費市場上充斥著多餘的文字及商品，這些都是徹底摩登的發明。

高彥頤在第三章的最後部分提醒我們，這些文字及物品都是「真實的」，但卻不可信，兩者都沒有直率地說明纏足的「真相」。《采菲錄》文章內外所創造出的文字、物品與意義，增添了史家任務的困難度。我們不該只自視爲客觀中立的調查者閱讀《采菲錄》，最重要的是要領略其中誇張的感性與遊戲性。把《采菲錄》中戀物癖男性與纏足女性的自述看成是男性欲望與女性痛苦的敘述無疑是很有吸引力的，但纏足經驗的真實面不在這，而是在檔案之外、尚未整理歸類的「金蓮世界」。

進入第二部分後，作者將我們的視線帶離近代中國及全世界那

種反纏足聲浪的氛圍，而將焦點從終結纏足的敘述轉至十六至十九世紀的帝制中國晚期，追尋已成爲一種習俗的纏足的傳布與延續氛圍。明清時期的許多作品表達了對隱蔽的纏足身軀的煽動性想像，而非將纏足描述成一種具象及社會的慣習。讀者則被挑逗去幻想著書中那欲言又止的部分。前面兩章，作者藉由綜覽各種文類，從考據學家的論述、宮廷風流豔事、筆記書、旅遊見聞、品味指南到地方戲曲，描繪出菁英男性的欲望。這些文本中，有的在方法及語氣上較偏學術性；有些則是猥褻的，更有一些擺明就是黃色書刊。這些文本將「纏足」定義爲一種男性窺視及欲望的對象，並建立了對於女性身體部位哪些可說，哪些不可說的界線，以及將纏足的情色保持活躍在男性的想像中。最後一章，作者將目光從文本的世界轉到織品身上，透過將這些勞工、端莊禮儀及時尚的身體放在他們所處的核心世界中，描繪出女性欲望的宇宙論。

　　第四章〈搜尋纏足的起源〉主要是在透過文人的筆記探索纏足的起源。在十九世紀前，有關纏足這樣的課題在官方的文類如正史、地方志及規訓文本中，尚屬禁忌。大多數的男性文人是以筆記的形式來討論纏足的。這些筆記又可區分爲像胡應麟式的，屬於學術性的考證，有些則較類似小說化的「小說」。所有十九世紀前出現有關纏足論述的筆記所談的都是纏足的起源。宋人張邦基的《墨莊漫錄》的〈婦人纏足起於近世〉可說是這類筆記的原型。張邦基對纏足的定義是小尺寸的腳，更進一步說是弓型或彎型的腳。高彥頤提醒我們，對於現代的我們而言，纏足的定義相當明顯：我們知道什麼是纏足，以及纏足長得怎麼樣。但對於宋、元、明的學者而言卻不是那麼回事，他們對於各式各樣的奇怪纏足風俗的定義及內涵的看法還是相當歧異。因此對於這些探索纏足起源的筆記，我們必須注意其中的複雜性及界定其本質上特性的困難度。因此聲稱唯有透過纏足起源的論述才

能將纏足的各種變數東拼西湊地予以成形，這並不為過。接著，高彥頤就順著這個脈絡，分別分析了幾個具代表性的學者的纏足論述。例如楊慎的《丹鉛續錄》與《漢雜事秘辛》、胡應麟的《丹鉛新錄》、趙翼的〈弓足〉、錢泳的〈裹足〉。最後，高彥頤提醒我們，找尋纏足的起源必須要將目光轉移到上述這些論述所呈現的正當行為及學說的邊緣，並要嘗試發現那些不可知及不可說的纏足面貌。

第五章則將焦點置於纏足的實際面貌上，標題為「男性的欲望與想像中的西北地理」。和上一章所提到的幾位考證學家以有色眼光看待纏足的神祕性的作法相較，十七、十八世紀以來，出現了一批較不具有學究式風格的文人，他們對纏足這種習俗就表現出一副毫不訝異及迷戀的態度。在旅遊見聞、筆記、戲曲及歌謠中，他們所描述的纏足是一種具有吸引力卻危險的異地風俗。在第五章中，高彥頤所呈現的這種出自內心訴求的形象，是這個稱做西北的奇異景觀的一部分。文中探討了五個主題：女性的競爭（賽腳會、小足會、洗腳大會）、官員的西北之旅（汪景祺）、大同的妓女（李漁的審美觀）、西北的差異性、時髦的女性香客；主旨在描繪文化及社會的不平衡構築了這種風行的纏足形象及男性對纏足的欲望。

上述五個篇章裡，作者主要是透過男性的作品來研究纏足史。高彥頤的解釋是，男性的關懷及情感相當程度地形塑了這個課題及我們對它的知識。舉凡近代民族主義者對纏足的困窘及汗顏的感覺、鑑賞家的懷舊式的同情、考證學者的好奇與不滿、旅行者對西北的迷戀、探險者搜尋最精緻的腳，這些非常真實的癖好構築了你我心中有關「女性與纏足」的圖像。在最後一章〈女性身體的負擔與使用〉中，作者坦承，我們終究是不可能知道前近代婦女與纏足的身體感覺。但作者還是抱持著唐吉訶德的精神，試圖盡可能地接近這些纏足婦女的身體。這章所討論的時段介於十五到十九世紀間，前半段焦點放在纏

足史核心中的女性身體的負擔及使用。後半段則嘗試透過纏足婦女的自我呈現——自十七世紀至二十世紀交替時所生產、購買及所穿的鞋，來了解纏足婦女的觀點與欲望。

　　最後在結論，高彥頤相當謙虛地表示，她這本書並未做出深思熟慮的解釋及準確巧妙的敘述。最主要的原因是纏足的歷史並非前後一致，我們必須在文字及實物的檔案中的不協調、反反覆覆及遺漏裡找尋答案。即使不是十分荒誕，但這千年來的纏足史還是有點那麼不合常理：起先是纏足這個名詞出現在行為之前；到了後期，這個行為超越了所有的合理解釋。在這兩個極端中，婦女其實住在一個平凡無奇的實體身軀中，卻渴望一個更完美的生活。明清時期有許多才女參與詩的創作，但婦女認識到纏足身體的負擔與使用這方面的事主要是透過表演藝術與物質文化——那些受文人世界影響的範疇。基於這樣的理由，高彥頤所找尋的女性觀點不是來自於女性的詩，而是來自歌謠、戲曲、家用類書，以及她們所用過的物品。不管多麼有支配力，男性的欲望與品味並不足解釋為何纏足的歷史得以延續這麼長久，更遑論纏足的地理與社會的範疇。

　　此外，高彥頤還討論到Gayatri C. Spivak所謂的「自由選擇」（free choice）的問題。她傾向於在找尋女性的動機時應避免「自由選擇」這樣的用語。當代的評論家常將傳統中國的婦女想像成，若給她們一次選擇的話，她們將會選擇反抗。事實上，從十六世紀起，婦女就不曾有過一次「選擇」：任何來自漢人家庭的女兒，她們的經濟情況允許她們纏足。纏足不只是對外在世界的一種身分及欲望的宣告，而且是對婦女本身自尊的一種具體體現。帝制晚期中國的女性欲望受到時尚制度與文化沉積的影響，以致於不纏足是難以想像的；同樣地，選擇纏足對我們而言是難以想像的。這些婦女將她們的想像與技能都應用在追尋完美的那雙鞋上。若非婦女參與其中，在面對說教

與裝模作樣的男性的持續與激烈反對時，纏足就不可能傳播的那樣深遠。

　　綜上所述，本書無疑是近年來中國史研究中少見的文化史重要著作，無論在文章架構、史料搜尋及文本解讀上，作者都有過人的功力。高彥頤像剝洋蔥一般，層層地將纏足的各種錯綜複雜的面貌巧妙拆解，一一攤在讀者面前。若非她對纏足歷史提出了修正的看法，時時刻刻提醒著我們要注意史料重新解讀的重要性，恐怕我們還陷在賈伸的〈中華婦女纏足考〉中所謂：「中國婦女的纏足，是中國封建社會壓迫婦女的顯著標誌」的窠臼中。

　　中文方面同類型研究可見楊念群的〈從科學話語到國家控制：對女子纏足由「美」變「醜」歷史進程的多元分析〉[27]，這篇文章同樣有著新文化史的研究手法。楊念群自稱是有別於現代化敘事與女性主義視角，也區別於「兩個世界：上層女性／下層女性」的分析方法。他認為要啓動新穎的纏足史研究，至少要回應以下三個問題：其一，必須承認纏足在某些特定的年代確實有審美的功能和意義。其二，現代化纏足理念是男性激進知識分子與國家話語合謀塑造的結果，其基本目標是把反纏足運動轉換成民族主義運動的組成部分。其三，超越男權／女權相對立的視角。楊念群這篇文章較值得注意的部分，在於他對於反纏足運動的詮釋，特別強調這個過程受到了西方種族與醫療話語的強烈支配。不過，文中討論未曾引用高彥頤的纏足研究成果。

27 收錄於汪民安編：《身體的文化政治學》，河南大學出版社，2004，頁1-50。

六、藥、物質文化與醫療史

　　藥的物質文化也是新文化史視野的醫療史研究的重要方向之一。有關亞洲醫療史中的藥或醫療的物質文化史研究，目前研究的學者還不多。[28]目前所見僅有張哲嘉（大黃）、劉士永（仁丹）、雷祥麟（常山）、呂紹理（肥皂）、蔣竹山（人參）等人寫過類似文章。有關這方面醫學知識、商業文化與藥物之間的關聯性的研究，西方學界已有一些很好的著作可供參考，例如著名性別史研究者Londa Schiebinger與Claudia Swan合編的Colonial Botany: Science, Commerce, and Politics in the Early Modern World，以及英國醫學史家Harold J. Cook的Matters of Exchange: Commerce, Medicine, and Science in the Dutch Golden Age，兩者都不約而同地關注到物的流通與商業及醫學知識之間的相互影響。[29]

　　除了Harold J. Cook的研究取向值得我們參考之外，另外一本有關鴉片的文化史的新書也是我們可借鏡的對象。[30]鄭揚文（Zheng Yangwen）指出，[31]：1.鴉片是一種春藥和性的再造的歷史，儘管已有許多學者研究過妓女，但鴉片擴展了我們對中國「性的藝術」的視野；2.鴉片揭露了文化傳播的機制。從南亞到中國、西歐和北美，

---

28 張哲嘉，《「大黃迷思」——清代制裁西洋禁運大黃的策略思維與文化內涵》，《中央研究院近代史研究所集刊》，47（2005.3），頁43-98。余新忠，《海峽兩岸中國醫療社會史研究述論》，收錄於孫江編，《事件‧記憶‧敘述》，浙江人民出版社，2004，頁284-299。

29 Londa Schiebinger, Claudia Swan eds., Colonial Botany: Science, Commerce, and Politics in the Early Modern World, University of Pennsylvania Press Philadelphia, 2005; Harold J. Cook, Matters of Exchange: Commerce, Medicine, and Science in the Dutch Golden Age, Yale University Press, 2007.

30 關於物質文化的研究取向，可參考Peter Burke, What is Cultural History?, Polity, 2008, second edition。

31 The Social Life of Opium in China, Cambridge University Press, 2005.

鴉片以相當的時尚在傳遞。這種跨語言、跨階層及跨大陸的文化傳
遞，需要更多的研究；3.史家常忽略鴉片在內陸的進展。本書探索鴉
片在內陸的運輸及分送過程；4.以往學者大多只在評估明清經濟的複
雜性，而忽略研究重要的消費者趨勢「洋貨熱」（對外國事物的渴
望）。許多商品如檀香油、燕窩，像鴉片一樣，來自或經由東南亞。
史家也忽略了洋貨的使用先驅者——宮廷、文人及官吏，他們傳播了
洋貨的信念，並協助創造了鴉片的需求；5.許多史家曾爲官方史料的
受害者，他們一直以來相信鴉片是「啓蒙中國亟欲擺脫的罪惡」。這
是對鴉片消費的一種政治性重新定義；6.在此情況下，婦女常受到鴉
片的誘惑而有巨大的影響。我們不應該概括地談論中國婦女，鴉片的
歷史既是這種主張的一個例證；7.許多人過分誇大了鴉片對晚清毀滅
性的影響，卻忽略這裡面所具有的消費者文化、物質文化及大眾文
化。鴉片雖然造成許多破壞，但也同時娛樂了許多人，以及抒解他們
的精神緊張及壓力；8.最後一個論證補充了陳永發的「共產黨在延安
種鴉片是爲了要解決經濟危機」的說法。作者提出他們的確是「鴉片
政權」的一員。若鴉片未對一般民眾有如此深遠的影響，明清的經濟
成長也不會如此顯著。**32**

---

32 關於物質文化的研究取向，可參考Peter Burke, *What is Cultural History?*, Polity, 2008,
second edition。關於近來的最新著作，可參考下列作品：Karl Gerth著， 黃振萍
譯，《製造中國：消費文化與民族國家的創建》，北京大學出版社，2007。Frank
Dikötter, *Exotic Commodities: Modern Objects and Everyday Life in China*, Columbia
University Press, 2006; Zheng Yangwen, *The Social Life of Opium in China*, Cambridge
University Press, 2005; Timothy Brook, *Vermeer's Hat: The Seventeenth Century and
the Dawn of the Global World*, Bloomsbury Press, 2008; Craig Clunas, *Empire of Great
Brightness: Visual and Material Cultures of Ming China, 1368-1644*, Reaktion Books, 2007;
余舜德編，《體物入微：物與身體感的研究》，清華大學出版社，2008。

七、結論

　　除了上述領域之外，「文化相遇」（cultural encounters）與醫療史的相關性亦是近來學界思考的重點。這種研究兼顧了新文化史與全球史的研究特色。新文化史研究中有關「文化邊界」（cultural frontiers）與「文化相遇」的概念是近來研究文化交流常被討論的觀點。有關這個課題，近來臺大陳慧宏有深入的討論。在〈「文化相遇的方法論」：評析中歐文化交流研究的新視野〉一文中，她主要是回應比利時鍾鳴旦教授（Nicolas Standaert）二〇〇二年發表的論文「Methodology in View of Contact between Cultures: The China Case in the Seventeenth Century」。針對鍾氏運用的理論及其解釋，陳慧宏提出問題，並做了深入的討論。[33]

　　陳慧宏提出兩個分析方向，一是關於「他者」（the other）的問題。她認為鍾氏在批判第三種創新類框架時，「強調歐洲對他者的建構，也有可能受到他者以及他者針對歐洲人的自我建構所形塑。因此，我們會發現，中歐文化接觸的研究中，並非單純地由歐洲中心轉向地區文化而已。需要思考的是，在獲致平衡觀點的結果，強勢的地區文化該如何處理？」第二是文化史研究的理論。陳慧宏提出了近年來蓬勃發展的中歐文化相遇的研究，在過去與未來如何讓跨文化的研究豐富歷史學的方法論，不可避免地要從西方歷史學方法論的轉向文化史之取徑來做理解。例如二〇〇七年Peter Burke與夏伯嘉合編的近代早期歐洲文化史著作*Cultural Translation in Early Modern Europe*便是將焦點集中在「轉譯」（translation）的課題上。在交往

---

33 陳慧宏，〈「文化相遇的方法論」：評析中歐文化交流研究的新視野〉，《臺大歷史學報》，40（2007.12），頁239-278。

互動與溝通妥協的概念下，「交流」（exchange）一詞退居到較不顯
著的位置。此外，陳慧宏提醒我們，在某種意義上，文化結構的定義
是以文本爲指標。她不認同鍾氏所說的：「資訊的傳遞除了文本的形
式，還包括地圖、各種物品和文化習慣等，但分析中心仍是文本，因
爲文本是留存下來的最重要資料。陳慧宏認爲我們應當要參考Roger
Chartier的研究，要特別留意「文化產品」（cultural product）如書
籍、圖畫和觀念等物質文化的材料。此外，陳慧宏所說的「世界史概
念中的文化接觸」對我們的計畫亦有很大的啓發。她認爲：「『相
遇』（encounter）一詞的深遠含意，應該是指向一種世界史概念的
文化之間的接觸，以及意識性與隨機性的跨文化互動，而這也應是我
們對整體跨文化交流歷史研究開發的期許。」

　　上述觀點可以用來討論近代以來中醫碰到西醫的課題。全球史
的概念如何對醫療史的寫作產生影響，前述提到的Harold J. Cook在
〈全球醫學史會是什麼樣子？〉一文中提出了他的看法。Cook認爲
如果我們借鑑全球史研究的一些方法，或許我們會開始思考應該從不
同的角度來看醫學史這個課題。他認爲關於植物學和醫學的資料，以
及針灸醫術，都像商品一樣，也會沿著貿易路線從亞洲傳入歐洲。透
過貿易公司和傳教機構促使人員、技術、訊息、商品甚至疾病的相互
流通，這充分說明了史學全球觀的重要性，對其來說，國家與「文
明」並非主角。[34]全球史的挑戰不僅讓我們開始留心那些距離遙遠的
人們是如何相聯繫的，它也要求我們注意到小區域的人們在不同文化
與語言的條件下是如何相互影響的。最後，Cook提到：「如果我們
要嘗試在醫療史研究中應用這樣的方法該怎麼辦呢？」這或許會使我

---

34 王淑民、羅維前編，《形象中醫：中醫歷史圖像研究》，人民衛生出版社，2007，頁
　　4-5。

們看到一個比想像中統一的醫學文化觀更複雜的健康和疾病相互作用的模式。Cook進而認為，醫學上的哪些元素是具有傳播性的？哪些沒有傳播性呢？這才是我們研究的進程。[35]

　　Cook的新全球史與醫療史的觀點不僅影響了中國醫療史的研究轉向，也對亞洲醫療史有全新的啓發，近來澳洲的科學史家Hans Pols就曾撰文討論十九世紀及二十世紀初期在荷屬東印度公司工作的歐洲醫生及植物學家，如何展現對印尼的原住民的草藥醫學或Jamu（印尼草藥）的高度興趣。在這兩者之間，具有印歐血統的婦女扮演了調解者及引介者的角色，他們使得原住民醫學對研究者而言變得更容易理解。[36]這種研究取向或許是日後中國醫療史研究者或者東亞醫療史研究者可以參考的地方。

---

35 《形象中醫：中醫歷史圖像研究》，頁7。

36 Hans Pols, "European Physicians and Botanists, Indigenous Herbal Medicine in the Dutch East Indies, and Colonial Networks of Mediation," *East Asia Science, Technology and Society: an International Journal*, 2009年3期，pp.173-208. James H. Mills的一九〇〇至一九三〇年代的殖民地印度做為藥物的古柯鹼的消費與供應的研究也值得一讀。見 "Drugs, Consumption, and Supply in Asia: The Case of Cocaine in Colonial India," *The Journal of Asian Studies*, 66: 2 (2007), pp.345-362。

第五章　從日記看日常生活史研究
——以《有泰駐藏日記》為例

一、前言

　　《歷代日記叢抄提要》是這樣形容《有泰駐藏日記》：「有泰
為人實不足道，但其日記多有價值。他從同治四年（一八六五）三月
二十五日考取額外蒙古協休館起，至光緒二十一年五月初一簡放江蘇
常州知府止，三十年生活瑣事，皆以蠅頭小楷記於曆書夾縫處，文字
簡略。出任常州知府後，改用紅格稿本，記述較詳。直到去世前數
日，歷十六年，很少遺漏。分訂四十餘冊，可為大觀。本日記是當
代學者吳豐培先生從《有泰日記》中輯出的有關有泰駐藏期間的日
記，約占其全部日記的四分之三。分為十六卷，是目前所知清代大
臣駐藏的唯一一部完整日記。起自光緒二十八年十一月，止於光緒
三十四年三月。是研究有泰人生軌跡必須參考的重要材料，也是有關
清代西藏歷史的珍貴資料。」[1]這部日記的主人有泰是蒙古正黃旗人
（一八四四～一九一○），光緒二十八年（一九○二）以副都統的頭
銜擔任駐藏辦事大臣。他於二十九年的多天抵達拉薩，三十年（一九
○四）英軍攻入西藏的江孜，有泰因為沒有積極抵抗，被認為是英軍
攻陷拉薩的禍首，遂於光緒三十二年（一九○六）革職，改派任至張
家口任官。西藏研究著名學者吳豐培於一九八八年幫這部日記所寫的
序中道出這部日記的價值。第一、有泰的日記相當完備，北京圖書館
有這套日記的全本。從北京到張家口這段日記占了全部的三分之二，
是目前所知駐藏大臣中最為完整的日記。其次、吳豐培認為在晚清的

1　俞冰編，《歷代日記叢抄提要》，北京：學苑出版社，2006，頁3-5。

日記中，沒有人像有泰一樣，對從北京到拉薩的這一段路的沿途風物
與古蹟有這麼詳備的描述。第三、有泰對於西藏的節慶祭祀及宗教儀
式也都有親身體驗的介紹，比周藹聯的《西藏遊記》記載的更真實，
例如書中對布達拉宮神像有很傳神的描寫，可當作西藏風俗的讀物來
看。最後，日記中有相當多的私人生活與親友信函的摘錄，舉凡隨員
納妾、古玩收藏、藥品購買、物價水平等等都有記載。[2]

　　由於受到民族主義史觀的影響，覺得這位官員喪權辱國，大多史
家對於這位晚清大臣的事蹟不感興趣，相關論述不多。[3]目前所見唯
一利用這部日記當作主要史料來研究的只有何洁的〈清末川藏沿線地
區金融貨幣與物價略述〉，這篇文章以這部日記爲材料，搭配同時期
由四川入藏的官員的一些記載，對清末川藏沿線的金融貨幣與物價情
況做了描述。其餘所見，多是只集中利用日記中有關清朝政府與英國
對西藏交涉事宜的資料。就如同吳豐培所言，這本日記除了有晚清官
員對政治及外交的詳細記事之外，也有許多和日常生活有關的札記。
依筆者的初步探討，這部日記可視爲是晚清拉薩城市生活史的縮影，
內容包含：拉薩的環境與氣候、宗教儀式、藏人飲食、禮物文化、古
物收藏、皮毛買賣、民俗活動、城市景觀、河川變化、物價與貨幣、
休閒娛樂、官員日常作息、洋務局的政事、花卉癖好、園藝、市場買
賣、馬市、拉薩的氣味、服飾穿著、城隍廟會、官方宗教等等。本文

2　有泰，《有泰駐藏日記》，收錄於《歷代日記叢抄》150-151冊，學苑出版社，
　　2006，頁353。
3　目前所見完全以有泰爲研究對象的文章，僅見康欣平的〈有泰與清末西藏政局的
　　演變〉一文，收錄於《青海民族大學學報》（社會科學版），36:3（2010.7），頁
　　29-32。有關日記與歷史研究的研究概況，可見許雪姬編，《日記與臺灣史研究：林
　　獻堂先生逝世五十週年紀念論文集》，中央研究院臺灣史研究所，2008。筆者也曾利
　　用晚明的日記探討當時士紳家族的醫病關係，見蔣竹山，〈晚明江南祁彪佳家族的日
　　常生活史：以醫病關係爲例的探討〉，收錄於孫遜編，《都市文化研究》，第二輯，
　　上海三聯書店，2006，頁67-112。

初步擬透過日記探討晚清駐藏大臣在拉薩的生活體驗，並藉由日記史料的運用，兼論近來日常生活史研究的進展。

二、拉薩的環境、氣味與城市景觀

有泰於光緒二十九年二月六日由北京啓程，直到當年十二月二十四日才到拉薩，前後距離長達一萬零九百多里。有泰對於拉薩的環境有相當仔細的描述，舉凡山形高低、風勢大小、雪景、氣溫變化、雲霧情況等等。以下則透過《有泰日記》探討拉薩這座城市的自然與城市景觀給予外來者怎樣的感官印象。[4]

從日記中可看出拉薩的天氣變化相當巨大，常常一天之內有晴天、雨天、陰天、雪天、雷電的氣候變化。例如一九〇四年二月十九日，他記載：「早起地土頗潤，蓋夜雨，山上見微雪。……午後登樓，大風，四山雲起，復下雪，微晴又陰。……回時雨雪交加，覺天氣甚潤，乃多日爲見雨雪之過。」[5]拉薩的雷聲加上下雪的場景對於一位來自北京的官員是相當特殊的，有泰多次在日記中提到，例如一九〇四年二月十九日：「午後登樓，見雪紛紜，乎夾以雷聲，在京必以爲奇。」[6]天氣的頻繁變化也影響著有泰的日常穿著，例如一九〇四年二月十五日，有泰就覺得天氣炎熱，改穿灰鼠製成的毛皮衣

---

4 有關這方面的研究，可參考邱仲麟的〈風暴、街壤與氣味：明清北京的生活環境與士人的帝都印象〉，《清華學報》，34:1（2004），頁181-225。

5 《有泰駐藏日記》，一九〇四年一月十九日。有關氣味的歷史研究可見，Mark M. Smith, *Sensing the Past: Seeing, Hearing, Smelling, Tasting, and Touching in History*, University of California Press, 2007。馬克·史密斯，〈理解社會史：新話題和新史學家〉，劉北成、陳新編，《史學理論讀本》，北京大學出版社，2006，頁272-301。

6 《有泰駐藏日記》，一九〇四年一月十九日。

服。一九〇四年二月二十五日，一早起來的有泰就見到了因爲連夜的下雪使得四周高山都布滿了雪。由於雲層濃厚未退，他登樓才可以見到北面的布達拉山，相較於其他高山，布達拉山可是最矮的一座，有泰形容這座山是：「其山腰黃房以上，殿宇以下，亦有淡雲蔚起」，不愧爲藏中名山，生氣非比尋常。一九〇四年二月二十七日，有泰午後登樓，見到微雪及太陽同時出現，他驚訝道這種場景僅在內地的夏天的雨天中有此奇景，未曾碰過在雪景中看見太陽的。[7]一九〇四年三月二十一日，有泰午後登樓，又記載了與內地不一樣的雨天又出太陽的氣候景象，他形容：「午後登樓，落數點雨，起極大風，復見日近山，又有出雲處，眞口外天時，與內地迥別也。」[8]同年的四月十日，南山開始下雪，有泰也對下雪又有雷聲的氣候感到特別。[9]四月天的拉薩周圍的山還是常常積雪，在有泰眼裡，雲霧繚繞的布達拉山已經美得可以入畫。

「燥熱」也是外地人對拉薩的氣候印象。一九〇四年五月六日，有泰寫道：「昨夜大雨，天明復雨，覺熱氣頓減，前兩日燥極甚難過。」[10]拉薩的氣候雖然不會太熱，但在正午時分，還是會感覺到熱。由於常有營兵搭帳棚在戶外，這些帳棚儘管四面通風，但仍然不敵高原上中午的豔陽，有泰常會登樓遠眺這些士兵的操練，因而會對這件事特別有感觸[11]。「忽涼忽熱」也是自外地來到拉薩的特別感覺之一，一九〇四年十二月十六日，有泰就寫道：「今日由冷，將紅狐皮袄換上，仍咳嗽不止。此處天時實難定准，忽涼忽熱，加以乾燥，

7 《有泰駐藏日記》，一九〇四年二月二十七日。
8 《有泰駐藏日記》，一九〇四年三月二十一日。
9 《有泰駐藏日記》，一九〇四年四月十一日。
10 《有泰駐藏日記》，一九〇四年五月六日。
11 《有泰駐藏日記》，一九〇四年五月十二日。

內地無是理也。」**12**

　　「大風」是拉薩的另外一個令外來客印象深刻的氣候。一九〇四年四月四日，有泰與洋務局官員鶴孫閒談，午後登樓，碰巧遇到大風，將塵土刮得滿院都是，當地人已見怪不怪，說這種現象是常有的事。**13**拉薩的蚊子之多，也是令有泰印象深刻的事。例如一九〇四年六月十四日，有泰晚飯後至院外閒逛，僅穿著兩大小袄服，搭配一件棉背心，後因為天氣微涼，就入院坐在石階上，最後竟被蚊子所叮，則覺得此時的天氣有點像六月，也有點不像。**14**

　　剛到拉薩時，有泰對這個城市的氣味有種特別的負面感覺，就是臭。一九〇四年一月十日，有泰因為喉嚨疼痛，只吃粥，留在院內未出，或許是天氣乾燥，街道汙穢的緣故，空氣中彌漫著一股臭味。這樣的氣味不僅他受不了，其部屬也一樣不適應。當月二十五日，拉薩正在進行散招的宗教活動，有泰和洋務局官員鶴孫登樓觀看，不料一陣大風吹來，將臭土給刮了上來，其氣味是臭味難耐，鶴孫因此嘔吐，兩人因而下樓，改至位置較矮的馬號中的馬棚觀看儀式的進行。有時臭味的來源是來自有泰住所旁河川溢出的臭水流入院子中的泉水，一九〇四年一月十九日他說：「午後覺甚涼，至後院一看，泉水已發滿地汪洋，細考之，乃牆外流入臭水，殊不雅。」有泰對此事也是相當無可奈何，有時附近菜園放水也會影響有泰住所的園林。**15**由於有泰的住所就臨著藏河，所以日記中常有關河流氾濫釀成淹水的情事。

---

12 《有泰駐藏日記》，一九〇四年十二月十六日。
13 《有泰駐藏日記》，一九〇四年四月四日。
14 《有泰駐藏日記》，一九〇四年六月十四日。
15 《有泰駐藏日記》，一九〇四年一月十七日。

三、跨文化的宗教日常生活史

（一）藏傳佛教

1.跳鉞斧與飛繩

　　有泰到拉薩第二年（一九〇五）的初二，他受邀到布達拉山觀看跳鉞斧的宗教活動。這是布達拉宮的盛事，相當注重排場與身分的座次。有泰一到會場即見到達賴已經坐在右邊的高座上，濟嚨胡圖的各喇嘛及四大噶倫的仲果爾則將身上的哈達傳遞到前面的佛座上，以頭頂禮膜拜。將有泰恭請入座的是另一位噶倫佛公季仲，其餘漢官的座位在左邊，大部分喇嘛座位在右，佛公、番官座位在南，東西南北外圍則另坐有兩位喇嘛。噶倫（又稱「噶布倫」），是西藏的自治機關「噶廈」的領袖。在一本一九〇四年於日本出版，由曾到西藏旅行過的日本僧人河口慧海（一八六六～一九四五）所寫的遊記《西藏旅行記》中提到，噶廈是由俗人及僧人聯合組成，雙方人數相當，敕任官僧侶和俗人各一百六十五名。僧侶的敕任官叫做孜重（Tse Dung），俗人的敕任官叫做敦廓爾（Dung Khor）。孜重的總管是四個仲議，四人之中又以最資深為領袖；敦廓爾的統領則為夏貝（宰相）。[16]這四位總管西藏行政事務的三品官，受駐藏大臣及達賴喇嘛管轄，直到一九五九年才被廢除。一九〇九年，一本談論印藏貿易與印錫茶務調查的日記《乙巳年調查印錫茶務日記》也記載了：「藏人自治機關，拉薩有四噶布倫，有三大寺（每寺僧徒數千），有議事公所，噶布倫等須開公所會，傳集三大寺僧俗人等決可否，此議院之基石也。」[17]

---

16 河口慧海，《西藏旅行記》下，馬可波羅，2003，頁467。
17 陸灝，《乙巳年調查印錫茶務日記》，收錄於《歷代日記叢抄》一百五十六冊，學苑

　　唸經奏樂代表儀式的開始，首先會有穿著各色花衣靴帽、手持小木斧的幼童，隨著音樂，時而彎腰，時而單腳跳舞。隨之而來的是來自三大寺中的色拉寺及哲蚌寺的兩位年約五十來歲的喇嘛表演。在有泰看來，這兩位喇嘛不斷在反覆問難，有時相互擊掌，有時搖頭不以為然，他們的對話深奧難懂，有點像似有泰在北京城常聽到的說相聲，說一陣又跳一陣，前後共三次才結束。儀式完畢後，則進行饗宴，除了達賴宴桌前會擺滿各式食物外，藏人編織的毛毯氆氌和吃食是大多數與會大臣皆有的贈品，也有一些擺在宴桌上的乾果、假象乾及麵製牛羊則成了較底層的黃帽子喇嘛爭相搶奪的對象，儘管有維持秩序的鐵棒喇嘛會持棍阻打搶宴者，但這些人似乎不怕，有泰就透露曾聽過有人因此而喪身的例子。

　　在初三這一天，有泰會和洋務局的一些委員乘馬到布達拉山看一種稱為「飛繩」的特技活動。傳說這是以往在修布達拉山的宮殿時，工人所裝的窗櫺不合規格，達賴喇嘛早就預見會有這樣的情況，事後遂懲罰這些工人在初三進行飛繩活動。光緒三十年（一九〇四）一月三日，有泰因大風而返回公署，他在公署樓上透過當時稱為「千里眼」的望遠鏡反而更能看清楚這種拉薩年節的特別活動。在布達拉山半山的布達拉宮的西南角會綁上四根牛皮製成的繩索垂至山下的石椿上。這些昔日受到懲罰的工人後代就成了當時的表演者，他們多是後藏人。表演開始時，他們會先在房子上大聲唸頌祝辭，然後頭下腳上地用兩塊皮墊在胸腹間，雙手張開，直溜而下。這些人平時就已在水上做了許多次的準備，才能在這一天順利演出。飛繩表演完後，場上的男女會一起共舞，歡鬧直至晚上。一九〇五年的初三，布達拉山照

往常請有泰前往觀賞飛繩活動，這次有泰因忌辰未能前往。

　　除了與達賴一起參加宗教活動外，正式拜訪達賴喇嘛也是有泰在過年時節的一件大事。一九〇四年一月四日，有泰第一次見到了十三世達賴喇嘛。達賴此時住在羅布嶺崗（又稱為羅布林卡），這是布達拉宮之外的另一個達賴辦公的場所。一九一六年到達西藏探險的法國旅行家亞歷山卓（Alexandra David-Neel）就曾記載，羅布嶺崗是位於拉薩城外一有茂密樹林的園林，達賴喇嘛會在一些特定的慶典，住到羅布嶺崗。[18]有泰首先在正殿旁的高座享用油茶、糖飯、油炸的各種食品及乾果，然後在羅藏娃安性的導領下，乘轎由西邊小門至達賴的便殿。有泰對達賴的長相印象深刻，有泰的描述是長相頗佳、略帶彎曲的大耳豎眉、潔白整齊的牙齒、有黑鬚及麻子的臉龐，最讓有泰驚訝的是達賴的額頭有顆佛珠，據說是自然生成的。兩人見面時，達賴面東高坐，有泰則面向西邊的矮座。達賴送了有泰哈達，兩人相談甚歡，大多是商討邊務的情形；兩人還互贈鼻煙，最後達賴又送了有泰一尊如來佛雕像與哈達一方。

2. 拜訪大招寺

　　有泰每月初一都會到大招寺的萬歲牌前行禮，由於都是例行公事，未能仔細瞻仰大招寺寺內的佛像，因而在一九〇四年九月二日安排了到大招寺參觀的行程。這天陪同有泰至大招寺的人大多是洋務局的官員，共有惠臣、湘梅、鶴孫、少韓、少嵩五人。大招寺是一座坐東朝西的寺廟，北面的夾道有贊普像、唐朝公主像、送公主老史臣像、公主娃娃像、贊普之妾別蚌子女像。山門內有第五任達賴與哲布

---

18 Alexandra David-Neel，《拉薩之旅》，馬可波羅文化，2000。

尊丹巴談論道畫像。有泰一進到大招寺就見到寺內的觀音像、珠寶不
計其數，例如如來佛銅像是唐朝鑄造，每年身上貼滿金片，凡是向西
北朝佛的人都是在朝拜此尊銅像。寺內的酥燈盤，皆是金子打造；而
鑲有珠寶的佛冠也有數十具，也是用金子打造，據說是北路喇嘛貢克
札拉恭所進。兩邊走廊有許多羅漢像，有的是石頭上有文殊菩薩、蓮
花歡喜佛、護法宗喀佛、歷代達賴喇嘛。上了樓則可看見女身的白色
喇嘛像，身上掛滿了珠寶、纓絡甚多。其中最奇特的是，樓中各處都
有老鼠竄行，毫不怕人，有時吃酥油、有時吃糌粑。再上一層，則可
見白喇嘛生母之像，但有泰形容其面容醜陋如餓鬼。在另外一殿的右
牆下，有著一個像似羊的石頭，有玉米大小，已露出半個身形，據傳
會慢慢生長，若全部長成，則西藏將會有災難發生。大招寺最著名的
還是它的金頂，有泰走到大招寺頂端，見到了聞名已久的金鑄屋頂，
連佛門也被金葉裹著，相當富麗堂皇。[19]

走到大招寺外，寺旁有間觀音佛寺，這間寺廟有兩塊碑吸引有
泰的注意，一是殿外牆邊的平廓爾喀紀功碑與廟前唐碑，可惜已經為
酥油所汙，均剝落難辨內文。相較於對大招寺的細膩描述，有泰對小
招寺似乎不感興趣，只從外觀看，認為看似莊嚴，不過僅僅一層主殿
而已，和大招寺相去甚遠。他還提到長壽寺面積不大，所供奉的長壽
佛像上的金片多參差凸起，據傳這些廟宇曾因某年流行天花，藏人出
痘頗多，也造成許多人的傷亡，直到廟中佛像出痘後，疾疫才得以減
緩。[20]

---

19 《有泰駐藏日記》，一九〇四年九月二日。
20 《有泰駐藏日記》，一九〇四年九月二日。

3.攢招、散招、散小招

一九〇四年一月五日是拉薩的佛教法會攢招的開始，都在正月，但並無定日，從日記看來，一九〇五年的攢招就是在一月六日開始。河口慧海的《西藏旅行記》對拉薩元月的慶典活動也有詳細的描述，他稱爲默朗木大會：「默朗木大會是西藏最著名的祭典，每年從藏曆元月三日（偶爾會從四日）開始，一直進行到二十四日，然後在二十五日舉行結束的儀式。這是西藏規模最大的聖典，也是一場大祈願會。『默朗木』直譯爲『許願』，並沒有祈禱的意思。」[21]

一月六日這天鐵棒喇嘛的其中正副各兩員及小喇嘛二十人來官署向有泰參謁，並送來兩束藏香，在有泰看來，其目的僅在討賞而已。鐵棒喇嘛是西藏達賴管理喇嘛相當倚重的秩序維護者，擁有極大的管理權，據有泰觀察，全西藏兩萬多名喇嘛，亟需靠這批人的管理；漢人的秩序則是由夷情、糧務等巡捕機構負責維持管理。由於鐵棒喇嘛掌握大權，每年尙須上繳交給達賴五千餘斤的稅金，因此常出現欺壓及訛詐喇嘛的情事，但這項陋習在有泰來西藏的一年前，就已經因達賴取消稅捐而獲得減少。《西藏旅行記》對鐵棒喇嘛有詳細描述，他們身爲執法官，來自三大寺中最大的哲蚌寺，任期一年，每次有兩位，稱爲「協熬」，意指哲蚌寺的司法官。爲了獲得這個職務，必須先向政府官員賄賂，其金額相當龐大。就任後，在任期除了擔任哲蚌寺的司法官，同時在拉薩舉辦「默朗木」（傳大招）和「錯卻」法行祭（傳小招）其間，領導法僧隊負責整個拉薩府的治安。[22]

有時，一些藏傳佛寺也會改派較爲老成的鐵棒喇嘛來謁見有泰，以免徒爭紛端。一九〇五年一月四日，鐵棒喇嘛及副鐵棒草第巴

---

21 河口慧海，《西藏旅行記》下，馬可波羅，2003，頁526。
22 《西藏旅行記》下，頁528。

等人來謁見有泰，他們都是勒丹寺所派的喇嘛，以往這些人會被認為藉機出來勒索行賄，影響了其餘喇嘛的聲譽，在十三世達賴取消稅捐的德政下，這種現象得以稍微緩解。

攢招其間，各寺廟都可見大大小小的法會，例如大昭寺就會在駐藏公署東邊的平壩上舉行送祟與跳步紮的儀式，有泰於一九〇四年一月十四日邀洋務局委員於公署後院席地用餐賞景後，返回時曾聽到槍聲大作，旁人就跟他說是大招寺的送祟活動，就有泰而言，這是一種雅俗共賞的活動。

到了一月十五日，有泰例行性地到磨盤山的關帝廟行香，回署途中，又到各廟行香。這一天，按往例武營會送一塊禧字，並隨著鞭砲聲送至內院。有泰責賞這些委員及巡捕三十至一百元不等的藏錢，他認為這和打抽豐的行為沒有什麼兩樣。

攢招活動的結尾稱為散招，從攢招到散招共進行了二十天。和攢招一樣，要舉行送祟儀式，砲打牛頭山是此項活動的重頭戲。一九〇四年一月二十五日，有泰登上了公署的頂樓，而後在馬號的馬棚觀看了這項活動，並詳細地記錄了活動的過程。首先是隊伍會在馬號的牆角外紮草，領頭的旗隊有旗旛及黃傘，旗幟上打的是黃教之祖新奠池巴的名號。旗隊之後有步對及馬隊，都身著盔甲，手持弓箭，頗有古代遺風。紅傘之下是降神喇嘛，之後更有馬隊一千餘人在後面擔任護衛。當走到馬號邊時，降神喇嘛就會對著草堆射點著火的弓箭；步隊則在公署外施放火槍。此外，他們還在公署右側安裝了四門砲，皆朝著牛頭山施放。當有泰詢問為何是光對著牛頭山開砲時，他得到的答案是拉薩附近的山大多是朝著布達拉山，唯獨牛頭山是相反方向。這樣的送祟儀式直到砲施放完、兵丁解散、火堆熄滅、男女雜沓而去後才算禮成。

在一九〇五年的日記中，有泰更詳細地記載了從攢招到散招

期間所參與的人數及花費。這二十天期間，在人數方面，早內招的人數共有四十二億一千四百三十萬名，外招乞丐的午內招共有四十三萬兩千零一十五人，早外招共有一千八百四十六名，晚內招有二十九億三千一百四十萬名，午外招共有一萬八千五百三十名。在經費方面，早招共花費六萬七千一百三十八元五分，午招共花費三十九萬兩千四百二十八元五分，晚招共花十二萬七千九百元一錢，以上三種共總計花費漢銀五萬八千七百五十兩七錢四分。在物料花費方面：身布共四千四百九十九把、白布四千一百八十六疋、黃帽料一萬零五百二十一根、黃毛袋四千一百七十根、丁香共花了一千九百五十六包、木碗共散五千五百四十八個。

　　從二月二十二至三十日是拉薩大招寺的重頭戲，將舉辦一連串的散小招的宗教儀式。有泰曾參加過一九〇六年二月二十六日大招寺的散小招活動。這一天，有泰會乘轎由公署至大招寺。有泰由旁邊角門登上三層樓高的看臺，坐在安排好的有窗特別座，首先是喇嘛吹號，往東迎佛，參與的執事相當多。在達賴離開西藏前往庫倫時，臨時接受委託處理西藏政務的大喇嘛噶勒丹池巴在黃傘的撐護下，由仲郭爾持藏香導引，緩緩步行至講臺前，坐在馬扎上面之後，遂開始唸經。在唸經聲中接踵而至的是由伴隨著真大象與假象進場的降神護法。之後是彌勒佛駕到，是一種有佛冠的站姿佛像，安置在由喇嘛所抬進的輦上，沿途有許多喇嘛在輦經過時會替佛像掛上哈達。當這些隊伍都走完之後，唸經的池巴大喇嘛就跟著離去。這一天的大招寺還有個習俗，會在大招寺內設一白氈，上面放置一個重達兩百斤的黑色光滑石頭，讓人抱起繞氈繞圈，凡是能走三圈的為上等，抱得起或抱不起的為下等，上等的賞給大哈達，下等的賞小哈達。

　　有泰在一九〇五年三月一日的日記記載了二月分十天的從攢小招到散小招活動的花費，合計花費銀兩七千餘兩，若合計物品的話，

則達萬兩上下。這些費用有許多是由歷任達賴家族提供的，例如文中提到的有倉奚壩、倉儲壩的五世、九世、十世、十一世的達賴家，其中又屬倉儲壩的次數最多，倉奚壩的有前後兩次。若仔細分析的話，以參與人數來看，早內招有十二萬九千一百八十七人，共散錢兩萬三千八百二十八元。早外招共六百二十六名，共散錢一百三十七元。午內招共十四萬兩千八百七十五人，共散錢四萬六千一百二十四元一錢；午外招共一萬三千九百零三人，共散錢三千九百零五元一錢。晚招人數共七萬四千五百三十一人，共散錢兩千六百三十一元。以上總共早午晚招，共招三十六萬一千一百二十二人，共散錢七萬六千六百二十七元五錢，合銀七千六百六十二兩七錢五分。在物品方面，共散黃帽物料三百七十八根，共散白布七百六十三疋，黃帶子共散三百二十二根。**23**

此外，有泰還可以聽到琉璃橋邊的砲聲，遠遠向外望去，可看到賽馬及賽跑。騎馬者或穿豹皮、鹿皮的馬褂，騎在有鞍無鐙的馬上。跑步者則光著上身打著赤腳，肩上有各色披肩，腰際圍著一條布，在跑步兩旁隨時會有喇嘛以草驚嚇跑者。這些騎馬者及跑者的終點須到數十里遠的工部堂。在黑石子的後面，則可見到摔角的場面。通常達木八旗人會一對一地進行比賽，他們的協領等官員會坐在一旁觀看，凡是勝者會給予賞賜，頗有蒙古的遺風。另外一頭則有公署中的西藏部屬在進行摔角，選手會全身抹滿酥油，因為很難抓得住彼此，娛樂性質居多。**24**

---

23 《有泰駐藏日記》，一九〇五年三月一日。
24 《有泰駐藏日記》，一九〇六年二月二十六日。

4. 驅鬼儀式

　　西藏的二月二十九日是驅鬼送魯貢加布的日子，當地有打牛魔王的說法，有泰打聽後才得知這個傳說的由來。據說，魯貢加布為西藏的地主，曾與達賴鬥法過。所以到了二十九日這一天，會有一人扮達賴，一人扮魯貢加布，兩人在大招寺前賭色子，即今日之骰子，是一種用骨頭製成的賭博器具。由於達賴用的六面皆是紅色，魯貢加布用的都是黑色，達賴每戰必勝，因而魯貢加布被趕到拉薩河的對岸。到了隔天，魯貢加布碰到西藏掛大佛的日子，遂前行過南山，待了七日而回，不料，當日驅逐鬼怪日，他不肯離去，直到隔天遇見布達拉山有位與山同高的佛祖，眼見不敵對手，才遠離西藏。當天扮演魯貢加布的人，沿途都會受到藏民的體恤及禮遇，他所換得的銅錢，可以當作是銀錢來使用，而且沒有人敢不賣東西給他。他當天會帶著半黑半白的面具，穿著羊皮袄，手持一條牛尾及一根木棒，凡是被他打到，就會倒楣一年，因此常會有人因此懼怕而施捨錢財或物品給他。[25]

5. 寶物展示

　　有泰也提到了每年二月三十日的大招寺晾寶活動，指大招寺這天會打開庫房，將御賜的各項寶物公開展示，給西藏居民觀看。其過程大約是先安排喇嘛擔任執事，而後有旛旗隊伍、傘隊，傘隊前有白牛一隻，後有活象，在音樂的導引下，陸續有執事、四金剛及紙糊的大象進場，其中各式寶物就夾雜其間，最後才是十二位花衣小童、喇嘛及諸多番官隨行，這批隊伍後繞行布達拉山，而後回到大招寺。回程

25 《有泰駐藏日記》，一九○五年二月二十九日。

結束後則在布達拉山掛上大佛長卷兩卷，寶藏仍會保存在大招寺。[26]
有泰在拉薩的第二年則由大招寺改到布達拉山看晾寶遊行活動。一九
○五年二月三十日就是由布達拉山邀請有泰上山觀賞。在回程時，沿
路所見皆是遊行捧寶朝山的喇嘛。有泰還首次發現從布達拉山上面懸
掛了兩幅巨型的釋迦牟尼佛像掛畫，金色與銀色各一幅，畫身採用刺
繡的綾堆法，這兩幅畫的尺寸相當大，就算到了山上也只到了佛像的
半身而已。沿途的晾寶隊伍中所展示的寶物由於數量過多，有泰也很
難一時辨識出來。沿途捧著寶物的喇嘛有的以原來面目示人，有的則
是戴上各式鬼臉面具，由於隊伍綿延頗長，有泰很難依序記住。

所以在日記中，就記憶所及，雖無秩序，但有泰還是很詳盡地描
述了各式裝扮的隊伍。這裡面有跳鉞斧的小孩、有花臉套頭如山精狀
的放牛者、有綠臉的蛤蟆精、有拉乳牛到遊人面前擠牛乳敬人的黃帽
人。另有一些人是演奏古樂器者，例如有彈奏瑟弦管笛等樂器者、有
喇嘛背大鼓在自擊自跳天魔舞。有的則是扮演天王像、骷髏像、禽獸
像，亦有大頭和尚手持銅鈴或加小波浪鼓地隨隊跳舞。又有護法、兩
撥喇嘛各四人及黃偏衫緩慢地朝山行禮。當這些護法到達時，一些番
官會遞送哈達，在接受江卡後，隨後而來的是一隻真的大象朝著山中
發出叫聲；另外有假象兩隻，裝扮者會在裡面用海螺鳴聲三次。最後
出場的是由喇嘛躲在骨架裡，撐起高度有兩人高的八大金剛。有泰最
後的評語是這項活動比黃寺的打鬼活動更為熱鬧。

6. 燈節與色拉寺燃燈

一月十六日是西藏的燈節。西藏的藏人行政機構噶廈的通事特地

---

26 《有泰駐藏日記》，一九○四年二月三十日。

登門敦請有泰參加燈節活動。有泰所乘坐的轎子可是精心設計過的，這一張八人座的大轎前後綁了八盞蓮花燈，靠背還有一大架壽星燈，轎外則有扇燈及手提紅布燈，相當熱鬧。有泰乘著轎參觀了大昭寺及圍昭寺的法會活動，有泰觸目所及都是由酥油做成的麵塔，也有的是以金子及綢緞堆砌的高塔。不論是廟方人員或藏人貴族世家，都可看見他們所提供的酥油菩薩，這些麵製品整齊地排列，捏成了各式佛像的樣式。有泰形容這些酥油菩薩是極白極細，這些佛像的前面擺滿了酥油燈及各式點心，並設有座位，每一位上香的駐藏政府官員都會由通事陪同，跪報後向神明請安。

十一月二十四日是色拉寺開始燃燈的日子。相傳是記念燃燈佛弟子圓寂的日子，隔日則換色拉寺不燃燈，其餘如大招各廟仍然燃燈，據說這是燃燈佛圓寂時的遺囑。在這兩天期間，拉薩各廟宇會一直燃牛油燈及羊油燈，其用意在消除藏人一整年來食用牛羊所引起的罪過，當地的婦女尤其信奉此說，若有人碰觸油燈或於燈前太過靠近則會引起神明憤怒。到了二十五日，拉薩的各廟宇及家家戶戶都會燃燈。大招寺及山上寺廟會用銅製燈，其餘多用泥燒燈，有泰將此盛大的場景比擬為北京正月初八的敬星之燈，所使用的都是有精緻燈座的油燈。

（二）民間信仰與官方宗教

有泰除了在日記中記載了大量拉薩的藏傳佛教的宗教活動之外，還提到許多民間信仰的活動。例如做為國家祀典象徵的關帝與城隍信仰。有泰身為清朝派駐在西藏的官方代表，展現帝國統治權威的方式之一是按時到幾個官方建立的廟宇上香祭拜。一般所見，大多是初一及十五的日子。其中又以每年正月初一的規模最大。有泰於光緒

二十九年（一九○三）十二月剛到拉薩時，就到磨盤山關帝廟、大招寺的萬歲牌樓、三光廟、武侯廟、文昌閣、蕭曹廟上香。[27]這些廟宇主要都是已經進入祀典的祠廟。雙忠祠、龍王廟、丹達山神廟也是有泰常祭拜的祠廟。此外，有泰也會到一些未進入祀典，但仍有為民祈福之正面意義的祠廟，像是觀音殿及財神廟祭拜。

　　光緒三十年（一九○四）初一，有泰在西藏拉薩度過了第一個農曆過年，但對藏民而言，初二才是他們的元旦，這是因為藏民用的是黃曆，而非漢人的農民曆，所以該地日子的計算方式和漢人不同，他們遇到好日子則是以兩日算一日，遇到不吉利的日子則當日做廢，所以元旦的日子常常不一定是哪一天。有泰到任的第一個元旦，他在天尚未亮時就到清軍駐紮的大本營扎什城進行各式的祭拜禮儀。一早，他從官署往北遠望藏人的聖山布達拉山，一望所及，盡是霧茫茫的一片，也有人認為這是一種障氣。扎什城是清人對拉薩北郊地區的稱法，原為遍地流沙的荒郊，後來清政府在此開發為軍營，城內有許多官府機構及廟宇，有泰行香的萬壽宮、關帝廟、城隍廟就是其中幾座較為著名的廟宇，回到駐藏大臣公署後，他又在署內的關帝、藥王、馬王、瓦合、丹達神、衙神、竈神及如來、觀音佛前行禮，隨後，他再至公署後堂，向祠堂中的先祖及先嚴神位行叩拜禮。之後，他約了公署中的隨員一塊吃滿族的重要雜糧麵製食品「煮餑餑」。過了午後，有泰遂至布達拉山向聖像行禮，之後才到磨盤山的關帝廟行禮。

　　到了第二年，有泰日記中有對到各廟宇敬神有更詳細的描述。光緒三十一年（一九○五），有泰和往常一樣，先到扎什城，在萬壽宮的萬歲牌前行三跪九叩禮，在關帝廟關聖帝君前行三跪九叩禮，在城

27 《有泰駐藏日記》，一九○三年十二月二十八、二十九日。

隍廟城隍神前行二跪六叩禮，在大招寺的如來佛祖前行一跪三叩禮，也到了第一年經過未進去的丹達神行二跪六叩禮，回署後，他向家廟諸神位共行十四跪四十二叩禮。當日下午，有泰一樣去布達拉山及磨盤關帝廟行禮，在行禮之餘，有泰還接受了布達拉宮中的喇嘛堪布等人的宴請，總計，在初一這一天，有泰自己算過一共向諸神佛行了一百三十五個叩禮。

拉薩的關帝廟有兩座，一座在磨盤山，另一座在扎什城。磨盤山關帝廟建廟於乾隆五十六年（一七九一），位於布達拉宮西面約五百米的帕瑪熱形狀像磨盤的小山丘上。緣起於駐守拉薩的清軍將領福康安率領清軍入藏，將入侵後藏的廓爾喀逐出西藏。次年，關帝廟完工，福康安親撰〈磨盤山關帝廟碑〉，讚揚關聖帝君的神助。由於是工部尚書及駐藏大臣松筠親自監建，是西藏境內關帝廟中規模最大，建築風格最特殊的建物。[28]扎什城的關帝廟最初建於康熙年間，之後重建於乾隆五十八年（一七九三）。關帝廟落成時，曾由當時駐藏大臣和琳親撰〈關帝廟碑文〉，文中感謝關帝的神祐。

有泰不僅常在每月的初一及十五會到扎什城的關帝廟上香祭拜，有時也會參加關帝的廟會活動，聽戲是其中一個。一九〇四年五月十三日，有泰在關帝廟看了一齣由漢人營兵所表演的戲曲〈送加彌〉。有泰任內，曾有官員建議擬請皇帝賜匾，但因藏人以「神大不過佛」反對，因而作罷。[29]可見有關宗教的事務，官方仍然要尊重藏民的意見。除了初一及十五，在其他日子，也曾見過有泰祭拜的例子。一九〇四年二月十日，有泰就曾到扎什城太牢行三獻禮，只不過

---

28 王川、楊永明，〈近代拉薩地區的民間信仰與民間宗教〉，《四川師範大學學報（社會科學版）》，33:1（2006.1），頁110-115。
29 《有泰駐藏日記》，一九〇五年三月十日。

其過程和內地雷同，但更爲繁文縟節。

　　拉薩的城隍廟始建於咸豐二年（一八五二），是由駐藏滿慶依照內地的慣例建在扎什城。光緒十七年（一八九二），光緒皇帝曾御賜寫有「西陲福祐」的匾額。之後於辛亥革命時，爲藏人所毀壞。有泰於日記中曾多次記有城隍神出巡的細節。一九〇四年二月十九日，有泰曾於馬棚上觀看城隍神出巡。城隍神的遊行隊伍經過官署時，會由總巡補代爲行禮。隊伍中有扮十二生肖者，有靈官及土地神扮像者乘著馬車前行，以及鼓樂執事。日記中對於遊行時城隍神所乘的轎子亦有描述。一九〇六年閏四月五日，有泰在西院見到了剛完成的城隍神大轎子，其樣式非常華麗，是由官署巡補所負責辦理，共花費五百五十餘金。同年四月十七日，有泰又記載了這頂城隍神轎子的華麗樣子，不僅北京城內未曾見過，即使在中國其他省分也不曾有過。一九〇六年三月十三日，有泰曾至東院登臺看城隍神出巡，路線是由西轅門進，東院門出。遊行隊伍前有十二隻帶有枷鎖的大象，之後跟著騎著馬的判官及土地神，並有郭什哈騎兵沿路跟隨。

　　一九〇四年的八月，拉薩官方會實施秋祀，對象有龍神祠、觀音殿、呂祖殿、丹達廟、瓦合祠及財神廟。這些都是有泰會親自前往祭拜的祠廟。但對於一些不在祀典中的廟宇，有泰在日記中則特別記載，這些廟理應委由地方官員前往祭拜。不過，雖然如來及觀音佛不在祀典中，但到了以藏傳佛教爲主的拉薩，有泰則認爲佛教與滿蒙的舊俗不相違背，所以最好能入境隨俗。**30**

30《有泰駐藏日記》，一九〇四年八月十七日。

四、高原上的物質縱樂

相較於宗教活動的參與對於有泰對藏傳佛教及民間信仰的啓發與認識，拉薩的物質文化對於有泰則是另外一種驚奇。由於拉薩的地理位置及清末的局勢變化，此地在晚清形成了另外一種類似於沿海通商大城的外來文化景觀的內陸城市風貌。而駐藏大臣就在此環境裡，位處於整個商品交流網絡中的頂端。他既是施捨者，也是受益者。有泰至拉薩後，在很短的時間內就與周圍各式人等建立起綿密的社會網絡。透過這層網絡，有泰在拉薩三年的時間內，蒐集了大量的舶來品及宗教器物（表三）。

表三 有泰日記中所見宗教物品的交流與收藏

時間	宗教物品的交流與收藏
1904/1/5	藏香兩束
1904/1/18	余鶴孫送金剛子朝珠一掛一百枚
1904/1/23	買替子（註：即西藏的圖章），一藏錢一枚
1904/2/2	買珊瑚珠，大小不一，五掛合三十兩銀。又買香爐一個，十二藏錢
1904/2/18	如來佛祖像一尊
1904/4/19	色拉寺送來白杓藥四枝。
1904/4/29	水石盤白色配黃銅托（酥茶盤）
1904/7/20	哈達及長壽佛一尊
1904/11/18	銅佛
1904/11/18	子母綠
1904/11/30	銅打碎石戒指
1904/2/28	觀音陀羅翻經二部
1905/5/19	陰陽境十六本
1905/7/16	黃緞印製真陀羅經四方
1905/10/30	雜木雜鴨盤兩個……年年達賴收此，以備送來藏布施蒙古王公
1906/1/25	班禪照片一張

1906/2/24	素小圓糌耙佛二尊
1906/3/7	大招寺前唐碑四套
1906/5/1	財神經一部

（一）毛皮買賣

　　由於西藏氣候的特殊性，毛皮在此地是相當重要的商品，但價格和東北的相較，卻便宜許多，有泰及其部屬花費了相當的時間及金錢在收購各式各樣的毛皮，就連他要離開西藏前，他的許多行李箱中，都有好幾箱是裝著這些毛皮。西藏的毛皮相當便宜，各式各樣的皮都有，例如猞猁皮及狼皮的價格都相當低廉，一張僅十八、十九藏錢，再貴一點也不過二十藏錢。[31]在當時西藏所有的毛皮中，被認為最為保暖的是艾葉豹皮。日記中曾提到喇嘛噶倫病痛多年，非穿艾葉豹皮製的衣服不可，但由於數量少，取得不易，有泰就曾因此事託屬下王永福到處蒐尋，但由於沒有現成的貨品，必須要等上一段時間才能買到。

　　駐藏日記中有許多製作各式動物毛皮的資料，用五尺長的虎皮製成床墊的例子倒是少見，關於此事，一九〇五年六月十二日有泰駐藏日記有：「午後至園，各皮已硝得，虎皮只有一張，毛尚厚，作成褥子一床，有五尺長，餘留送人可也。」[32]可見有泰的部屬會用硝來泡製毛皮，這張虎皮相當長，除了做床墊之外，還可以留作送人之用。有泰駐藏日記中常記有有泰部下上門送毛皮衣服的例子，這段史料更透露出當時有許多人會到鄰國印度去購物，氆呢是其中一種，文中特別強調是劉化臣的京妻，以便和他在拉薩娶的妾相區別，由於這

31 《有泰駐藏日記》，一九〇四年一月二十日。
32 《有泰駐藏日記》，一九〇五年六月十二日。

款衣料的顏色過紅，被有泰嫌為難和其老人的身分相配也，文末更以哈哈二字輕鬆帶過。有關毛皮方面的資料相當多，例如一九〇五年八月二十四日，「午後化臣拿來黑羊皮，留十件筒，不過八兩一件，京內買不出也。」由於毛皮買賣在此拉薩相當普及和有利可圖，有泰屬下這些洋務局官員甚至在收藏之餘，還起了合股開公司的想法。一九〇四年六月十八日就記有：「湘梅來，聞楊聚賢有欲立公司之說，大約十萬銀即可辦理，如羊毛、牛尾、麝香、皮貨，均可對利，且係大宗，恐洋人如到藏後，此利為其所拘，則邊外大吃虧矣。告以集股如有成效者，再行上公事，絕不與商人為難也，然款目恐不易集，再看如何。」可見除了皮貨之外，西藏的一些如羊毛、牛尾及麝香都是與周邊國家貿易往來的重要商品，官方欲合資成立公司來經營，又要做到不與商人爭利，似乎不易，有泰最後沒有裁決，認為光是合資集股要能成行再說。[33]

（二）拉薩的洋貨

　　拉薩有許多從外地來的人前所未見過的商品，其中一大特色是舶來品特別多。有泰在拉薩常可接觸到由尼泊爾及印度傳來的洋貨。有泰在一九〇五年十一月十一日的日記寫到：

> 此地洋貨盛行，大半內地所用，不過此等物件，在洋人已是極粗之貨，番子視為至寶，然銀錢外去，未嘗計也，此處所出羊毛亦聚於大吉嶺公司，番商、漢商皆無此本錢，難以抵制，且賣羊毛者，因頭頭是道，無城池關卡可攔阻，隨時買賣，利害不知，誰

---

33 《有泰駐藏日記》，一九〇四年六月十七日。

給錢多，即可交易也。麝香亦是大宗到印度，廣商收者多，洋商
不甚著意。皮貨尚多，惜無底絨，與關東大差，價值比較亦賤於
東貨，或如猞猁、沙狐、虎豹皮，若務其名，不求實在，亦可銷
售，然服之鋪之不甚暖，恐深於考察者，日久未必取也。**34**

　　有泰日記中常見有照相的紀錄，不論是在旅行途中，或者是在拉
薩駐紮時。當時滿人軍官喜歡照相，藏人喇嘛受印度英人影響，也愛
照上一張個人照，可見西人照相術在此高山上城市的盛行，不輸沿海
的通商大城。文中有泰於一九〇三年十月七日行經四川打箭爐，也就
是今日之康定，在訪友途中，遇做洋貨買賣的畢姓商販，以顯官威名
義被慫恿拍了一張坐轎的個人官服照，後在友人劉仁齊宅第中，又請
畢姓照相者拍了一張，這些照片直到一九〇四年一月十八日，有泰已
經到拉薩將近一個月才送到他手上。有泰的個人照片在晚清的西藏則
成為商家的販售項目之一，價格還相當昂貴。例如一九〇四年十二月
四日的日記提到：「竹君送到英大臣惠德寄來各照相片並竹君購到相
片，大眾分散之。聞余騎馬相並同委員共照一相，現在喀爾喀答已發
賣，價甚昂。」
　　有泰在拉薩也曾接觸過剛傳入中國的留聲機及洋燈影。所謂：
「先聽其洋戲，與京內留聲機無異，惜曲文不懂，唯筒子改為薄盤，
內有一笑者，其笑非常可笑，先唱後笑，竟大聲哭至咳嗽。」**35**此處可
見有泰在拉薩見到的留聲機和他在北京所見到的沒有兩樣，唯一不同
是他所見的是新式的薄盤留聲機，取代了以往的筒式留聲機。
　　除了影音的娛樂之外，拉薩還盛行由印度傳來的踢足球活動。

---

34 《有泰駐藏日記》，一九〇五年十一月十一日。
35 《有泰駐藏日記》，一九〇六年五月五日。

有泰常在飯後至洋務局時，在由外院轉東院的途中，見到藏民踢足球。[36]由於宗教活動眾多，對於佛像雕刻與繪畫的商品需求量極大，常可見由「洋布」所畫的佛像畫，由於這種繪畫相當特殊，其裱褙技巧來自域外，應當指的就是尼泊爾或印度。[37]俗稱「千里眼」的望遠鏡也是有泰常常用到的洋貨之一。一九〇五年一月九日，拉薩的布達拉山發生河川氾濫，有泰就透過望遠鏡看到當時冒水救人的人相當多。[38]在日記中還可以見到有泰提到劉化臣送來由友人松介眉所寄來的英國製「寒暑表」（溫度計）與「風雨表」（疑似溼度計）。[39]日記中常見的洋貨還有洋刀及洋點心。一九〇四年十二月五日，洋務局劉化臣帶來數把快利鋒刃的洋刀，儲存在洋務局，以做為軍隊洋操之用，每把價銀十四多兩。同日竹君送來洋點心，內有胰子、白麵、橘子，以及洋香色絨鐘一座。有泰形容這座腰身圓形的洋鐘是「打時、打刻、帶打問」。據稱，噶哩噶達就只有這一座，比有泰之前庚子之亂所遺失的西洋鐘還要沉重。

除了洋鐘之外，日記中有可見到一些仿中國風製作的洋錶，一九〇四年十二月五日，記有：「小瑾大買其錶，有小錶用綠架，大似古銅，可見洋人亦沾染中國所好。」[40]洋藥也是常在拉薩的日常生活史中出現的洋貨。一九〇四年十二月六日，有泰聽說洋務局部屬竹君忽然擦洋藥水在頭上之後就大發狂，滿口譫語，為了怕他在路上因天時不正而辛苦，遂叫洋務局另外一名委員振勳帶紅露丹及薄荷油過去，還找了有泰相當信任的朋友劉化臣去探視，據他轉述，當時發狂的人

36 《有泰駐藏日記》，一九〇五年十一月二、三日。
37 《有泰駐藏日記》，一九〇六年六月十一日。
38 《有泰駐藏日記》，一九〇五年一月九日。
39 《有泰駐藏日記》，一九〇五年一月二十一日。
40 《有泰駐藏日記》，一九〇四年十二月五日。

不止一人，這在西藏似乎是外來者常碰見的病症，當時解釋的原因可能是「內熱外寒」的緣故。[41]

　　有泰於一九○四年初到拉薩，就在街上看見有小兒在街上兜售絳藍色的小呢，這種服飾在北京城已經找不到，有泰認爲相當具有懷舊風格。有泰剛到任時，余鶴孫就送給有泰一串有一百枚的金剛子朝珠，和北京相較，北京的產品只能說是荷包豆而已。剛到拉薩，有泰就覺得此地的東西價格相當便宜，又常常可見北京所沒有的物品。有泰對於拉薩的布料的樣式多又便宜感到特別。當地的小呢布料稱爲片子，所謂一方是以面寬而非尺來計算，有泰在一九○四年二月就買了深香色袍料一件、淺藍色袍料及馬褂料各一件，這些布料介於三十元至五十元之間。有泰對於印章相當講究，尤其印泥，有泰認爲印色中有艾絨及燈草的，黃色的爲上品，硃標則以四川的爲上等貨。馬匹也是這兒物品的大宗。有泰的洋務局部屬惠臣曾買過青馬，外型類似西路的青馬，但體型較小，不過價格只需四十四金。[42]

　　有泰還曾經透過一位程姓巡補蒐集到一把來自廓爾喀的工具刀，類似我們今日的瑞士刀，當時四川稱之爲「一把速」，又叫「十樣錦」。這種工具長不超過四寸，裡面有刀、鋸、剪、錯、小錐、小刀，另外還有湯匙、叉子、轉錐、銅哨子及鉤子等二十件器具，要價三十三文。有泰認爲其工藝比內地精美，卻比外國製的粗糙。[43]

（三）花卉消費

　　有泰是個不折不扣的園藝癖，在日記中有相當多的篇幅談到他如

---

41 《有泰駐藏日記》，一九○四年十二月六日。
42 《有泰駐藏日記》，一九○四年一月二十日。
43 《有泰駐藏日記》，一九○五年三月二十一日。

何蒐集拉薩的奇花異草，他周遭的官員及部屬知道他的喜好，常會幫他到處張羅花花草草，有的是商家當作送禮，有的是部屬的孝敬，也有許多是有泰命部屬到各地找尋的。例如一九〇四年二月二十八日，有泰住所附近看守菜園的人送來盆松花，這花有金盞，和內地一樣稱為燈琖花；商家還另外送來根葉似蒿艾，花似月月紅，四瓣的花朵不大，像似秋海棠，這個品種也有白色，聞之有微微清香。[44]有泰對花木的喜愛。會根據拉薩的地理環境而有所選擇，例如一九〇四年二月十七日，有泰令部下王永福在公署院中栽種柳樹，並在甬路之南種了兩棵垂楊，最主要的原因在於楊柳在此處較為容易生長及存活。[45]拉薩的張家花園是有泰的花卉供應大戶。一九〇四年二月三十日，有泰記：「張家花園送到花，內有洋扁豆，不足為奇，有抱中花，未曾見過，其形葉似秋海棠花極碎，中空，外有小花圍之，粉色。」[46]除了張家花園外，各寺廟及菜園也會送花給有泰。一九〇四年四月九日，哲蚌寺就送來四枝白牡丹，在此高原能夠見到這種品種的牡丹，有泰覺得相當新奇。同一天，西菜園送來龍頭花，是一種類似梅花的五瓣紅色小花。[47]一九〇四年四月十九日，色拉寺送來四枝白杓藥，花瓣之下為紫色，和哲蚌寺送來的牡丹相類似，有泰不太確定這是否是邊外的就長成這樣，還是內地所沒有的另外一種花。[48]

　　有泰相當喜歡在院子裡種一些內地所不易見的花草樹木。一九〇四年四月十七日，拉薩的索巴烏拉來有泰住所的院子修花臺，種了一棵桃

44 《有泰駐藏日記》，一九〇四年二月二十八日。
45 《有泰駐藏日記》，一九〇四年二月十七日。
46 《有泰駐藏日記》，一九〇四年二月三十日。
47 《有泰駐藏日記》，一九〇四年四月九日。
48 《有泰駐藏日記》，一九〇四年四月十九日。一九〇四年五月四日，有泰記載了兩園送來兩種花：金錢花和竹節花。金錢花主色是正黃色，有泰將它放在樓上搭配淡紅色的洋海棠，以便賞玩。

樹，其養護方式極為講究，需先用青草坯土由外邊向內圍起來，上面再種些關內不易見的一些雅致的小黃花，有泰稱之為「起地皮」，這種草坯相當堅固，不用刀子無法割除；不僅院內的樹以此方式種植，院外的樹也是更換成桃樹。[49]

五、禮物文化與人際網絡的建構

有泰至拉薩之後，在短短不到幾個月的時間，就與周邊的洋務局官員、藏族的噶廈行政官員、下屬、僕人、友人透過禮物關係，建構起人際網絡。一九○五年十一月十五日，有泰從磨盤山關帝廟行香，返回公署後，發現來送壽禮的人相當多。有的是湯徭靠著參加慶典所收來的桃麵來叩送。有泰到了後院，發現有送壽帳的、有對聯的，也有送木匾的，當時流行一群兵合起來，每人出一文錢買禮物。隔天，有泰率漢番官員至扎什城萬壽宮參加冬至節慶的活動後，回署後又收到了許多送壽禮的人，這些人所帶來的東西讓有泰收不得也退不得，只好以「蠻禮」來看待。其中，引起有泰注意的只有丁乾三所送的松樹盆栽及一隻鶴，李小臣送來後藏地區所製造的火盆一具，還有產自大吉嶺的木材所做的人工洋椅四張，由於木紋及色澤均屬上品，使得有泰也認不出是出自中國的產品。[50]

一月十八日，除了洋務局委員、文武各官及執事兵丁等人都來向有泰祝壽外，噶倫的佛公噶布倫堪布喇嘛及達木八旂協佐，以及漢人地區的鄉紳也來向有泰祝壽，有的送禮物，有的送銅佛。在諸位官員

49 《有泰駐藏日記》，一九○四年四月九日。
50 《有泰駐藏日記》，一九○五年十一月十六日。

向有泰祝壽的記事中，還有一件令有泰印象深刻的是都司馬全驥率領了兵弁送了一塊名爲「金湯萬里」的匾額，這塊匾的內容被有泰認爲是極不恰當，頗有造反之意，遂令他們帶回連夜改爲「德溥西陲」，油漆木匠師傅還乘機多要了六金以做補償。

有泰對於送來的禮物也非照單全收，常有退回去的例子。一九〇四年三月十二日，洋務局委員楊恢的父親送來了綢緞、氈片、茶葉等物，由於都是來自他家鄉雲南的商品，被有泰形容爲「不倫不類」，最後退回。[51]

六、結論：人物、日記與日常生活史研究

日常生活史該如何研究，在西方已經有許多相關的討論，[52]但中文學界有關這方面的討論並不多，可看出這是個還在摸索階段的領域。有關近代中國的日常生活史研究的討論，連玲玲的〈典範抑或危機？「日常生活」在中國近代史研究的應用及其問題〉當然是必讀的文章。[53]連玲玲認爲從四個面向探討日常生活史對中國史研究的影響：1.誰的日常生活；2.邊緣人物的主體性；3.日常生活中的認同；4.再探傳統與現代的關係。作者還提醒我們該注意：「日常生活史是否能突破舊的研究框架，爲中國史開出一條新路？那得看我們採取怎

---

51 《有泰駐藏日記》，一九〇四年三月十二日。
52 有關西方日常生活史與微觀史之間的研究概況，可見劉新成，〈日常生活史與西歐中世紀日常生活〉，《史學理論研究》，1（2004），頁35-47。John Brewer, "Microhistory and the Histories of Everyday Life," *Cultural and Social History*, volume 7.1 (2010), pp.87-109。
53 連玲玲，〈典範抑或危機？「日常生活」在中國近代史研究的應用及其問題〉，《新史學》，17:4（2006.12）。

樣的研究途徑。如果日常生活史只專注於描寫中下階層的生活細節，殊難超越原有的研究架構，形成一新的典範。」然而，連玲玲也指出一些可行方向，他認為若是我們不只將日常生活的內容當作佐證論點的材料，而是提問的分析工具，那麼做為一種「由下而上」的史觀，就極有可能顛覆人們對「大結構、大過程、大比較」的思維方式。最後，他提出研究者兩點可努力的方向，一是挖掘更多小市民自己所生產的史料，像日記、自傳、自訴狀等；第二個方向是關注史料生產的權力關係，例如這些史料是在何種情境下生產出來的？相較於連玲玲對於日常生活史研究所提出的警語，胡悅晗及謝永棟的〈中國日常生活史研究述評〉則具體從史料、對象及地域提出三點可行的方向：[54]1.史料來源：三種類型的交叉綜合；2.「眼光向上」的日常生活史；3.研究地域：「城市與鄉村」比較下的日常生活史。

　　關於第一點，作者認為隨著史料類型的日益豐富多樣化，研究者要能夠改變過去由史料主導研究問題的局限，進而以問題意識整合不同類型的史料。

　　目前日常生活史研究的史料來源主要有三種類型。1.經濟——社會史研究範式重點依賴的是反映特定歷史時期日常生活概貌的介紹、各種相關調查報告及統計資料。這一類史料主要散在地方志、政府公文檔案、全國性報刊雜誌及相應的專題資料彙編中；2.已經出版的諸如《明代史料筆記叢刊》、《清代史料筆記叢刊》、《民國史料筆記叢刊》以及各種結集出版的日記、文集、回憶錄等。這些資料中對作者本人的日常生活情況多有涉及，從中能夠窺測到作者本人的興趣愛好、衣食住行等生活細節。這一類史料對於矯正歷史學的過度社會科

---

54 胡悅晗、謝永棟，〈中國日常生活史研究述評〉，《史林》，5（2010）。

學化弊端，以及新文化史範式所關注透過探究個體的生活體驗理解個人經驗與社會結構之間的關係有著重要作用；3.隨著史料來源的日益多樣化，各種民間契約、碑刻、房產清冊等非官方資料及小說、詩歌、電影等文學文本做為邊緣史料也日益納入研究者視野。

　　其次，相較於過去日常生活史集中在一般人的日常生活，作者主張「眼光向上」的日常生活史。目前對知識分子的研究多集中於從社會、政治、文化等公共層面考察知識分子，較少涉及知識分子的日常生活領域。我們若能從知識分子的日記、文集、回憶錄等材料中描繪知識分子的日常生活場景，或許更能做到對知識分子日常生活的客觀描述，也能夠借助心態史研究方法，深入社會觀念與知識分子的內心層面，考察近代中國的社會劇變是如何滲入知識分子的日常生活，對其心態及觀念產生影響，這些影響又如何改變知識分子的世界觀，進而重新探討知識分子與近代中國歷史變遷的動態關係。他們更指出了新文化史對思想史的影響，使得學者們對知識分子的研究更著重在社會文化史層面，並舉出了一些當代學者的研究例證。

　　許紀霖一方面從內在理路著手，從啓蒙思想的內在複雜性考察近代知識分子的心路歷程和自我衝突，開闢了心態史研究主題；另一方面，從外在理路著手，從知識社會學角度考察知識分子在特定的社會語境與關係網絡中如何建構知識分子共同體。章清結合思想史與知識社會學的研究方法考察「胡適派學人群」，既論述了該群體的人物譜系、政治理念及權勢網絡，也論述了自由主義與社會主義、民族主義等的關係及其在言路和現實世界中的處境。桑兵從學術史角度考察近代知識分子的地緣與學派的關係，他們如何一面傳承中國的學術脈絡，一面建構現代知識體系，從事知識再生產。羅志田用「讀書人」這一概念將晚清士人與現代知識分子相勾連，考察其在社會劇變的時代的思想與社會關懷。

　　這種對知識分子的社會生活史的關注焦點，王汎森早在〈中國近代思想文化史研究的若干思考〉就已經呼籲過。首先，他在文中主張我們應該去發掘民國時期歷史人物的「比較私密性的文件」，例如《胡適的日記》、[55]《湘綺樓日記》、劉大鵬的《退想齋日記》、《吳宓日記》、金毓黻的《靜物室日記》、謬荃孫的《藝風老人日記》等。[56]除了這些之外，事實上，仍有許多日記藏在縣、鎮級的地方圖書館，如果審慎而有效地運用這些日記，可以使我們的視野不會局限在只探討思想家的言論。如此一來，我們可以按年按日的編撰出各階段、不同階層的人對歷史事件的看法及心態變化，以及思想資源的流動等問題。其次，王汎森要我們不要太過注意全國性舞臺的人物或事件，而忽略了「中層人物」的思想文化史。他提出四點總結，第一、擺脫現代化理論架構，把近代中國的思想和同一時段的印度、東歐地區的思想做比較。第二、在年代上應當更注意一九五〇年代以後兩岸的思想文化的變化。第三、隱私、人權、友誼、時間、空間的觀念較少被放在思想文化史的脈絡中探討，值得進一步研究。第四、繼續對重要思想家的原典進行縝密的閱讀。

　　至於第三點。作者指出，在「傳統」向「現代」變遷的進程中，城市被視為現代化的目標，而鄉村被當作極需改變的傳統。這使得有關中國的日常生活史研究雖方法不同，卻多集中於城市。近年來的城市史研究愈來愈注重與日常生活史交叉，形成新的「城市生活史」研究領域。在城市個案的選擇上，已經有從開埠口岸城市向內地城市拓展的趨勢。

---

55 關於胡適日記最新的研究，可見江勇振，《璞玉成璧〔捨我其誰：胡適第一部〕》，聯經出版文化事業公司，2011。
56 王汎森，〈中國近代思想文化史研究的若干思考〉，《新史學》，14：4（2003.12），頁178-179。

　　扎根於城市的日常生活史研究其優點在於較易吸收當代西方有關日常生活的理論，從而回答中國自身面臨的現代性問題，其弊端則在於近代中國的城市與鄉村之間日益疏離與斷裂的歷史現實使得對城市的研究無法正面回答如下問題，即近代中國何以最終以農村包圍城市的革命道路取代城市輻射鄉村的改良道路。如果說集中於城市的日常生活史研究呈現的是建築物表面的窗框及屋頂，有關農村的日常生活史研究構建的是支撐建築物所需要的大量石磚和土坯。要從日常生活史層面對此問題進行探究，不但要勾勒出近代中國農村日常生活的宏觀圖景，還要進一步深入挖掘生活在其中的人們的內心體驗，並放在與城市生活史進行比較的視野下。

　　總地來說，日記的確是我們探討近代中國人物的研究與日常生活史方面的一個重要素材。近來像《歷代日記叢抄》這種大部頭日記叢書的出版，[57]更提供我們建構出近代人物的日常生活史更為便利的條件。上述學者的幾點建議都給予我們在探討《有泰駐藏日記》很好的研究取向，尤其是有關多關注知識分子與中層人物這點。《有泰駐藏日記》符合〈中國日常生活史研究述評〉一文所建議的三個面向。本書作者雖然不是什麼晚清的大思想家，也非什麼小人物，但其日記所記載面向的多樣性，可以讓我既可免除掉入傳統日常生活史的下層民眾歷史的碎裂化，還能從如此詳盡的物質文化書寫中，找出一條建構晚清官員的日常生活史路徑。我們覺得「感覺的歷史」[58]是個可切入的角度，如何透過有泰在拉薩的嗅覺、味覺、聽覺、視覺等個人性的感官，轉化成晚清的社會群體的身體經驗，是日後要處理的當務課

---

57 余冰編，《歷代日記叢抄》，學苑出版社，2006。本套書共有兩百冊，另編有《歷代日記叢抄提要》一冊，共選上起宋元、下起民國文人日記五百餘種。

58 Mark M. Smith, *Sensing the Past*: *Seeing, Hearing, Smelling, Tasting, and Touching in History*.

題。當然，日記不會是我們探討晚清拉薩的社會生活史的單一史料，我們應該再發掘同時期及前後曾經造訪過當地的外國探險家、僧人、中國官員及士人的日記、傳記及遊記。不過，如果日記所提供的這些物質文化的書寫像是建造房子的磚頭的話，我們還需要去思考如何讓這些可以蓋出建築物的小兵，發揮更遠大的作用，能為近代中國史研究，構思出另外一種圖像，那麼，或許才能讓日常生活史的研究更接近盧漢超教授所說的目標。

第二部分　全球視野

第六章　當代史學研究中的全球史與全球轉向初探

一、前言

　　全球史的出版在這十年間有逐漸增多的趨勢，然而，這種趨勢並未反映在常見的史學趨勢的作品上。例如過去十年，學界最常提到的是伊格爾斯（Georg G. Iggers）的《二十世紀的史學》，就絲毫未提到全球史的發展。直到最近，同一作者的新書《全球史學史》（*A Global History of Modern Historiography*）才開始探討全球化對歷史學的影響。[1]Iggers和王晴佳認為冷戰之後的歷史書寫有以下幾點變化：第一、文化轉向及語言學轉向導致了所謂的「新文化史」的興起；第二、婦女史與性別史的持續擴大；第三、在後現代主義批判的基礎上，歷史研究和社會科學建立起新的聯盟；第四、對國別史研究的挑戰；第五、世界史與全球史的興起。這五個研究方向的轉變，其中，又以新文化史及全球史的影響最為顯著。他們認為冷戰結束後，史學界出現了一個顯著的變化，那就是對世界史與全球史關注的不斷加強。直到一九九〇年代以後，「全球史」這個詞彙才變得較為流行。[2]

1　Georg G. Iggers and Q. Edward Wang, *A Global History of Modern Historiography*. 中譯本見[美]Gerog Iggers、王晴佳，楊豫譯，《全球史學史：從十八世紀至當代》，頁410-417。

2　這十年來，歐美史學界有關全球史的理論、方法與實踐的研究討論有增多的趨勢。這方面的著作有：Sølvi Sogner, *Making Sense of Global History*, 2001; A. G. Hopkins, *Globalization in World History*, 2002; Thomas Bender, *Rethinking American History in a Global Age*, 2002; Patrick Manning, *Navigating World History: Historicans Create a Global Past*, 2003; Bruce Mazlish and Akira Iriye, *The Global History Reader*, 2005; A. G. Hopkins, *Global History: Interactions Between the Universal and the Local*, 2006; Barry K. Gills, William R. Thompson, *Globalization and Global History*, 2006; Bruce Mazlish,

　　相較於西方史學界對全球史研究的熱烈討論。目前兩岸史學有關全球史研究的探討則以大陸史學界爲主。其研究社群主要以中國社會科學院世界歷史研究所及首都師範大學爲首，其中又以世界史與史學理論研究社群的文章最多。這些著作主要課題集中在全球史與世界史的異同、全球史觀、全球史與全球化、全球史的影響、全球視野下的世界通史編纂、國際歷史科學大會中的全球史、美國全球史學評介、美國的全球史教學等等。[3]反觀臺灣史學界，目前未見有過任何文章直接針對全球史發展進行研究討論。本文主要透過近來歐美史學界有關全球史的相關論著，試從兩方面來探討全球史的發展。首先探討何謂全球史的定義？全球史和以往的世界史在概念及研究課題上有何差異？其次，藉由經濟史、社會史、性別史、物質文化史、歷史教學等領域，分析全球史對歷史學研究的影響。

二、「全球史」的定義

　　George Mason大學歷史系教授Rosemarie Zagarri認爲，近代美國史的學者已經強烈意識到他們正在目睹史學研究方向的一八〇度轉

The New Global History, 2006; Peter N. Stearns, *Globalization in World History*, 2010; Dominic Sachsenmaier, *Global Perspectives on Global History*: *Theroies and Approaches in a Connected World*, 2011。

3　于沛，〈全球史觀和中國史學斷想〉，《學術研究》，2005年1期，頁5-10。郭小凌，〈從全球史觀及其影響所想到的〉，2005年1期，頁11-13。喬昭印，〈全球視野下的世界文化史編纂〉，2005年1期，頁13-16。林中澤，〈歷史中心與歷史聯繫：對全球史觀的冷思考〉，2005年1期，頁16-19。程美寶，〈全球化、全球史與中國史學〉，《學術研究》，2005年1期，頁19-21。吳曉群，〈我們真的需要「全球史觀」嗎?〉，《學術研究》2005年1期，頁22-25。陳新，〈全球化時代世界利史的重構〉，《學術研究》，2005年1期，頁25-27。

變。在一九七○年代晚期至一九八○年代之間，正是Zagarri剛出道成為歷史學者的時代，當時社會史的發展如日中天，城鎮或社群研究被視為是理想的分析形式，有許多專書及論文強調早期美國的相對獨立特性。但到了一九八○和一九九○年代，史家開始不再把地方社群當作是研究的基本單元。當他們檢視初期美國時，他們的目光焦點不再著眼在居民的孤立；而是在他們與外在大世界的密集聯繫與接觸。這些研究美國共和初期的史家甚至開始強調「想像的共同體」與「公共領域」的重要性。

　　Zagarri並明確指出：「我們正處於『全球轉向』（global turn）的時代」。這種轉向其實與以下幾點因素息息相關，例如跨國合作的成長、網路的出現、資本的全球交換的重要性日漸增加、以及國際恐怖主義的擴張，這些都促使全球化成為一種無論在大眾或學界都十分普遍的觀念。為了要讓過去與現在對話，史家開始去找尋歷史起源及這種現象的發展。早在二十世紀之前，觀念、貨物及資本是在全世界流通；動物、及細菌經常是在各種社會中移動。國家的邊界並非固定，而是易變的和可滲透的。生活在過去的個人並非只是面對面的地區性居民；而是一種世界公民。不僅是有錢精英，就連貿易者、商人、船員都有許多機會去進行跨全球的旅行。[4]究竟何謂「全球史」？這是研究這個領域的史家都想回答的課題。

　　全球史（Global History）這個詞彙，相當早就出現在歷史學界的作品中。早在一九六二年，Leften S. Stavrianos就已經編了《人類的全球史》（*A Global History of Man*）。這是一本地理學的歷史著

4　Rosemarie Zagarri, "The Signifcance of the 'Global Turn' for the Early American Republic: Globalization in the Age of Nation-Building," *Journal of the Early Republic*, 31 (Spring 2011), p.1-3.

作。作者雖然標題有「全球的」的字樣，但正文中都是用「世界的」（world）。此外，猶太裔哲學家兼史家的Hans Kohn，在一九六八年，也出版了《民族主義的時代：全球史的第一紀元》（*The Age of Nationalism: The First Era of Global History*）。儘管在六〇年代就已經有「全球史」這樣的名詞，卻不足以代表當時就已經有了全球史的看法，此事要到一九九〇年代才有進一步發展。

英國曼徹斯特科技學院的歷史系教授Bruce Mazlish的文章〈比較全球史與世界史〉是這方面的先鋒。一九九八年時史學界應該對於什麼是全球史還尚未有明確的概念。Mazlish分析原因之一在於他們所對抗的是更為傳統的國家取向，世界史學界對於全球史的研究仍有種不確定感。因此，世界史家要不是傾向於忽略新全球史，就是宣稱全球史已經包涵在他們所做的研究中。Mazlish對此提出幾點反省：他們的回應合理嗎？究竟什麼是世界史？什麼又是全球史？[5]關於何謂全球史，目前史學界暫無一致的看法。Iggers及王晴佳認為，「全球史」和「世界史」這兩個概念究竟有何不同，學界並非那麼清楚。有關全球史指的是什麼？人們在談論全球史時可以從哪些角度出發，到目前為止也沒有取得一致的看法。全球史與世界史這兩個詞彙往往是相互重疊，混為一談。[6]

儘管目前全球史學者已經大多以「全球史」取代了傳統的「世界史」，但仍有學者持懷疑態度。丹麥哥本哈根大學教授Leif Littrup（李來福）在〈世界史、全球史與歷史的全球化〉一文就說：「在過去的二十餘年裡，『全球史』成為一個熱門話題，並向世界史學者發

5　Bruce Mazlish, "Comparing Global History to World History," *Journal of Interdisciplinary History*, 28:3 (1998).
6　《全球史學史：從十八世紀至當代》，頁413。

起了挑戰。『全球史』究竟只是『世界史』的另外一種表達方式，還是世界史研究的一種新方法。或者它是歷史研究整體上的一種新方法，還是它根本就不屬於歷史範疇？」[7]

　　目前歷史學中的幾個次學科如環境史、社會史、性別史、經濟史、醫療與科技史、物質文化史、外交史及歷史教學都或多或少受到這波「全球轉向」的風潮的影響。下一節將針對這部分進行詳細的探討。

三、經濟史的全球視野

（一）Pomeranz的「大分流」

　　經濟史的全球轉向與美國加州學派Kenneth Pomeranz的研究密不可分。Pomeranz的「大分流」研究可說是近來中國經濟史與近代世界形成關係中最常被提到的成果之一，他於二○○○年出版 *The Great Divergence: China, Europe , and the Making of the Modern World Economy*一書，甫出版就獲得美國歷史學會的年度大獎。[8] Pomeranz的核心看法是：十八世紀之前，東西方完全處於相同的發展水平，西方完全沒有優勢，直到十八世紀末十九世紀初，歷史發展才有了岔路，兩者開始分道揚鑣，其原因有二：一是美洲新大陸的開發解除了土地制約；二是英國煤礦的優越地理位置使蒸氣爲動力的大

7　Leif Littrup，〈世界史、全球史與歷史的全球化〉，侯建新編，《經濟──社會史評論》，第五輯，頁134。
8　譯本可見Kenneth Pomeranz著，邱澎生等譯，《大分流：中國、歐洲與現代世界經濟的形成》。

規模使用成為可能。反之，中國不僅沒有類似新大陸「發現」的海外之財，也沒有一個有利位置的煤礦開採。Pomeranz把這種兩種不同境遇的過程稱之為「大分流」。

　　Pomeranz的看法挑戰了以往的世界體系分析的主流觀點。這一派學者認為歐洲取得統治地位主要不是因為工作勤奮和律法森嚴，而是因為帝國主義和對其他社會的剝削。他們贊同馬克思的觀點，認為每個社會的內部經濟環境都會產生階級畫分，這帶來了社會衝突，最終促進了社會發展。然而，世界體系分析的學者進一步研究了各個社會間的關係，主張強勢的核心社會迫使弱勢邊緣社會參與到不平等的交流當中來，因而使得核心地區更加富足，進而阻礙了邊緣地區的發展。Immanuel Wallerstein的「世界體系理論」是此類說法的集大成。他主張十六世紀起便興起了一個以歐洲居統治地位的現代資本主義世界體系，這種說法和上一波流行的現代化理論一樣，反映了一種歐洲中心主義，認為歐洲人士現代性產生的動能。儘管這種觀點對於歐洲取得統治地位的解釋在於其侵略性與剝削，而不是勤勉性及其發展國內經濟的努力，但對於前現代與現代世界的形成仍有其貢獻。[9]在Wallerstein之後，陸續有學者做進一步研究，如Eric R. Wolf的*Europe and the People Without History*及Janet Abu-Lughod的*Before European Hegemony*。[10]

　　Pomeranz的大分流觀點正是挑戰了上述現代理論體系分析學者的歐洲中心論。他們的主要論點在於當解釋歐洲經濟發展與及其在世界上的統治地位時，他們認為這並不是歐洲的獨特性所產生的結果，

9　Immanuel Wallerstein, *The Modern World System*, vol. 3.
10 Eric R. Wolf, *Europe and the People Without History*. Janet Abu-Lughod, *Before European Hegemony: The World System, A. D. 1250-1350*.

而是發展的偶然性的結果。在十九世紀之前，歐洲在政治、軍事、社會或文化方面並沒有獲得超過中國、印度或奧圖曼土耳其的優勢，而是十九世紀的工業化大大提升歐洲的實力。Pomeranz的理論並非憑空出來，在他之前，就已有兩位學者王國斌與Andre Gunder Frank的著作朝著這種觀點在書寫。王國斌認為工業化是一場不可預見的技術革新浪潮所帶來的結果；而Frank強調工業化是嘗試用機械設施來彌補勞動力不足所造成的。[11]Pomeranz在兩人的研究基礎上，更進一步地舉出歐洲工業化與世界統治地位都不是不可避免地發展所造成的，而是偶然機遇所帶來的意外結果。

（二）大分流引發的爭議

Pomeranz的「大分流」概念的確話題性十足，引發日後學界的一連串討論。黃宗智就認為Pomeranz相當有企圖心地要去和兩大不同領域的學者對話，這樣的作法促使了歐洲專家關注中國經驗、中國研究者關注歐洲經驗。也因為如此，這本書是目前所見中國史學者中最受世界史與歷史學以外學者重視及引用最頻繁的著作。不僅中國史學者紛紛撰寫書評回應，例如黃宗智、史建雲、仲偉民、瞿商。[12]此

---

11 R. Bin Wong, *China Transformed: Historical Change and the Limits of European Experience*，中譯本見王國斌，《轉變中的中國：歷史變遷與歐洲經驗的局限》。Andre Gunder Frank, *Reorient: Global Economy in the Asian Age*。

12 黃宗智，〈發展還是內捲？十八世紀英國與中國——評Pomeranz《大分岔：歐洲、中國及現代世界經濟的發展》〉，《歷史研究》，2002年4期，頁149-176。史建雲，〈重新審視中西比較史：《大分流：歐洲、中國及現代世界經濟的發展》評述〉，《近代史研究》，2003年3期，頁198-223。仲偉民，〈學術界對前近代中國研究的分歧：以Pomeranz、黃宗智的觀點為中心〉，《河北學刊》，24:2（2004.3）。瞿商，〈加州學派的中國經濟史研究評述〉，《史學理論研究》，2008年1期，頁123-127。王家範，〈中國社會經濟史面臨的挑戰——回應《大分流》的問題意識〉，《史林》，2004年4期，頁46-52。Ricardo Duchesne，〈論西方的崛起：Kenneth Pomeranz的大分流研究〉，《經濟社會體制比較》，2007年3期，頁45-52。

外，二〇一一年經濟史評論（*Economic History Review*）更編了「大分流中的亞洲」的專號，主要關注近來有關歐洲和亞洲的生活標準的大分流（the great divergence）的辯論。頭兩篇文章概觀了大分流的現象，強調亞洲和歐洲的差異。接著有Robert C. Allen、Jean-Pascal Bassino、Debin Ma、Christine Moll-Murata，以及Jan Luiten van Zanden等人特別關心大分流的規模及其時間。這些學者做了相當多的個案研究，他們透過資料的重新詮釋，當作是對加州學派的觀點的明確反駁。此外，有關大分流的時間的議題，也證明是有歧異的。[13]

　　其議題也啓發了歐美相當多的學者繼續發展相關課題的研究。例如Robert C. Allen的新書*The British Industrial Revolution in Global Perspectives*。[14]有的學者則從「空間轉向」（the spatial turn）的角度看Pomeranz的影響。Matthias Middell與Katja Naumann就聯合撰文〈全球史與空間轉向：從區域研究的影響到全球化的批判時刻的研究〉，文中也提到了王國斌的研究與Pomeranz的大分流概念。爲了要證明東方屬於結構性的落後，長久以來習慣去將同類型的亞洲和歐洲做個對照。他們兩人的作品近來打破了這種失衡的現象。這些研究建立並舉出了亞洲的經濟領先歐洲，直到十八世紀中葉才開始逆轉。舊式的那種認爲西方具有結構性的優勢的敘事，也受到了質疑，認爲是嚴重誤解與不正確。這種爭議對空間元素的重新概念化（reconcepttualization）的貢獻表現在兩方面：一是區域（regions，例如長江三角洲）已經變得更爲重要；這與在大範圍地區進行大規模的比較有結構性的差異。此外，跨文化與長距離影響——資源的

---

13 Stephen Broadberry, Steve Hindle, "Editors' introduction," *Economic History Review*, 64: 1 (2011), p.2.
14 Robert C. Allen, *The British Industrial Revolution in Global Perspectives*.

借用與剝削,這如同介於區域與地域(area)的知識、專業及思想,
已經受到歷史學界的重視。[15]美國波斯頓大學的David Northrup也開
始思考全球化與大分流的關係。〈全球化與大分流:以長時段重新
思考世界史〉一文中,他強調他近來對於學界有關世界史中的轉捩
點(turning point)的討論受益非淺,尤其是Pomeranz的大分流的觀
念。這種轉折不僅是發生在遙遠的過去。就如同Thomas Friedman所
說,也同時發生在冷戰結束與網路興起時,這些都標誌了新時代歷史
的來臨。[16]也有學者將日本史家濱下武志(Takeshi Hamashita)教授
過去所發表有關經濟史論文翻譯成英文,出版了《中國、東亞與全
球經濟:區域與歷史的觀點》,認為濱下教授的作品佐證並超越了
Frank及Pomeranz的論點。[17]

　　儘管有上述的批評與反思,但不可否認的,「大分流」的概念的
影響力一直持續到現在。就如同Stephen Broadberry與Steve Hindle為
*Economic History Review*所寫的編者導言中所說的:「不管你如何看
待加州學派對在工業革命前的歐洲與亞洲的生活水平的比較所採取的
立場,『大分流』的爭議毫無疑問的會一直持續下去。經濟史家以往
只鎖定在特定國家及時期,現在必須去面對他們所擅長的內在聯繫。
亞洲的經濟史不再為歐洲史家所忽略,而亞洲經濟史家也不能忽視歐
洲的歷史。同樣地,那些研究近代歐洲的,不能忽視前近代所留下來
的遺產;近代與中古經濟史家一樣不能忽略他們正在研究的經濟也可

15 Matthias Middell & Katja Naumann, "Global History and the Spatial Turn: from the Impact
of Area Studies to the Study of Critical Junctures of Globalization," *Journal of Global
History*,2010年5期,pp.149-170。
16 Thomas L. Friedman, *The Lexus and Olive Tree*.
17 Takeshi Hamashita, Linada Grove, and Mark Selden, eds., *China, East Asia and the Global
Economy: Regional and Historical Perspectives*.

能面對到分流的現象。」[18]

四、社會史的全球轉向

　　過去二十年來，社會史受到文化轉向的影響，其影響力已經漸漸式微，許多研究受到新文化史的影響，紛紛轉投入有關文化的研究。近來，隨著新文化史的再度轉向，過去社會史研究中的分析單位「社會」也再度引發學者們的熱烈討論，像密西根大學歷史系教授Geoff Eley近期出版的兩本書*A Crook Line*及*The Future of Class in History*就是明顯的例子。[19]George Mason大學歷史教授Peter N. Stearns認為社會史與世界史是過去近幾十年來有關重塑過往歷史的研究取向方面，兩個最令人矚目的發展。此處的世界史指的是新世界史，是種帶有全球史觀念的世界史，和古典的世界史有區別。〈社會史與世界史：合作的展望〉一文初步探討在提議社會史與世界史的互動之前的複雜性問題，並透過個案指出未來可行的進一步互動機會。[20]過去社會史與世界史之間的緊張關係目前已有改善及緩和的趨勢，兩者間的區別已經逐漸降低。儘管社會史的研究範圍已經擴展到非洲及拉丁美

---

18 Stephen Broadberry, Steve Hindle, "Editors' introduction," *Economic History Review*, 64:1 (2011), p.7.

19 Geoff Eley, *A Crooked Line*. Geoff Eley & Keith Nield, *The Future of Class in History*。Geoff Eley也曾探討全球化對歷史學的影響，見"Historicizing the Global, Politicizing Capital: Giving the Present a Name," *History Workshop Journal Issues*, 63 (2007), pp.154-188。有關此文的回應，見Antoinette Burton, "Not Even Remotely Global? Method and Scale in World History," *History Workshop Journal Issue 64* (2007), pp.323-328。

20 Peter N. Stearns, "Social History and World History: Prospects for Collaboration," *Journal of World History*, 18:1 (2007), pp.43-52. Peter N. Stearns, "Social History and World History: Toward Greater Interaction," *World History Connected*, 2.2.

洲，但其主題還是專注在西歐及美國的研究。在現有的論著中，社會史要達到全球的程度的實際障礙在於缺乏西方與其他地區間的比較性（comparability）。兩者最大的分歧在於社會史家偏好較小的地理基礎；而世界史家的眼光則集中在特權菁英或有些身分不明的物質效力，這兩者都受愛注意真實經驗和一般民眾的代理人的社會史家輕描淡寫。某方面，社會史家所挑選的都是小的區域或國家的架構。他們所熱中的課題已經混合了大受歡迎的微觀史，並且受到較為關注地理空間的文化與語言轉向的左右。少部分人會驚訝已有一小部分的社會史已經涉足了世界史。**21**

　　至於世界史，世界史家主要是處理文明模式的歷史，他們大多關注政治機構的背景、大的觀念及藝術表達，而對一般人的歷史不感興趣。當然，凡是關注貿易關係的世界史家和社會史家是比較接近的，但他們比較是從受害者的脈絡來看一般民眾，這些人的真實經驗不太值得受到過多注意。儘管有這些緊張關係——因為狹隘的地理觀，強調國內的架構，有些世界史家批評社會史家阻礙了一種全球的見解，但社會史和世界史已經有了某些連結。已有一些社會史的個人作品跳脫了一般的空間限制，例如法國年鑑學派史家Braudel有關地中海世界的研究。全球或大區域的主題分析，像是對奴隸及解放都已經有顯著的了解例子，提供了比較的框架及機會。近代初期的世界史研究，相當強調殖民主義及世界經濟的社會影響已經相當巨大，這些都得倚靠社會歷史的思慮。此外，世界史家對社會史有直接的貢獻，這些作品包括有疾病的傳播、食物的交流、移民，以及環境變遷。

---

21 如何進行既有微觀史又有全球史取向的研究，可見Tonio Andrade, "A Chinese Farmer, Two African Boys, and a Warlord: Toward a Global Microhistory," *Journal of World History*, 21:4 (2010), pp.573-591，請見後文「全球微觀史」一文的探討。

（一）日常生活與社會組織

　　社會史的全球轉向可以體現在幾個研究課題上：日常生活史、社會組織與團體的歷史、社會運動史及勞工史。相較於Stearns的社會史與世界史合作的主張，Kenneth Pomeranz又提出更具體的建議，他在〈社會史與世界史：從日常生活到變化模式〉一文主張世界史應當克服過渡關注物質文化的趨向，而將文化、政治、經濟與環境結合在一起看待，其中一條便捷的道路就是與社會史相結合。他建議可將社會史區分為「日常生活史」、「大規模社會組織史」及「社會運動史」三部分。[22]在日常生活史方面：對世界史學家而言，日常生活史是最容易從事的領域，並已經有了成果。舉凡人口預期壽命、消費水平、首婚年齡、出生率、入學率、暴力犯罪的肆虐等，這些研究對象在跨越時空的層面上較容易掌握。他們與世界史長久以來居核心位置的政治經濟主題相類似，兩者有時很難區隔。此外，社會對於民族國家做為一種分析單位並不感興趣，反倒比較有用的是：城市／鄉村、男性／女性、機械化／非機械化、有產者／無產者、文人／文盲的區分。

　　Pomeranz舉了一個相當有創造性的團體研究：歐亞大陸工程。這是一項由歷史學家、人口學家及經濟學家共同合作的計畫。這些研究者針對社區提出一些相對精選的、以事件為中心的問題。例如不同地區和不同時代的農村家庭在家族領袖早逝後的應對措施，或是核心家庭社會地位上升對非直系親屬的生存機會有何影響？這些都需靠世界社會史的角度來提出問題。這樣一來，就有可能讓我們描繪某種世

---

22 Kenneth Pomeranz, "Social History and World History: From Daily Life to Patterns of Change," *Journal of World History*, 18:1 (2007), pp.69-98.

界範圍的模式。例如，在這個時代，一年中農業勞動的天數增加、原工業化時代工人的實際工資減少而每週工時卻延長、管理變嚴、童工變多等等。一旦我們把這個視爲是一種世界範圍的現象，我們就不會輕易地把這種模式在一個地方的表現視爲是「失敗」的徵兆（如中國），而將其他地方的體現視爲後來「成功」的先兆（西北歐）。

Pomeranz也舉了Christopher A. Bayly的研究指出，從十八至二十世紀，服裝樣式有重要的一致性，中產階級和上層男性的特別如此，這可以說是一種全球化過程的結果，十八世紀歐洲對中國款式的狂熱追求是最著名的例子。[23]此外，從事旅行人們的增加，與出發地的聯繫日益頻繁，這些都導致互動種類增加、質量提高。服飾和生活習慣日益做爲重要的複合體而不是孤立的物品而流傳。Pomeranz舉David Kuchta所做的三件式套裝與英國的男子氣慨的研究中西服在英國的發明爲例，最初是英國人要與大陸歐洲人做區隔，因而採用了各種「亞洲元素」而不再把法國宮廷當作優雅的典範。在西服興起一個世紀之後，服裝趨同的現代歷程才開始。在這過程中，西方的影響位居主導地位，但有時也會看到相反的例子，亦即影響來自非歐洲地區。在英國東印度公司統治初期由印度傳來的一些生活習慣不但被英國人所接受，而且還慢慢被認爲是「西方的」，像是定期洗澡與用洗髮劑洗頭在後來就成爲「文明程度的標誌」。[24]

Pomeranz還提醒我們除了研究日常生活之外，尚須關注大規模社會組織成長與轉化的世界史。有些「原始工業化」（proto-industialization）著作關注的是隨著遠程商業網絡的日益滲透，工匠

---

23 Christopher A. Bayly, *The Birth of the Modern World, 1780-1914.*
24 Pomeranz引用的是David Kuchta的研究：*The Three Suit and Modern Masculinity: England 1550-1850*。

們得以便利地進口原料與出口成品，在此情況下，他們的生活有何改變？一旦我們放棄了對一個日益商業化的手工藝部門所產生效應的那套目的論期盼，我們也許會從原始工業化中重新發現跨越許多不同背景的歷史進程的共通特性。透過從非歐洲經驗所得出的總體特徵，我們或許可以從中得到一些宏大的結論。此外，各樣的勞動轉變，包括現代工業組織的影響、辦公程序的推廣、職業化，這些都相當適合做為世界社會史的主題。當我們將目光從經濟生活的轉變移開，就會發現軍營和義務性公立學校是兩個相當重要及普遍的組織。再次，我們可以將日常生活史和大規模社會組織聯繫在一起探討。例如對港口城市進行結構性問題與制度的個案研究，探查特定群體如船員、海盜、商人及妓女的研究。這方面的代表可舉Richard Wilk為例，他研究近代早期大西洋世界的船員、伐木工人、礦工等群體的狂飲作樂的消費行為，以及他們所代表的透過牛仔和傳奇電影等媒介留在人們記憶中的男性形象。他認為這些勞動者的形象在近幾十年來已經在全球傳播且造成影響。

（二）勞工史

在勞工史方面：廣義的勞工史方面可以涵蓋工人階級史，這方面的轉向可以參考Marcel van der Linden的研究〈勞工史：舊、新與全球〉。[25]作者認為舊的勞工史重點是在機構的探討，焦點放在組織發展的描述、政治爭議、領導人及罷工。新勞工史則傾向於將工人的奮鬥脈絡化。儘管有所分別，但新舊勞工史的差異常被誇大。既使這樣，我們不能忽略了一九七〇至一九八〇年代，新勞工史的研究課題

---

25 Marcel van der Linden, "Labour History: The Old, the New and the Global," *African Studies*, 66:2-3 (2007), pp.169-180.

也在急遽更新。不僅是勞工過程和日常文化，而且連性別、種族特性、民族及年齡都獲得應有的注意。此外，隨之而來的還有家庭結構、性及非正規的政治。新勞工史標誌了一個名副其實的知識革命。然而，自從一九九〇年代以來，這個領域已經發展進入了一個真正的全球計畫。對Linden而言，勞工史並未超越國家的邊界，其研究取向依然是單向的思考：儘管有不同的步調，但「文明」歐洲世界被視為是由在相同方向發展的人民所組成的。這些國家常被視為比其他國家先進，這也就是為什麼落後的國家可能多少能從領袖國家看到他們的未來。Linden認為我們現在正處於過渡的階段，新勞工史已經為全球勞工史所取代。

就Linden而言，「全球勞工史」這個名詞有以下幾個含意。第一、是一個可關懷的領域，而不是一種每個人都該服膺的理論。第二、至於主題方面，全球勞工史集中在勞工關係與工人的社會運動的跨國的、甚至跨大陸的研究。透過「跨國的」（transnational），作者企圖放在更廣泛的歷史脈絡中，無論地理範圍多麼小，經由過程的比較及互動過程的研究，勞工關係與社會運動的研究都一樣需要嚴格致力於其餘面向（雇主及公眾權威）。第三、有關時間斷限的研究，Linden認為全球勞工史基本上不限世俗觀點。全球勞工史的發展若要有壯大，定將必須跨過許多障礙。Linden舉了兩個最大的障礙：國族主義（nationalism）與歐洲中心論（Eurocentrism）。全球勞工史不僅使我們觀看在相互連結之下的跨國發展。它也使我們能夠以新的視野見識我們自己的區域。這種挑戰將以新的研究取向跨越以往的舊勞工史與新勞工史。**26**

---

26 Philp Bonner, Jonathan Hyslop, and Lucien van der Walt, "Rethinking Worlds of Labour: Southern African Labour History in International Context," *African Studies*, 66: 2-3 (2007), pp.137-168.

（三）兒童史

　　社會史中的兒童課題也是社會史轉向至全球史的一個關注焦點。[27]《社會史期刊》主編Peter N. Stearns寫過一篇〈全球化與兒童〉，這是一篇專號的導言。這個專號收錄了好幾篇談論全球化與兒童的研究與評論。其基本假設是，全球化是目前當代歷史中最被廣爲討論的其中一個特性，是一種眞實又顯著的現象，它顯現了世界各地的兒童的改變；並且這種兒童的改變將影響或至少幫助定義全球化的本質。全球化的看法構成了跨學科的計畫，這在這個專號中隨處可見。

　　這計畫代表了雙方面的挑戰。一是對於全球化的支持者，做爲一個觀念，擴大至兒童，提供了我們一個機會去衡量當代的改變有多深遠。這對於「新全球史」的擁護者尤其如此，他們辯稱全球化建立在地區間的相互聯繫的先前階段的複雜演化。一般而言，全球化的風險太常被視爲是非常廣的過程，特別在經濟，有時在文化，政治上則很罕見。第二種挑戰是兒童史。兒童的歷史是個相當豐富的主題，但未曾從世界的角度來探索。以往的兒童史大多是採比較的，少有透過全球的觀點。以全球化的脈絡討論兒童，提出了許多新的研究管道及分析的可能性。

　　Stearns認爲將這兩個挑戰結合在一起，將幫助我們改善及複雜化全球史的研究取向，進而對兒童史提供新的且較不是區域限制的的觀點。全球史的研究不可避免討論全球與地方的互動，這個專號的文章充分反映了這點特色。但他們也努力做到眼光不忽略較大的主題及

---

27 Peter N. Stearns, "Globalization and Childhood," *Journal of Social History* (2005), pp.845-848. Raymond Grew, "On Seeking Global History's Inner Child," *Journal of Social History*, 38:4 (2005), pp.849-858.

早期的比較。然而，這些作者也沒有一位堅稱全球化就是單一的均質化（homogenization）。在這個專號的結尾，Stearns的〈改變、全球化與兒童〉一文再次重申：「全球化影響了兒童，兩者的關係在未來將會更加劇烈。但歷史的背景及地方的變化也必須注意，而社會史對於這個過程能相當程度地提供跨學科的整合。」[28]

（四）全球微觀史

已有學者呼籲世界史的研究者要注意個人的生命史，進而提倡「全球微觀史」的研究取向。Tonio Andrade（歐陽泰）在〈一位中國農人、兩位非洲青年及一位軍官：全球微觀史的研究取向〉一文中就提出了該如何從全球的視野來寫個人歷史的問題。[29]Andrade認為我們不太容易在《世界史期刊》（*Journal of World History*）及《全球史期刊》中見到這種類型的文章，反而會關注個人的全球史研究都不是投身在世界史運動中的研究者。他舉了三本著作為例，分別是Jonathan Spence的《胡若望的疑問》、Linda Colley的《Elizabeth Marsh的嚴酷考驗》及新文化史重要史家Natalie Zemon Davis的《騙子遊歷記》。[30]這些著作為了要探討文化間的聯繫及全球的轉變，他們的焦點都集中在一位於不同文化間旅行及探險的旅行者身上。這種研究取向使得這些書都有趣易讀且令人激動，因而擁有廣大的讀者

28 Peter N. Stearns, "Conclusion: Change, Globalization and Childhood," *Journal of Social History* (2005), pp.1041-1046.

29 Tonio Andrade, "A Chinese Farmer, Two African Boys, and a Warlord: Toward a Global Microhistory," *Journal of World History*, 21:4 (2010), pp.573-591。

30 Jonathan Spence, *The Question of Hu*, New York: Vintage Books, 1989; Linda Colley, *The Ordeal of Elizabeth Marsh*: *A Woman in World History*, New York: Happer Collins, 2007; Natalie Zemon Davis, *Trickster Travels*: *A Sixteenth-Century Muslim between Worlds*, New York: Hill and Wang, 2006.

群。Andrade並未對這三本書多做介紹，他這篇文章則是以他自己的研究個案爲例，期盼世界史家能嘗試以全球的脈絡來研究個人的故事。文中，他講述的是一個有關中國農人、兩位非洲男孩、兩位爭執不休的荷蘭商人及一位中國軍官的故事。所有這些人物都被捲入十七世紀的巨大跨國貿易及跨文化互動的時代浪潮中。

　　Andrade所舉的三本全球微觀史的書的第一本已經是相當爲學界所熟知的暢銷書，此處不再多加評述，以下主要針對後兩本著作做說明。

五、性別史與全球史

　　Merry E. Wisener-Hanks在〈全球史與婦女史、性別史及性史〉一文中提到，以往的婦女史、性別史缺少世界史的議題；而世界史又不關注婦女及性別的課題，就算彼此的主題有互相涉及，但還是集中在美國地區。[31]就如同David Northrup近來所評論的看法一樣：「世界史一直說的都是『大合流』（great convergence）的故事。相對地，在過去數十年來，婦女及性別史花費太多精力在分流（divergence）上。」[32]雙方所欠缺的互動，我們從統計數字中可以看出究竟。二〇〇三年的世界史學會的年會，在四十組的討論中，只有一場中有兩篇文章與婦女、性別及家庭有關；而二〇〇五年的會議更只剩兩篇文章，無法湊成一場討論小組。這些會議中也沒有一篇文

31 Merry E. Wiesner-Hanks, "World History and the History of Women, Gender, and Sexuality," *Journal of World History*, 18:1 (2007), pp.60-61.
32 David Northrup, "Globalization and the Great Convergence: Rethinking World History in the Long Term," *Journal of World History*, 16:3 (2005), pp.249-267.

章與性有關。若以期刊所收文章來看,《世界史期刊》(*Journal of the World History*)的二〇〇二至二〇〇七年間的五年內,八十篇文章中,只有三篇探討婦女或性別,而沒有一篇談論性。若從Ashgate出版社的「擴張中的世界:歐洲對世界史的影響,一四五〇~一八〇〇」系列叢書來看,三十二本書中沒有一本是談婦女或性別,其中只有一本與家庭有關。反之,在《婦女史期刊》(*Journal of the Women History*)中,二〇〇二至二〇〇七年間,雖然有三分之二的文章所做的題目是美國以外的地區,但只有八篇是嚴格定義下的「世界史」。

　　Wisener-Hanks認為這種現象與過去二十年來的史學的「語言轉向」或新文化史的興盛有關。在這之後的婦女史關注的只是再現、文化與論述,歷史只成為一種文本,「婦女」只是一種歷史建構。在此情況下,Wisener-Hanks認為文化研究並不能提供給我們一種整體的理論,而大部分的世界史並不去涉及性別,婦女史與性別史也只集中在美國。然而,近來也有一些作品已經突破的上述的限制。Wisener-Hanks舉出了一些實際例子,這些研究大多不會明顯標榜他們是世界史學者,但是他們的觀念或者所調查的主題在世界史中是一直極為重要的,例如相遇(encounters)、邊境、疆界、移民、跨國的、國家與區域認同及多樣性(heterogeneity)。[33]世界史可以提供婦女史、性別史及性史的史家更有機會擺脫守舊的看法去進行社會史的主題研究。Gerda Lerner的文章〈美國婦女史:過去、現在與未來〉就觀察到最近美國婦女史的著作中有關非裔美國婦女的書籍、論文及博士論文關注的焦點比其他美國史的研究更集中在婦女的組織及階級上;

---

33 Merry E. Wiesner-Hanks, "World History and the History of Women, Gender, and Sexuality," *Journal of World History*, 18:1 (2007), pp.60-61.

並且感興趣的是她們過往的實體生活遠超過對她們的理解與再現。[34]
Wisener-Hanks更補充說過往已經有一些婦女組織的研究是從世界史
的角度；然而，從全球視野的角度所做的性別的階級分析，則可以
探索性別、性、種族、及國家與國家認同中性別建構角色的各種交
錯。最後他總結認為，過往世界史婦女史、性別史朝著不同路徑的方
向——一方是往合流，另一方往分流走去，但我們現在可能正面臨兩
者相互交流的時刻。從性別與帝國研究的爆炸數量來看，當前的婦女
史與性別史已經更願意花費較多時間在相遇與合流的課題上。這樣的
發展或許可以稱之為「新新社會史」。「性別」和「全球的」在過去
數十年就像是兩片分開的鏡片在重新修正歷史。如今兩者合體更能讓
我們擁有望遠與顯微的視野效果，去看見及發現過往我們從未見到的
事情，以及在全新的事物中找到非常熟悉的東西。

　　近來，有關性別研究的新詮釋的轉向正在北美的學術期刊熱烈討
論，其焦點主要集中在家庭史、婦女史及性別史這三個研究領域與世
界史的關係。傳統集中在特別區域，或座落在社群、地區及國家等範
圍的歐洲史寫作，已經為「世界史」或「全球史」取向所取代。為了
要建立起一種世界史的普遍性敘事（ecumenical narrative），傳統的
婦女史／性別史應該與非西方的批判史學進行跨文化的合作。[35]

　　以美國婦女史為例，有三種研究路徑對於這個領域的學者愈來愈
重要，分別是國際的、比較的及全球的視角。邁阿密大學教授Mary
E. Frederickson認為這幾種視角正在改變我們看待過往、現在及未來

---

34 Gerda Lerner, "U.S. Women's History: Past, Present, and Future," *Journal of Women's History*, 16:4 (2004), p.19.
35 Giulia Calvi, "Global Trends: Gender Studies in Europe and the US," *European History Quarterly*, 40:4 (2010), pp.641-655.

美國婦女史的經驗的方式。[36]史家用「國際的」、「比較的」及「全球的」這幾個字眼究竟代表什麼樣的含意呢？美國史家在二次戰後轉向國際史，特別強調兩個國家或兩個以上國家的比較，或者是兩個或兩個以上國家的社團及組織成員的研究。其課題如性別角色、革命、經濟發展、奴隸。比較史則是系統地探討美國與其他國家、社會、文化或世界其他地區的經濟體系間的相似及差異關係。特別對美國史學者而言，比較研究對於「美國經驗」是獨一無二的或者是美國是具有特別命運的國家的論點，提供了一種矯正的看法。如同國際史一樣，比較史降低了種族優越論的看法，並揭示了國家和國際是如何彼此地互動及調整。在最新一波的全球化時期，當貫穿世界的資本流通與相互聯繫、技術、勞工及商品與服務戲劇性地加速時，「全球史」這個詞彙的使用自一九九○年代以來即有增多的趨勢。全球史在許多方面包含了世界史及跨國史的分析方式的專題研究取向。全球史的研究取向促使了史家從民族國家的轉向，改宣稱要了解歷史過程最好的方式就是改為探討影響全世界的經濟、政治、社會和文化體系。由於過去一百年來，包括美國婦女史在內的歷史研究，都是採取那種將國家的存在合理化的國家敘事手法。因此，歷史中的全球的、世界的、跨國的、國際的、及比較的歷史取向常批判這種限制。當前的美國婦女史就是在此種脈絡下，轉而投入新的研究取向。

在上述三種取向中，又以全球史的取向最受當前美國婦女史研究者的重視。Frederickson說：「當我們探討的這種敘事是一種從全球的視野來看美國的婦女經驗時，我們才開始超越了這種『美國』經驗是種例外的（exceptional）看法。」美國婦女史的全球取向將過去

---

36 Mary E. Frederickson, "Going Global: New Trajectories in U.S. Women's History," *The History Teacher*, 43:2, pp.169-189.

只是探討一個國家到另一個，或者是一個區域到世界其他地區的簡單比較取向予以複雜化。全球史的取向爲我們開了一扇門去認識現有的邊界，同時又跨越多次變動的國家及區域疆界去檢視過往的歷史。舉移民的例子來說，移民婦女的社會及經濟史研究焦點，已經從同化（assimilation）與美國化（Americanization）的焦點，移轉到婦女在她們家鄉的經驗，而不是關心外移的問題。其課題多以全球的脈絡來研究投票權、改革、教育、護理及職業隔離。長久以來，傳教士的研究就是採全球的觀點，也提供了一些有用的模式。這方面作品有：Thomas Bender的*Rethinking American History in a Global Age*、Merry E. Wiesner-Hanks的*Gender in History*、Catherine Clay、Chandrika Paul及Christine Senecal的*Envisioning Women in World History, Prehistory to 1500*, vol. 1、Pamela McVay的*Envisioning Women in World History, 1500-Present*, vol. 2。[37]

六、物質文化史與全球史

（一）《維梅爾的帽子》的例子

Timothy Brook是一位相當會說故事的史家，功力與美國著名中國史學者Jonathan D. Spence不相上下，但兩者相較，Brook的著作更

---

37 Thomas Bender的 *Rethinking American History in A Global Age*, University of California Press, 2002；Merry E. Wiesner-Hanks的*Gender in History*, Wiley-Blackwell, 2001、Catherine Clay、Chandrika Paul及Christine Senecal的*Envisioning Women in World History, Prehistory-1500*, vol. 1, McGraw-Hill Humanities/Social Sciences/Languages, 2008；Pamela McVay的*Envisioning Women in World History, 1500-Present*, vol. 2, McGraw-Hill Humanities/Social Sciences/Languages, 2008。

具有全球史的視野。[38]有人說只要給Spence一本電話簿，他可以從第一個人編故事到最後一個人，此話雖有些誇張，但正突顯他的敘事功力。其實，Brook鋪陳故事的功力不輸Spence，他擅長將看似不相干且極為複雜的歷史圖像編織成一張清晰的歷史網絡，凡看過《維梅爾的帽子》（*Vermeer's Hat*）的人，應當都會對他所描繪的十七世紀的全球貿易圖像感到折服。《維梅爾的帽子》[39]的前言〈從臺夫特看世界〉（"The View from Delft"）一開始就引領讀者走進十七世紀荷蘭小城臺夫特（Delft）的歷史時空。為何這本書要從臺夫特說起？大多數讀者剛開始可能會摸不著頭緒。但Brook在導論告訴讀者，這純屬巧合，剛好只是因為他二十歲那年夏天，不小心在這個城市騎車摔倒，才偶然開始留意這個地方的歷史遺跡的特色。他說：「我可以提出許多理由，說明十七世紀人類生活跨文化轉變的全球史為何一定要從臺夫特開始談起，但那些理由並無法讓人相信，臺夫特是唯一一個該做為問題探討的開端。」碰巧這個地方正好是荷蘭畫家Johannes Vermeer的居住地，而他那些風土人情的傑出畫作中的物品，又是指引我們將歷史考察的視線投向十七世紀全球貿易網的最佳入口。也因為如此，荷蘭小城臺夫特自然而然成為Brook編織一張十七世紀全球貿易史網路的最佳起點，這是巧合，也是傑出史家的慧眼獨具。[40]

　　Brook和Spence一樣，兩人的研究不僅受到學界重視，也廣受一般閱讀者的喜愛。這種受重視的衡量標準不僅在於他寫的書的學術

---

38 Jonathan D. Spence, *Return to Dragon Mountain*: *Memories of a late Ming Man*,Viking, 2007；中譯本：Jonathan D. Spence著，溫恰溢譯，《前朝夢憶——張岱的浮華與蒼涼》，時報文化，2009。

39 中譯本：Timothy Brook著，黃中憲譯，《維梅爾的帽子——從一幅畫看十七世紀全球貿易》，遠流出版社，2009。

40 相關英文書評可見荷蘭萊頓大學教授Harriet T. Zurndorfer的書評，刊於*Journal of the Economic and Social History of the Orient*, 52:3 (2009), pp.597-603。

價值，而是還要看它在一般書市受歡迎的程度。要了解這本書，先要了解Brook這位歷史學家的研究取向。凡讀過他那一九九三年出版的宗教社會史著作*Praying for Power: Buddhism and the Formation of Gentry Society in Late Ming China*的人，[41]很難會將這本書和日後幾本著作的寫作風格畫上等號。換句話說，從出道至今，這位史家的研究方法和研究課題有很大的轉變，而這種轉變似乎又與歐美史學界這二十年來的文化轉向息息相關。在Brook身上，我們看到的研究取向的變化正是從社會史到文化史的轉變。事實上，若仔細對照，我們可以從Brook的另外一本書*The Confusions of Pleasure: Commerce and Culture in Ming China*找到與《維梅爾的帽子》部分相似之處。[42]我們建議想要很快地理解《維梅爾的帽子》的關鍵問題的讀者，或許最好先讀讀*The Confusions of Pleasure*這本書。這本書在二〇〇〇年獲得「李文森中國研究最佳著作獎」，它不是一本經濟史著作，而是一本以文化史角度處理的明代商業史。讀者不要一拿起《縱樂的困惑》就從第一章「冬」讀起，最好直接翻到兩百七十六頁的「對外貿易」那一小節，從那一節中，讀者可以初步了解晚明的商業是如何和十七世紀的貿易史搭上線的。有了這個基礎的認識，我們才能進一步理解Brook是如何讓我們從一幅畫去看十七世紀的全球貿易。

　　Brook在書末的跋文中提到本書不是一本專為中國史專家而寫的著作。《維梅爾的帽子》比較像是一本全球史或世界史的書，而中國成了引領我們進入十七世紀的世界史最好的窗口。十七世紀的歐洲人

---

41 Timothy Brook, *Praying for Power: Buddhism and the Formation of Gentry Society in Late-Ming China* ,Council on East Asian Studies, 1993；中譯本：Timothy Brook著，張華譯，《為權力祈禱——佛教與晚明士紳社會的形成》，江蘇人民出版社，2005。

42 Timothy Brook, *The Confusions of Pleasure*: *Commerce and Culture in Ming China*, University of California Press; 中譯本：Timothy Brook著，方駿、王秀麗等譯，《縱樂的困惑——明朝的商業與文化》，聯經出版事業公司，2004。

前仆後繼地找尋通往中國之路，那股熱情影響了十七世紀的歷史進程。這也就是為什麼這本書的每個故事後面，即使乍看與中國無關的故事，都藏有中國因素的緣故。簡單地說，就是中國富裕的魅力籠罩並吸引了十七世紀的世界。Brook其實是透過中國去追尋十七世紀的全球變遷足跡，套句Brook的話：「我寫此書的目的乃是去呈現一個更大的整體，一個人類正以前所未見之方式建構往來、交流網路的世界。」此外，這是一本有關「流動」的故事，尤其是十七世紀的「流動」。Brook解釋道：「十六世紀是個發現的世紀與相遇之後暴力衝突的世紀。……十七世紀則與此不同。初次相遇漸漸變成持續地交往；憑運氣的交易變成制度化的定期貿易；比手畫腳的交談，換成混雜不同語言而成的方言和名副其實的溝通。這些改變的背後有一個共同因素所促成，那就是流動。」Brook為何能寫出這樣全球史風格的書？這與他在美國及加拿大的大學教學經驗有關。或許只有像Brook這種在美國史丹福大學及加拿大多倫多大學開過大學本科世界史課程又專攻明清中國史的學者，才寫得出這樣具有全球史視野的歷史著作。他的預設讀者應該是西方世界的讀者，這些人想必有比中文世界的讀者更具有理解十七世紀的世界史的基礎能力。除了他本身的教學經驗之外，這也和當前全球史的概念逐漸受到史學界重視有關。

　　Brook所探求的問題不在於一邦一國的國別史或區域史，而是將視野擴及幾個大陸間的物品流通。為了要描述十七世紀的全球貿易網絡的概念，他提出了十七世紀的物品流通的現象就如同佛教所說的「因陀羅網」（Indra's net）。佛教使用這樣的意象來描述世間所有現象的相互關聯，因陀羅在創造世界時，把世界做成像一張網，網的每個打結處繫有一顆珠寶。因陀羅網上的每樣東西，都暗示了網上的其他所有東西。Brook相當擅長用比喻，在結論時，他進一步引用十七世紀英格蘭詩人兼神學家的John Donne的名言：「人非孤島，無人可

以自全。」來說明十七世紀的世界觀。Donne所使用的語言是地理學的語言，而地理學是當時日新月異、快速變動的新研究領域之一。在一六二三年Donne寫下那首詩之前，世界是一個個彼此隔離的地方，以致某地發生的事，完全不會影響其他地方情勢，但在那之後，人性共通這個觀念開始出現，共同歷史的存在成爲可能。Donne對十七世紀大陸的比喻，一如佛教的因陀羅網的比喻：每個泥塊、每個珠寶、每個喪失與死亡、每個誕生與生成，都影響了與之共存的每一泥塊和珠寶。這種世界觀要到十七世紀才得以想像。

　　除了全球史的視野外，本書的一大特色就是圖像史料的運用。作者透過七張畫——五張Vermeer的繪畫、其同鄉畫家Hendirk van der Burch的一幅畫及一個臺夫特瓷盤上的裝飾畫，來看十七世紀的全球貿易。[43]關於十七世紀荷蘭畫家Vermeer，大家最熟悉的應當還是約繪於一六六五年的〈戴珍珠耳環的女孩〉，近來這幅畫又因小說及電影的推波助瀾，更加吸引一般民眾對這位畫家作品的好奇。Vermeer的畫作也是歷來藝術史家研究的重點，這方面的著作應當不少；但像Brook如此運用Vermeer的繪畫來做歷史研究的，想必不多。Brook和以往藝術史家最大的差別在於彼此看畫的方法及關注的焦點不同，他的焦點乃是畫中的「物品」。他提醒讀者，我們以往過於習慣將畫作視爲是直接窺探另一時空的窗口，所以常會將Vermeer的室內畫當作

---

43 由於Brook書中所談到的繪畫遠不止這些，但書中卻沒有這些圖像，因而讀者在閱讀此書時，或許手邊也要有幾本藝術史——尤其是十七世紀荷蘭藝術史的工具書，才能對於Brook的文字描述有進一步理解。關於這點，有幾本藝術史的書值得我們參考。例如世界藝術百科叢書中的第二冊《維梅爾》，謝佳娟譯，木馬文化，2002，這本書的字不會太多，對於要了解Vermeer的畫作與時代特色的關聯，已經足夠；讀者若是要進一步了解這些繪畫，就必須要查看Irene Netta的 *Vermeer's World* 這本書的後面附圖，蒐集了Vermeer較完整的繪畫。Irene Netta, *Vermeer's World: An Artist and His Town*, Prestel, 2001。

是十七世紀臺夫特社會的寫眞。但事實上，繪畫和照相是不同的，繪畫所呈現的並非是客觀事實。他還教我們去思索：畫中的物品「在那裡做什麼用？誰製造的？來自何處？爲何畫家要畫它，而不是其他東西？」

本書所敘述的故事，全都以貿易對十七世紀世界的影響和對一般人的影響爲核心來鋪陳。七幅畫構築七個章節，〈從臺夫特看世界〉、〈維梅爾的帽子〉、〈一盤水果〉、〈地理課〉、〈抽菸學校〉、〈秤量白銀〉和〈旅程〉貫穿了整本書。這七幅圖像中各自有一些物品是我們通往十七世紀的世界大門，這些東西並不孤立，它存在於一個觸角往外延伸到全球各地的網絡中。第一幅畫〈臺夫特一景〉中有好幾道門：第一道門它呈現了一六六〇年春天的臺夫特；第二道門是港口：臺夫特位於斯希運河邊，以廓爾克港爲船隻進出的門戶，從運河往南可以到萊茵河的斯希丹和鹿特丹；左邊前景處有載客平底船停在碼頭邊，是臺夫特往荷蘭南部各城鎮的交通工具。第三道門是鹿特丹城門前碼頭的鯡魚船，這種船出現在這裡，正說明影響十七世紀歷史最深的原因之一是全球降溫，臺夫特受氣候變遷之賜，成爲當時重要的北海鯡魚捕撈加工船的停靠港。第四道門是荷屬東印度公司（VOC）的臺夫特會所，臺夫特與亞洲之間的龐大國際貿易網的中樞，就在畫面中的一角的東印度公司建築內。有史家統計，從一五九五至一七九五的兩百年間，約有近百萬的荷蘭人透過東印度公司從海路到亞洲闖天下。Brook認爲十七世紀正是第二次接觸的世紀，史上從未有過那麼多人，與說陌生語言、陌生文化的人交易。

第二幅畫是〈軍官與面帶微笑的女子〉，畫中那位軍官所戴的那頂帽子正是我們要開啓的大門。這一章看似講的是法國探險家在北美五大湖區如何與印地安原住民打交道，以商品及火繩槍交換海狸皮的故事；但這個大門指引我們看到的，不只是皮毛貿易而已，他還說明

了這時像Samuel Champlain這樣的探險家，積極地探索北美大陸，他所有的探險、結盟、戰鬥，其最終目的其實在找尋一條由北美通往中國的孔道。此時皮貨商Jean Nicollet的中國袍服是實現那夢想的工具，Vermeer的帽子則是那追尋的副產品。[44]

　　第三幅畫是〈在敞開的窗邊讀信的少婦〉，畫中的一只中國瓷盤是一道門，讓我們走出Vermeer的畫室，走向從臺夫特通往中國的數條貿易長廊。一五九六年，荷蘭讀者從Jan Huyghen van Linschoten（一五六三～一六一一）筆下，首次認識中國瓷器這種東西，他的遊記啓發了下一個世代的荷蘭世界貿易商。十七世紀初，荷蘭人瓜分了原先葡萄牙及西班牙人掌握的中國瓷器貿易路線，在取得雅加達之後，荷蘭人建立了在亞洲的貿易基地──巴達維亞。此據點的建立對荷屬東印度公司的營運有很大的助益，十七世紀的前五十年，該公司的船隻從亞洲運回的瓷器，總數超過三百萬件。這些瓷器對歐洲人而言有如寶物，但對於像文震亨（一五八五～一六四五）及李日華（一五六五～一六三五）這樣的江南鑑賞家及收藏家來說，卻屬不入流的商品。中國消費者對於外銷歐洲的產品興趣不大。對中國人而言，美的東西要能傳達崇古的文化意涵，才會受重視。因而，這些來自歐洲的外國貨，在中國人的象徵體系中沒有一席之地，它們不具價值，只是引人注意而已。相對地，在歐洲，中國的物品帶來較大的衝擊。東印度公司運回歐洲的瓷器屬於虛榮性消費的昂貴商品，買得起的人屬於少數。受到這股中國瓷器風的影響，以往買不起的人，也開始購買一些臺夫特陶工的仿製品。爲何中國瓷器會在十七世紀歐洲人的居室占有一席之地，但舶來品在中國人的廳堂中卻沒有，Brook的

---

44 有關Champlain的最新研究，可見David Hackett Fischer, *Champlain's Dream*, Simon & Schuster, 2008。

解釋是，這與審美或文化無關，關鍵在於各自能以何種心態看待更廣大的世界。當時的臺夫特荷蘭人將中國的瓷器盤碟視爲是中國富裕的象徵，也象徵了他們正面看待世界的心態。

　　第四幅畫是〈地理學家〉。這幅畫表達的不是家裡內部的世界，也不是臺夫特的世界，而是商人和旅行者所遊歷的世界。海圖、地圖、地球儀都是我們進入那個世界的門。畫中最上方有個Hendrick Hondius（一五七三～一六五〇）於一六〇〇年所製的地球儀。這個地球儀的出現正反映當時世界的探險家、商人、耶穌會士、航海員等人對於域外地理知識的大量需求。當時的歐洲地理學家將商人帶回的資訊蒐集、分析、綜合成一張張海圖、地圖，商人則拿著這些地圖、海圖用在更爲人了解的廣大世界上。Brook認爲十七世紀的地理學家的職責乃在積極投入不斷循環往返的修正過程，透過這種回饋機制，愈來愈多舊有的地理知識被取代。在說明這種機制對於十七世紀歐洲海外探險的影響的同時，Brook不忘拿中國做比較。當時的中國沒有回饋機制，而且幾乎沒有改變現狀的動力。即使中國學者眞能從沿海水手獲得海外地理的知識，他們對那些知識也沒有多大興趣。唯一例外的是張燮的《東西洋考》，然而這樣的著作並未對實際四處旅行的人帶來多大影響。雖然當時的明末中國仍有一些如徐光啓等人可以接觸到耶穌會士利瑪竇帶來的世界地圖，但卻未能引發回饋循環效應。這些地圖之所以沒有像歐洲那樣，得到進一步的修正，以新版地圖問世，也沒能撼動傳統中國的宇宙觀，關鍵在於沒有中國水手有機會去驗證、發展這種知識，也沒有中國商人駕船環繞地球，發現地球是圓的。對於大多數中國人而言，外在世界仍在外面。

　　第五幅畫是一只臺夫特陶工仿製中國風格的瓷器盤子上的圖像。在這只瓷盤中，畫了幾位中國仙人騰雲駕霧，其中一位口中還叼著一管菸斗。Brook認爲這只盤子可能是歐洲藝術家最早描繪中國人

抽菸的作品，它可以帶領我們走進十七世紀菸草的全球貿易之門。歐洲人對中國商品的需求，創造出連結美洲與其他地方的貿易網，菸草就循著這個貿易網移動，遷移到新的地方，進入從不知抽菸是何物的社會，而歐洲是菸草外移時第一個落腳的社會。海狸皮資助了法國人在北美的探險活動，而菸草爲英格蘭人移民維吉尼亞、侵占當地原住民土地提供了資金。因爲菸草，美洲爲歐洲人帶來獲利，而非洲則爲美洲提供了人力，使歐洲人得以在美洲廣闢菸田，歐洲人又拿南美洲的白銀購買亞洲貨物，而從歐洲、美洲流往亞洲。隨著這種新的勞力安排的出現，新的貿易體系因而問世。當時的三大商品——白銀、菸草，以及採銀礦、收菸葉的奴隸，共同爲美洲的長期殖民化奠立基礎。菸草經由三條路線進入明末中國，分別是澳門、馬尼拉及北京。一六二五年時，菸草已經徹底融入了中國沿海地區居民的生活。十九世紀中國人的吸食鴉片熱潮和十七世紀的抽菸習慣不無關係。Brook認爲，一種由菸草及鴉片混合的產品瑪達克（madak）曾經由荷蘭殖民的臺灣傳進中國，而非十八世紀中國詩人陳琮的《菸草譜》所言經由西班牙人之手，由馬尼拉傳到福建的月港。有關鴉片的研究，相當可惜的是，Brook絲毫未提Zheng Yangwen（鄭揚文）的最新研究成果。[45]她認爲以往學者大多只知探究明清經濟的複雜性，而忽略研究重要的消費者趨勢「洋貨熱」；反之，Zheng受人類學家Arjun Appaduri的經典著作*The Social Life of Things*的影響，特別強調物的生命史。

第六幅畫是〈持秤的女人〉。這次帶領我們進入十七世紀中葉世界的是Vermeer妻子Catharina身旁桌上的銀幣，而這道門的盡頭，

---

45 Zheng Yangwen, *The Social Life of Opium in China*, Cambridge University Press, 2005.

我們將看見當時最重要的全球性商品——白銀。白銀世紀始於一五七
〇年代左右，Vermeer生長的時代已是白銀世紀的尾聲。爲了要補足
不足的貨幣供給，中國需要大量的白銀，而歐洲人爲了要買亞洲的貨
物，則必須輸出白銀。這兩個地區的需求創造出白銀的流通，從而促
使南美和日本成爲白銀兩大供應地。十七世紀的全球經濟就圍繞著這
種供需結構而形成。白銀將分處異地的地區性經濟連成一種類似今日
全球處境的跨地區交易網絡。當時的中國爲何會成爲大部分白銀的最
後歸宿，Brook認爲原因有二。首先，白銀在亞洲經濟體能買到的黃
金，多於在歐洲所能買到的。第二、歐洲商人除了白銀之外，毫無任
何東西可以賣給中國。因此，這幅繪畫中秤白銀重量的動作乃是當時
白銀經濟交易的重要一環。十七世紀白銀時代的許多歷史發展，因白
銀而間接起了推波助瀾的作用：美洲最大礦城波多西的出現；馬尼拉
成爲歐洲經濟與中國經濟接合的軸心；一六〇三年的馬尼拉屠華事
件；中國境內的奢靡之風；安徽歙縣知縣張濤對因商業發展所導致的
社會道德淪喪的批判；晚明中國的物價上漲；漳州外港月港的商業地
位日形重要。

　　最後一幅畫〈玩牌人〉不是Vermeer的作品，卻有他畫作的所有
元素。畫中吸引我們的是黑人男童，他就是畫中的門，引領我們進入
一個以旅行、移動、奴役、混亂爲特色的世界。十七世紀有非常多非
洲奴隸像畫中男僕一樣，被捲入全球移動的漩渦中。同時，我們也可
以見到十七世紀無止境的移動潮，將許多人帶往、分散至全球各地。
在那個真實世界裡，文化之間區隔也因人們不斷移動的壓力而漸漸鬆
動。當時的移動包括有將高價值商品運到遙遠異地的富商，也有跟隨
這些商人四處移動，從事運輸、服務工作的貧苦各色人種，例如摩爾
人、非洲人、馬來人、馬拉加西人（Malagasy）、中國人等等。

　　在結論部分，Brook再次強調，撰寫這本書的動機之一，就是讓

我們了解過去歷史之全球化的方式。雖然前面幾章都是在談十七世紀人與物品的流動與流通的歷史，少有談到國家在這之中的角色，但Brook也補充說：「在世界和一般人之間有國家，而國家既深受貿易史的影響，反過來也大大影響了貿易史。」此時的歐洲，原有的封建領主效忠的君主，已開始將其私人王國轉向為替商行的利益而服務，由賺取私人錢財的公民組成的公共實體。荷蘭共和國的組成就是轉變的例子之一。

　　《維梅爾的帽子》一書雖然不具有專業史學那種每段話都有詳細注腳及扎實史料依據的寫作規範，但仍透露了當前史學研究的兩個重要走向的訊息。一是物質文化史的研究，二是全球史的研究取向。有關物質文化史的研究取向，近來紛紛引起關心史學理論的史家的注意。Patrick Joyce認為物質文化史的研究可以平衡以往過度強調文化而忽略社會的局限。[46]

　　然而，Brook所呈現的物質文化的圖像，主要是集中在十七世紀的這幾種物品的流通過程，比較少談論到這些物品在不同地區的交流及文化移轉的面向。讀者若是要進一步了解這方面的研究，則有必要進一步研讀Craig Clunas的文章〈物質文化——在東西二元論之外〉，[47]這篇文章強調物質文化的研究應當走出東西二元論的框架之

46 李宏圖，〈當代西方歷史學的新進展：從現代到後現代——英國Patrick Joyce教授訪談錄〉，《表象的敘述——新社會文化史》，三聯書店，2003，頁95-132。
47 Craig Clunas，〈物質文化——在東西二元論之外〉，《新史學》，17:4（2006.12），頁195-215。近來明清物質文化史的研究大多集中在服飾、旅行文化及飲食。參見王正華，〈過眼繁華——晚明城市圖、城市觀與文化消費的研究〉，收錄於李孝悌編，《中國的城市生活》，聯經出版事業公司，2005；巫仁恕，〈明代士大夫與轎子文化〉，《中央研究院近代史研究所集刊》，38（2002.12），頁1-69；巫仁恕，〈晚明的旅遊活動與消費文化——以江南為討論中心〉，《中央研究院近代史研究所集刊》，41（2003.9），頁87-143；賴惠敏，〈乾隆朝內務府的皮貨買賣與京城時尚〉，《故宮學術季刊》，21:1（2003.9），頁101-134；巫仁恕，《品味奢華——晚明的消費社會與士大夫》，聯經出版事業公司，2007。

外，重視全球不同地域多元互動的歷史背景，並且拓展觀察的視野，從早期近代、延伸到現代，甚至當代，重新反省東方研究與西方史學、西方與他者以及他者與他者之間的關係。[48]

　　第二個走向是全球史的研究取向。全球史的概念是近來史學的重要走向之一。有興趣的讀者可參考美國新清史著名史家Pamela Kyle Crossley的新著*What is Global History*，[49]這本書是了解當前史學界的全球史寫作趨勢相當重要的一本入門書。此外，讀者也可以透過以下兩本著作了解全球史的寫作特色。第一本是美國加州學派重要學者Kenneth Pomeranz的成名著*The Great Divergence: China, Europe , and the Making of the Modern World Economy*，本書從比較的觀點，探討何以歐亞在經歷十六至十八世紀三百年之間相似的發展歷程之後，歐洲經濟會在十九世紀之後超越亞洲？[50]第二本是Kenneth Pomeranz與同校拉丁美洲學者Steven Topik合著的*The World That Trade Created: Society, Culture, and the World Economy, 1400 to the Present*，[51]這本

48 關於近來的最新著作，可參考下列作品：Karl Gerth, *China Made: Consumer Culture and the Creation of the Nation*, Harvard University Asia Center, 2003；中譯本：Karl Gerth 著，黃振萍譯，《製造中國——消費文化與民族國家的創建》，北京大學出版社，2007；Frank Dikötter, *Exotic Commodities: Modern Objects and Everyday Life in China*, Columbia University Press, 2006; Zheng Yangwen, *The Social Life of Opium in China*, Cambridge University Press, 2005；Craig Clunas, *Empire of Great Brightness: Visual and Material Cultures of Ming China, 1368-1644*, Reaktion Books, 2007; 余舜德編，《體物入微——物與身體感的研究》，清華大學出版社，2008。

49 Pamela Kyle Crossley, *What is global history?*, Polity, 2008；中譯本：Pamela Kyle Crossley著，劉文明譯，《什麼是全球史》，北京大學出版社，2009。

50 Kenneth Pomeranz, *The Great Divergence: China, Europe, and the Making of the Modern World Economy* Princeton University Press, 2000；中譯本：Kenneth Pomeranz著，邱澎生等譯，《大分流——中國、歐洲與現代世界經濟的形成》，巨流出版社，2004。另外一位與Pomeranz研究風格類似的學者是美籍華裔中國史研究者王國斌（R. Bin Wong）。

51 Kenneth Pomeranz and Steven Topik, *The World That Trade Created: Society, Culture, and the World Economy, 1400 to the Present*, M. E. Sharpe, 1999；中譯本：Kenneth Pomeranz、Steven Topik著，黃中憲譯，《貿易打造的世界——社會、文化、世界經

書的數十篇文章原是這兩位作者替*World Trade Magazine*中專欄所寫的短文，經修改後集結成書，目前已出第二版。這本書從新的經濟角度探討世界史，運筆生動活潑，毫無經濟史學報中一堆硬梆梆的統計數字，讀完會讓人直呼原來貿易史也這麼有趣。學術通常與世變密不可分，在今日全球化的趨勢下，《維梅爾的帽子》這本書有三層意義，一是從中國來看十七世紀的世界史；其次是十七世紀開始，歐洲與中國之間的巨大隔閡首度開始消弭；第三是全球化的概念不是當代才有的現象，我們有必要將視野往前推到十七世紀全球化的初期，兩者的差別僅在於規模而已。

　　一本好的學術著作不僅要能有學術創發性，也要有可讀性，《維梅爾的帽子》就具有這樣的特性。這本書不僅提供給我們一種新的研究視野，也觸發我們進一步去思考各種可能的問題。例如Brook舉了那麼多物品來說明十七世紀的全球貿易現象，獨獨沒有提到當時亞洲的中國及印度輸往歐洲的重要紡織品——絲綢及棉布，Brook肯定有他的理由，但在書中，我們看不出是何原因。有關這方面的研究，讀者可以參考Maxine Berg及Beverly Lemire與Giorgio Riello近期的文章。[52]Berg首先探討在十八世紀工業化發展的全球性奢侈風尚下，消費者文化的重要性。其次，他認為根植於全球性貿易的消費者文化對於英國商品的生產與創新有直接的影響。Lemire和Riello的文章則透過一些出現在西方市場的革命性商品——彩繪及印刷的印度棉織品，探討近代歐洲時尚的連結。

濟，從一四〇〇年到現在》，如果出版社，2007。本書也在Brook推薦的八本書的名單中。

52 Maxine Berg, "In Pursuit of Luxury: Global History and British Consumer Goods in the Eighteenth Century," *Past and Present*, 182 (2004), pp.85-142; Beverly Lemire & Giorgio Riello, "East & West: Textiles and Fashion in Early Modern Europe," *Journal of Social History* 41:4 (2008), pp.887-916.

　　這本書的最大特色就在於圖像的解讀。Brook認為我們往往不會去思索畫中的物品「在那裡做什麼用？誰製造的？來自何處？為何畫家要畫它，而不是其他東西？」然而，Brook的這個觀點卻正是西方自一九八〇年代以來「新藝術史」（New Art History）學派對「舊藝術史」的最大質疑。舊藝術史認為：「弄清楚了何人在何時何地創作了這些藝術品？它表現的是什麼題材？作品是如何被創造的？」相當重要，理解了這些問題就能夠解答個別藝術作品的歷史。顯然，Brook的取向較偏向舊藝術史。但這些論點對於新藝術史而言，並不是真正的藝術史。事實上，新藝術史思潮的出現，改變了我們對藝術作品研究的視野，他們的取向有四，第一、運用馬克思政治、社會與歷史理論解釋藝術史。第二、女性主義藝術史重新肯定女性在歷史與當代社會的地位。第三、對視覺再現，以及從心理學解釋它在社會建構與性別認同上的作用。第四、分析符號及其意義的符號學與結構主義的藝術史。熟悉西方新藝術史的學者應當會對Brook關於圖像的解讀方法有些疑義，若採取的方法不同，是否對於Vermeer畫作的物質文化指向就會有不同的答案？這應當是讀者可以繼續深究的問題。[53]

　　此外，關於Brook以照片來對照繪畫的上述說法，似乎不全然正確。事實上，照片有時亦不見得全然是客觀的事實。據英國史家Peter Burke在*Eyewitnessing: The Uses of Images as Historical Evidence*一書中對照片與畫像的看法，[54]認為「繪畫經常被比喻為窗戶和鏡子，畫像也經常被描述為對可見的世界或社會的『反映』。人們可以說它們如同攝影照片一樣，但又正如我們所看到的，即使是攝

---

53 曹意強等著，《藝術史的視野——圖像研究的理論、方法與意義》，中國美術學院出版社，2007，頁371-390。
54 Peter Burke, *Eyewitnessing: The Uses of Images as Historical Evidence*, Reaktion Books, 2001。中譯本：Peter Burke著，楊豫譯，《圖像證史》，北京大學出版社，2008。

影照片也不是現實的純粹反映。」Burke因此提出了三個方向供想要以圖像當作是歷史證據的史家做參考。1.對歷史學家而言，某些藝術作品可以提供有關社會現實某些側面的證據，而這類證據往往在文本中受到忽略；2.事實上，寫實的藝術作品並不像它表面那樣寫實，而是往往缺乏現實，它不僅沒有反映社會事實，有時它反而歪曲了事實。因而，歷史學家必須要考慮畫家或攝影師的各種動機，以免受到創作者的誤導；3.然而，受到歪曲的事實的過程本身也可以提供史家做為研究的對象，如對心態、意識型態和特質等提供了證據。

　　如果真要對本書吹毛求疵的話，我們認為，書中的許多內容都在描繪或說明圖像，但文中提供的圖像或地圖相當有限。當我們要了解Brook在不同章節中所提到的十七世紀的流動特色時，手邊應該少不了要有一些地圖。這本書僅提供四幅地圖給讀者參考：分別是「低地國，約一六五〇年」、「五大湖區貿易路線」、「十七世紀全球貿易路線」及「南中國海貿易路線」，書中仍有許多地方的文字敘述沒有地圖可供參考。例如，二十八頁提到的〈荷蘭全境和西佛理斯蘭的新精確地形圖〉，這是一幅〈軍官與面帶微笑的女子〉繪畫中的景物之一。它之所以會出現Vermeer的繪畫中，Brook告訴我們，其目的在頌揚荷蘭人追求獨立的奮鬥精神，亦象徵了此時的荷蘭經歷了大規模的變遷，像是從軍事社會過渡到平民社會，從君主到共和，從天主教到喀爾文教派，從商行到公司。這些逆轉都可從地圖中土地與海洋顏色的顛倒得到暗喻。此時讀者手邊若是有一幅這樣的地圖，應當會更清楚地圖中的暗喻是如何和Brook所說的逆轉有所關聯。此外，在〈地理課〉這章，Brook還提到Vermeer的〈地理學家〉這幅繪畫的上方有顆地圖專家Hendrick Hondius所製作的地球儀，若是書中附有當時這顆地球儀的平面地圖，讀者可能會更清楚書中對於地球儀的細部描述。此外，這本書主要是參考二手研究寫作而成，因此我們很難

舉出史料引用及解讀的問題。其中，兩百三十四頁有個較明顯的手民之誤。Brook在「延伸閱讀」的書單中，推薦Kenneth Pomeranz和Steven Topik的書 *The World That Trade Created*: *Society, Culture, and the World Economy, 1400 to the Present*出版日期寫著一九九○。事實上，這本書的初版時間應當是一九九九年，二○○六年再版。

　　英國史家Peter Burke曾在 *What is Cultural History*提到，未來史學研究的趨勢之一是「文化接觸」，強調的是不同文化之間的影響、接受與移轉；邊緣對中心的影響；以及從邊緣重思世界史。[55]某種意義上，Brook處理的也是文化接觸的課題，但仍屬於表面層次的探討，對於更細緻的研究，則有待日後學界對個案研究的積累。《維梅爾的帽子》雖然不是一本符合學術規範的著作，但它所提供的物質文化與全球史的研究取向，絕對會是未來中國史及世界史學界中相當具有指標性的一本著作。最後，本書還有一點值得稱許的地方，本書在版權頁特別注明該書的Bloomsbury出版社的所有紙張，都是來自有良好管理的森林中的樹木之天然品及再生產品；所有生產的過程也都符合產地國的環境規範。這樣的聲明充分表達了Brook的環境意識與現實關懷，亦呼應了該書結論中「人非孤島」的意涵，在全球化的時代，每位地球公民都當為他的行為盡一份責任。

（二）瓷器的全球史

　　近來已有更多關注物質文化的學者注意到全球視野的重要性，其中，瓷器是個很好的切入點。英國Warwick大學亞洲研究中心及歷史

---

55 Peter Burke, "Afterword: Cultural History in the Twenty-First Century," *What is Cultural History*?, Polity Press, 2008, pp.130-143.

系教授Anne Gerritsen[56]這篇〈全球往事的斷裂：宋元明景德鎮的瓷器手工業〉探討與景德鎮有關的瓷器生產的文本類型，包括了地圖、文集、鑑定文獻、地方志、及商人手稿。這些類型的分析使我們更能聚焦在中國的文獻紀錄，並透露出還有哪些依然沒寫。歐洲有關中國瓷器的書寫從十七世紀至十八世紀就已經以全球化的脈絡在觀看手工業的模式。但除了與中國有關的領域的限制外，中國作者一般常忽略了技術與商業的事情。

作者所舉出的各式文本，顯現出景德鎮的感知（perceptions）的多樣性：做為一種中止在行政空間的據點、做為一種長期忍受提供給冷漠統治者服務的舞臺、一種帶有俗豔低俗材料的生產品、做為商人與商業網絡的主要聚集點。令作者感到相當震驚的是，這些中國的文本完全沒提與中國以外地區的聯繫。景德鎮的手工業和貿易並未形塑地方認同，而那些依然是位於中國境內的認同，並未跨越文化疆界。這些地方在某種意義上曾經是「全球的」，因爲他們的物質文化的出口曾與世界性的經濟關係網絡有連結。但這些全球的連結對於這些地區性的文本地理的地方再現完全沒有影響，甚至對於當地的居民、訪客及行政官僚都沒有影響。Gerritsen總結說景德鎮的瓷器手工業的過往全球歷史依然是斷裂的，以致於我們無法再重建這段歷史。[57]

---

56 英國華威大學歷史系教授，兼全球歷史與文化中心主任。著有 *Ji'an Literati and the Local in Song-Yuan-Ming China*, Brill, 2007。目前的研究課題是江西吉安、景德鎮地區的陶瓷與製陶工藝。

57 Anne Gerritsen, "Fragments of a Global Past: Ceramics Manufacture in Song-Yuan-Ming Jingdezhen," *Journal of the Economics and Social History of the Orient*, 52 (2009), pp. 117-152. Maxine Berg, "In Pursuit of Luxury: Global History and British Consumer Goods in the Eighteenth Century," *Past and Present*, 182 (2004), pp.85-142.

七、全球史視野下的歷史教學

　　不僅歷史學的各個次學科受到全球轉向的影響，紛紛提倡帶有全球視野的歷史學研究，就連歷史教學也有明顯的轉向。[58]以左派的全球史為例，Ian Christopher Fletcher的〈朝向左派的全球史〉劈頭就問：「在當今提起左派的歷史有何用意？」五十年前的冷戰初期，當時左派主要是由工人運動來區分出共產主義及社會民主，許多學者仍相信歷史是在宏大的歐洲中心架構中。在一九六〇至一九七〇年代，全球南北興起了各式各樣的婦女、農民、青年、性別及有色人種運動，這些課題不僅挑戰了過往有關是誰或什麼構成了左派的假設，也挑戰了左派為何及如何以各種形式出現、成形及持續的看法。作者認為我們現在尤其需要將左派置於互動的全球脈絡中，將焦點集中在建構多元世界的結盟運動上，而不是在難以到達的革命對象的詢問上，進而擴展我們對民主、霸權及超越中心化的團體及國家的政治觀念。激進的史家相較於自由派史家及保守派史家，具有更多洞見去教授左派的歷史這樣的課題。他相信我們能夠及必須帶頭去創造出符合我們

---

58 Ian Christopher Fletcher, "Toward a Global History of the Left," *Redical History Review*, 92 (2005), pp.164-174。其餘有關全球史的歷史教學主題，參見：Frank Towers, "Balancing the Local and the Global: The American Civil War in Western Canadian Classrooms," *Journal of American History*, 96:4 (2010), pp.1100-1103. Mayssoun Sukarieh, "Putting School Commercialism in Context: a Global History of Junior Achievement Worldwide," *Journal of Education Policy*, 24:6 (2009), pp.769-786. Merry E. Wiesner-Hanks, "Women's History and World History Course," *Radical History Review*, 91 (2005), pp.130-150. Michael Burawoy, "The Global Turn: Lessons From Southern Labor Scholars and Their Labor Movements," *Work & Occupations*, 36:2 (2009), pp.87-95. Yael Simpson Fletcher, "Teaching History of Global and Transnational Feminisms," *Radical History Review*, 92 (2005), pp.155-163. Carl J. Guarneri, "Internationalizing the United States Survey Course: American History for a Global Age," *The History Teacher*, 36:1 (2002), pp.37-64。

目前所處的全球的歷史時刻的一種自我反省、批判及有用的歷史。

在課程實踐上，他設計了一門「全球左派的歷史觀點」的世界史課程，其宗旨在讓學生思考，在今日，重新思考左派歷史的基礎是什麼？這種歷史應該讓學生認識到全球的及國家間與跨國的範圍的左派；以民間及多元的文化觀點取代一成不變的觀念；並提出左派的各種傳統與運動間的相互關係，以及阻礙左派進入通俗抗爭與國家，並根據階級、種族、性別及世代處理左派的文化與認同。

八、結論：全球史與兩岸史學發展

臺灣史學界在全球史這個領域的研究似乎是缺席的，目前兩岸史學界中有關當代西方史學中的全球史的相關討論仍以大陸學界為主。大陸史學界的這波關懷全球史的熱潮主要有以下幾個特色：1.以世界史與史學理論研究社群為主，中國史學界較少相關著作；2.寫作課題集中在全球史與世界史的異同、全球史觀、全球史與全球化的關聯；3.研究社群主要以中國社會科學院世界歷史研究所及首都師範大學為首，前者的領頭人物有于沛，後者則是夏繼果；4.論著出版大多數還是以學術期刊中的單篇論文為主。例如《學術研究》於二〇〇五年就編輯了一個專號「全球史觀對中國史學的影響」。[59]此外，論文

---

59 于沛，〈全球史觀和中國史學斷想〉，《學術研究》，2005年1期，頁5-10。郭小凌，〈從全球史觀及其影響所想到的〉，第一期（2005），頁11-13。喬昭印，〈全球視野下的世界文化史編纂〉，第一期（2005），頁13-16。林中澤，〈歷史中心與歷史聯繫：對全球史觀的冷思考〉，2005年1期，頁16-19。程美寶，〈全球化、全球史與中國史學〉，《學術研究》，2005年1期，頁19-21。吳曉群，〈我們真的需要「全球史觀」嗎？〉，《學術研究》，2005年1期，頁22-25。陳新，〈全球化時代世界歷史的重構〉，《學術研究》，2005年1期，頁25-27。

集形式的期刊書及讀本則是近年來的新作法。例如上述中國社會科學院世界歷史研究所所長于沛編的《全球化和全球史》，本書在《學術研究》二〇〇五年專號的基礎上，將歷來有關全球史的中文論文蒐集成冊，文末更整理出大陸歷年來的「全球化和全球史」論文目錄。[60] 以書代刊的《全球史評論》為首都師範大學全球中心為推動全球史而創辦的學術書刊，於二〇〇八年發行第一輯，平均一年出一本，目前已出到第三輯。在劉新成的發刊詞中，他提到全球史之所以會引起大陸學界較多注意的原因有二，一是全球史的出現激發了學界對「世界歷史」的學術理念、學科內涵、專業內容和課程組合的深入思考。其二，全球史家的探索具啓發意義，全球史學者將「全球視野」與「區域研究」相結合，創造了小地方──大世界的研究範例，從「本土」與「域外」互動的角度，重新解讀各地的本國史。[61]

　　此外，《全球史讀本》的編輯則為首都師範大學教授夏繼果與美國《世界史雜誌》主編及全球史著名教授Jerry H. Bentley，書中所收錄的文章，除了王國斌之外，幾乎多為西方學者的文章，計有：William McNeill、Marshall Hodgson、David Christian、Gilbert Allardyce、Patrick Manning、C.A. Bayly、Michael Geyer、John R. McNeill、Ida Blom、Kenneth Pomeranz、Lynda Shaffer，這之中有史學界所熟知的McNeill父子檔，也有許多大家相當陌生的全球史家。全書分為四個單元：全球史的概念、全球史的分期、全球史的主題、全球史上的中國。書末列有一份延伸閱讀。[62]由於有世界史老將的參與編輯，這本書所關注的課題或史家，都較上述其他幾本書要來得更

---

60 于沛編，《全球化和全球史》。這個目錄相當龐雜，收錄了許多不相干的世界史論文。
61 劉新成編，《全球史評論》。
62 夏繼果、Jerry H. Bentley，《全球史讀本》，北京大學出版社，2010。

能掌握歐美的全球轉向的研究精華。

　　近年來大陸史學界所進行的許多有關全球史的研究與教學相當值得臺灣借鏡。然而，美中不足的是，這些文章所探討或譯介的論著似乎較少涉及目前歐美的最新研究動態。例如這些文章常提到的學者多半爲過往所熟知的研究者，像是談白銀資本的Frank、世界史的William McNeill、Geoffery Barraclough、Jerry H. Bentley或以《槍砲、病菌與鋼鐵》而聲名大噪的Jared Diamond。程美寶教授在〈全球化、全球史與中國史學〉一文中，所舉的全球史例子僅是Jared Diamond近年來的暢銷書《槍砲、病菌與鋼鐵》，文中對此書略有微言，認爲Diamond許多論述是後見之明。然而，熟讀此書的讀者應當知道，這位作者並非歷史學家，但他卻企圖整合好幾個學科的知識，進而提出自己的看法，儘管書中的論點有許多有待商榷之處，但不可否認地也刺激了讀者進一步的思考。

　　學界對此書已經有許多精闢的論證，但絕對不會一句話就能否定他對全球史書寫的影響。也因爲如此，以此書的一些缺點來否定全球史的其餘特色，似乎忽略了此書中的主要論述，事實上，有更多全球史的經典或新著值得我們借鏡。Diamond的主要論述絕非一句話就能涵蓋全書的要旨，他其實對於各項觀念都有相當論證與例證說明。關於這點，Crossley在《什麼是全球史》一書中的〈傳染〉那章中，對Diamond的書有更爲詳盡的討論，他說：「此外，Diamond還增加了一個地理學的難度，以此來解釋非洲和美洲比起歐亞大陸相對孤立的狀態，如何導致了人口稀少和其免疫力面臨的挑戰，這使他們在早期現代和現代時期，面對工業化的、具有疾病抵抗力的歐洲人的衝擊，在許多方面都措手不及。Diamond對歷史大變遷的解釋，與那些已爲全球史學生所熟知的觀點之間的主要差異，在於他賦予地理學和環境以決定性的份量，超過諸如文化、貿易甚至技術等其他因素。

Diamond的著作在激發更多公眾對全球史產生興趣方面具有影響。」
可見這本書對於全球史的書寫,仍有其正面意義。儘管如此,我們更
該知道全球史專家不是只有Diamond一人,應當將視野擴展到其餘的
全球史新著上。[63]

　　有的學者甚至對於全球史持保留態度,像是吳曉群教授在〈我們
真的需要「全球史觀」嗎?〉並未提到什麼全球史著作就下結論說:
「我們當然不需要也不應該照搬照抄源自於西方中心論的所謂『全球
史觀』,而更應該提倡一種多樣性的史觀,以便人們能夠多角度地審
視問題。」由於大陸學界這方面的研究與討論因關注的對象與重點不
同,常會造成誤解,最主要的原因即在於他們對當年的全球史新動向
常掌握不夠全面。

63 見程美寶,〈全球化、全球史與中國史學〉,《學術研究》,2005年1期,頁20。
　Diamond的書的確引起學界相當多的討論,書評及後續研究皆有,見J. R. McNeill,
　"The World According to Jared Diamond," *The History Teacher*, 34:2 (2001), pp.165-174.
　Tonio Andrade, "Beyond Guns, Germs, and Steel: European Expansion and Maritime Asia,
　1400-1750," *Journal of Early Modern History*, 14 (2010), pp.165-186。

第七章
超越民族國家的歷史書寫：全球視野下的環境史

一、前言

　　自一九七〇年代環境史興起以來，有關美國、美國以外地區、國別及地方的環境史論著浩如煙海。隨著全球環境變化的加速，在上述基礎上，學界漸漸發展出了全球環境史的概念，史家開始研究具有全球重要性的議題，例如帝國主義對於環境的影響。[1]史學界對帶有全球視野的環境史研究的稱法不一，有的學者稱之爲「世界環境史」，這可以舉Robert Marks、Edmund Burke Ⅲ、Kenneth Pomeranz爲代表；[2]有的則傾向和過往世界史有所區隔，另闢新名爲「全球環境史」，可以Donald Worster、J. Donald Hughes、Joachim Radkau、I. G. Simmons爲代表。[3]儘管兩者的稱法互異，但研究視野與研究課題並無明顯差別，這些學者都在著作中標榜著全球視野的環境史。[4]

　　若從研究特色來看，約可概分爲四種研究類型。一是世界環境史，例如John R. McNeill與Donald Hughes。二是以某個專題爲主，從世界的範圍進行研究，如Richard Grove、Joachim Radkau、Pomeranz等人的著作。第三種是把環境史與世界史融爲一體的著

1　J. Donald Hughes, *What is Environmental History*, pp. 53-55。中譯木見梅雪芹譯，《什麼是環境史》。

2　Robert B. Marks, "World Environment History: Nature, Modernity, and Power," *Radical History Review*, 107 (2010), pp. 209-224. Edmund Burke III & Kenneth Pomeranz, *The Environment and World History*.

3　Donald Worster, "Environmentalism Goes Global," *Diplomatic History*, 32:4 (2008.9), pp.639-641. J. Donald Hughes, *What is Environmental History*, pp.77-93. Joachim Radkau, *Nature and Power: A Global History of the Environment*. I. G. Simmons, *Global Environmental History*.

4　類似的環境史書籍可見Felipe Fernández-Armesto，《文明的力量：人與自然的創意關係》。

作，例如McNeill父子合著的《文明之網：無國界的人類進化史》
（*The Human Web*: *A Bird's Eye View of World History*, 2007），[5]
英國環境史教授Armesto的《文明的力量：人與自然的創意關係》
（*Civilizations*, 2000）、《世界：一部歷史》（*The World*: *A History*,
2007），[6]Alfred Crosby的《寫給地球人的能源史》（*Children of
the Sun*: *a History of Humanity's Unappeasable Appetite for Energy*,
2006）。最後是強調「大歷史」，把人類史放在大爆炸以來的地球
環境演化中來研究，例如David Christian的《時間地圖：大歷史導
論》（*Maps of Time*: *An Introduction to Big History*, 2004）、Fred
Spier的《大歷史與人類的未來》（*Big History and the Future of
Humanity*, 2011）。

　　本章主要在探討當代西方史學中環境史的全球轉向，首先論述近
來幾本全球環境史的著作的全球視野，最後則集中探討最新一本環境
史與世界史專著的個案研究對全球環境史的啟發。

二、環境史的全球轉向

　　目前歷史學下面的幾個次學科如環境史、[7]社會史、性別史、經
濟史、醫療與科技史、物質文化史、外交史及歷史教學都多少受到這
波「全球轉向」風潮的影響。[8]以環境史爲例，環境史近來的發展就

---

5 大陸譯本爲《人類之網：鳥瞰世界歷史》，北京大學出版社，2011。
6 Felipe Fernández-Armesto，《文明的力量：人與自然的創意關係》。
7 有關環境史如何成爲一門研究領域，可見劉翠溶，〈中國環境史研究芻議〉，頁
　14-21。
8 J. Donald Hughes, "Global Environment History: The Long View," *Globalizations*, 2:3
　(2005.12), pp.293-308.

兼顧了民族國家以往的核心課題及全球史對區域間互動、分流與合流關係的研究取向。全球環境史雖然是近來較受關注的全球史研究課題，但早在一九七〇年代，Alfred Crosby的《哥倫布大交換》（*The Columbian Exchange: Biological and Cultural Consequence of 1492*）一書就已經相當有全球史的概念。[9]這是一本結合醫療史、生態學與歷史學的著作，論證一四九二年哥倫布「發現」新大陸以來，歐洲人所帶來的動植物及疾病對新大陸的美洲人的影響。之後，他又寫了《生態帝國主義》（*Ecological Imperialism: The Biological Expansion of Europe, 900-1900*），更進一步詮釋上述概念並擴展研究範圍，認爲歐洲人將「生物旅行箱」攜帶至溫和的新歐洲，在那裡，歐洲人取得了人口的優勢。[10]

　　在Crosby之後，一位演化生物學家Jared Diamond延續這種強調物種的交流對歷史發展的影響的概念，寫了一本《槍砲、病菌與鋼鐵》（*Guns, Germs and Steel: The Fats of Human Societies*），此書一出版，立即引起學界的廣泛討論。[11]Diamond更強調地理上的東西

9　此外，有的學者在過往Alfred Crosby的環境史的研究基礎上，研究物種的歷史。澳洲Western Sydney 大學人文與語言學院的Brett Bennett〈澳洲樹的全球史〉跳脫了以往的科學史的研究特色，改以全球史的角度來探討。作者認爲，以往研究澳洲樹的全球化的學者都會強調這種樹在澳洲以外非原生地都快速地自然成長。學者們相信它們的成功是一種從「新世界」到「舊世界」的「生態帝國主義（ecological imperialism）」的倒置。這篇文章則認爲澳洲樹的擴張不該視爲是一種生物學的現象；而該視爲是一種強有力國家及受國家贊助的科學家去選育澳洲物種的長期嘗試結果，以致能夠在各式各樣的氣候及生態環境成長。Brett Bennett, "A Global History of Australian Trees," *Journal of the History of Biology*, 44:1 (2011.2), pp.125-145。

10　中文方面有關Crosby的研究，可見劉文明，〈全球史視野中的傳染病研究——以麥克尼爾和克羅斯比的研究爲例〉，《上海師範大學學報（哲學社會科學版）》，40:1（2001.1），頁49-55。

11　Jared Diamond的書的確引起學界相當多的討論，書評及後續研究皆有，見J. R. McNeill, "The World According to Jared Diamond," *The History Teacher*, 34:2 (2001.2), pp.165-174. Tonio Andrade, "Beyond Guns, Germs, and Steel: European Expansion and Maritime Asia, 1400-1750," *Journal of Early Modern History* 14 (2010), pp.165-186。

軸向的差異影響了動植物是否馴化的問題，這種地理和生物的因素對
人類文明發展的影響。然而，也由於這本書的視野廣泛，立即成為
市場上的暢銷書，也使得全球環境史被貼上標籤，好像只要一提到
全球史取向的環境史就非舉這本書不可。[12]有關這方面比較學術性的
研究，李尚仁的〈歐洲擴張與生態決定論〉有相當精闢的見解。他的
結論是：「由Arnold的著作與他對環境史的批判性檢討，對他而言，
可以看出生物決定論史觀對於歐洲殖民擴張的解釋是片面而過度簡化
的，遺漏了許多重要的社會、經濟與文化因素。」[13]

　　環境史要如何擺脫過渡生態決定論的窠臼，而又能兼顧民族國
家史著重政經體制的敘事特色，這是當前試圖結合環境史與世界史
研究取向的史家努力的焦點。Donald Hughes認為世界環境史該關注
的課題有四：1.人口成長；2.地方vs.全球的政策決定；3.生態多樣性
（biodiversity）的威脅；4.能源與原料的供需。[14]近十年來比較符合
這些課題的全球環境史的著作有以下幾本。Joachim Radkau的《自
然與權力：環境的全球史》（*Nature and Power: A Global History of
the Environment*）。[15]原書德文本出版於二〇〇一年，之後二〇〇
八年有了英譯本，作者是德國Bielefeld大學教授。這本書將環境史
放在歷史學專業所熟悉主題的脈絡之下，範圍涵蓋了從史前時代的
狩獵群體到當前世界政治中全球化與環境安全等課題，在年代及地
理空間上的分配相當恰當。同一年出版的還有J. Donald Hughes的
《世界環境史：人類在生命社群中的變化角色》（*An Environmental*

---

12 參見上一章的結論中有關程美寶的討論。
13 李尚仁，〈歐洲擴張與生態決定論〉，《當代》，170（2001.10），頁18-29。
14 J. Donald Hughes, "Global Environment History: The Long View."
15 Joachim Radkau, *Nature and Power: A Global History of the Environment*。中文本見王國
　豫、付天海譯，《自然與權力：世界環境史》。

History of the World: Humankind's Changing Role in the Community of Life）。[16]這本書的研究範圍也是從史前到當代，每一章都是不同時代及地方的個案研究。主要在探討人類社會與他們做爲其中一分子的生態系統之間的相互關聯，並探究環境的改變造成了怎樣的人類歷史的發展趨勢。當代的那幾章則在論述人口與技術的巨大成長對於人類的具體影響。另外一本範圍較廣的是Durham大學的地理學家Ian Simmons所寫的《全球環境史》（*Global Environmental History*）。在此之前，他就寫了兩本以科學資料爲主的通論性質的世界環境史著作：《改變地球面貌：文化、環境與歷史》（*Changing the Face of the Earth*）、《環境史簡介》（*Environmental History: A Concise Introduction*）。[17]

　　相較於上述幾本長時間的全球環境史著作，有的學者則將焦點集中在特定時期，例如John F. Richards及John McNeill。[18]前者的《無盡頭的邊境：近代世界的環境史》（*The Unending Frontier: The Environmental History of the Early Modern World*）探討十五世紀到十八世紀的世界環境史。他特別關注邊境的變化，其論點是，近代世界的顯著類型是歐洲人對全球其他地方的擴張，以及歐洲、印度及東亞的人類組織的進步。後者的《太陽底下的新鮮事》（*Something New under the Sun*）則將焦點集中在二十世紀的環境史。他主要探討這個世紀絕無僅有地影響環境變遷及社會變化的特徵，這些在類型及程度上都有別於過往的其他時期。這個時期的變化主要動力在於：以

16 J. Donald Hughes, *An Environmental History of the World: Humankind's Changing Role in the Community of Life*.

17 I. G. Simmons, *Global Environmental History*, 2008. *Changing the Face of the Earth*, 1989. *Environmental History: A Concise Introduction*, 1993.

18 John F. Richards, *The Unending Frontier: The Environmental History of the Early Modern World*. John McNeill, *Something New under the Sun*.

礦物燃料為基礎能源、人口的迅速增長、對經濟增長與軍事力量的依賴的意識型態。

三、《環境與世界史》的例子

　　以下我們的焦點將集中在一本最新的全球環境史著作——Edmund Burke III及Kenneth Pomeranz合編的《環境與世界史》（*The Environment and World History*）。[19]本書分為三部分，分別為「綜論」、「河流、區域與發展主義式的計畫（developmentalism）」、「景觀、征服、社群與知識政治」，共收有十一篇文章。前三篇文章是以全球為範圍的回顧性文章；第一篇是Pomeranz為全書所寫的導論；第二篇是Edmund Burke III討論長時段的環境史與發展主義；第三篇是John Richards討論全球的財產權與土地使用的合流體系（convergent systems）。之後的是八篇特定地理區域的個案研究。

　　本書的涵蓋時間為近五百年，特別關注近代與現代間的連續性。在這方面，他們受到兩本目標朝向比較的全球環境史的代表著作——John Richards的《近代世界的環境史》和John McNeill的《太陽底下的新鮮事》的啟發。[20]其焦點分別集中在近代與現代，前者的故事結束在一八〇〇年左右，後者則大約始於一九〇〇年。在上述二

---

19 Edmund Burke III & Kenneth Pomeranz, *The Environment and World History*.
20 J. R. McNeill近來延續過往的環境史研究的疾病課題，將焦點集中在帝國與環境的互動。例如二〇一〇年的新作*Mosquito Empire: Ecology and War in the Greater Caribbean, 1620-1914*。這本書除了主要探討財富及權力如何改變大迦勒比海地區的生態，同時也關注生態環境如何依序形塑從一六二〇至一九一四年之間的帝國的命運、戰爭與革命。此處的大迦勒比海指的是大西洋沿岸的南美、中美及北美，當然也包括迦勒比島嶼本身。

書的基礎上，《環境與世界史》不僅對許多重要的十九世紀的斷裂做
了注解，也嘗試描繪一幅能跨越區隔的環境史圖像。

　　本書的大部分故事都與中國、非洲、拉丁美洲、俄國、中東及北
非、南亞及印度等區域有關，這些區域中的國家都相對比較貧窮。比
較特別的是，本書匯聚了一些原本只是區域研究的專家，在Burke及
Pomeranz的帶領下，這些人的研究主題開始帶有全球史的語言。美
中不足的是，沒有一篇與日本、北美或澳洲有關的文章，而有關歐洲
的文章也僅是集中在萊茵河的個案研究上。他們認為政治及文化定義
下的區域並非唯一能分析的單位，書中有許多文章以另類的方式來定
義。例如Pomeranz的文章就認為中國沿海地區與其餘海洋亞洲間的
人口聚集與資源遠較海岸與中國內陸間的更為重要。

　　本書所探討的區域既有國家，也有超越國家邊界的區域，這些
單元依然是必要的關鍵。本書有三個經常出現的主題。第一、國家形
成與環境史的關係。其二、有必要將現代的發展置於人與特別的環境
互動的歷史脈絡中、第三，在自然與社會的處理方面，區域性的特殊
政治經濟與文化實踐依然影響了全球轉變（global transformation）的
地方事例（local instantiations），本書作者稱之為「發展主義式的計
畫」（the developementalist project）。

　　Burke在序言中認為，環境史改寫了我們對人類過往歷史的
認識。如同性別史一樣，環境的觀點並非這麼就輕而易舉地納入
現有的歷史學次學科中。透過將焦點集中在人類活動對生物圈
（biosphere）的影響，環境的觀點不僅開拓了我們研究的新主題，
也改變了我們對現代世界的出現的了解。環境史已漸漸地發展出獨特
的學術語彙及方法論。然而，儘管大部分的環境史家都知道生態是一
種全球的及整體的科學，但他們還是傾向以較小的主題來撰寫他們的
作品，並集中在人類的改變對生態區或生態位（eco-niches）的影響

上。少有人進一步將作品廣泛地聯繫到世界性的歷史力量。或許是這樣的緣故，結果大部分的世界史教科書只是應景地增加幾張環境史的照片而已。但近來已有一些學者的作品逐漸改變了上述現象，例如Alfred Crosby、Richard Drayton、Richard Grove、John McNeill、Carlyn Merchant、John Richards及Richard R. Tucker。[21]他們的作品已經採取一種較宏觀的，甚至全球的脈絡，然而，這種視野並非學界的常態。

　　長久以來，由於這個學科的地理起源的關係，環境史的論點受到美國與西歐的經驗的強烈主導。直到最近，美國的環境史家才慢慢認識到其他地區的環境史可以為美國的例子帶來不同的刺激，《環境與世界史》的主旨即在於鼓勵史家仔細地進行這類型的比較思考。

　　在此同時，大致上，已經發展近三十年的新世界史（new world history）也漸漸地重構了我們思考歷史的方式；而不只是變成另外一個不相干的次領域。特別是，它還改變我們去重新思考近代史不是只有歐洲史這一部分，應該還包括了亞洲、非洲及美洲之間的衝突及合作（xii頁）。對近代世界經濟的出現及在形成正式歐洲帝國時的非歐洲的合作者角色的了解，已經有了長足的進展

　　世界史如同環境史一樣可以幫助我們重新認識任何特殊歷史的重要性──包括歐洲，他們的進入現代性常被視為是和全球各地一樣的獨立事件。因此，不管如何，文明、國家及文化依然是分析的主要單位，甚至在世界史中──因為我們需要繼續維持與那些還在強調這種單元的史家對話，以及想像與執行另類方式的內在困難（xiii頁）。

---

21 Richard Drayton, *Nature's Government: Science, Imperial Britain, and "Improvement" of the World*; Richard H. Grove, *Green Imperialism: Colonial Expansion, Tropical Island Edens and the Origins of Environmentalism, 1600-1860*; Richard P. Tucker, *Insatiable Appetite: The United States and the Ecological Degradation of the Tropical World*.

　　然而，儘管世界史有這些特色，但世界史在區域規模的現象所做的比較多過於提供全球做為分析的單位的新敘事。Burke並不認為這些分析的層次是較其他單位還更具有優勢，但假若全球史或環境史能影響我們如何思考的話，那就該主張兩者都是必要的。**22**

　　環境史與世界史共享了知識的潛能，同樣也共享了重構部分與整體關係的知識動機。令人驚訝的是，涵蓋了這兩個面向的力量的全球環境史（global environmental history）已經慢慢成形。然而，這兩個學科很容易就朝著不同方向去發展。大部分的世界史家只是將環境當作是世界史中的邊緣問題（afterthrought），而不是視為是從一開始就影響分析的因素。當人類的環境衝擊變得愈來愈明顯時，更有全球概念的環境史和更具有環境意識的世界史能給我們更多的啟發。Burke最後認為，關注全球的、區域與地方生態的環境史可以使世界史突破傳統的文明及國家架構（national frameworks）。Burke在序言的結尾中的一段話相當中肯：「我們並不知道那些特別物種會消失，或特別的生態圈會遭受致命的汙染，或大氣層出現無法改變的毒害；然而，我們知道，想像這些限制並非只是空想，而是一種維持生命的必要。因此，將環境放入世界史中成了相當迫切的知識計畫（intellectual project）。」**23**

　　在第一篇由Pomeranz所寫的導論中，作者探討了什麼是全球的架構（global frameworks）；發展主義者計畫的內容；透過世界發展史的分期論述帝國、工業、時間與空間。**24**

---

22 *The Environment and World History*, p.xi-xiii.
23 *The Environment and World History*, p. xiii.
24 有關學界對於Pomeranz的評述，參見上一章中有關經濟史的討論。Stephen Broadberry, Steve Hindle, "Editors' introduction," *Economic History Review*, 64: 1 (2011), p.2.

　　Pomeranz的經濟史研究打從大分流的主題開始就已經涉足了全球史的議題，因此將經濟史的重要議題放在環境史的脈絡來看，似乎也不難理解。Pomeranz在《環境與世界史》的〈導論：世界史與環境史〉（"Introduction: World History and Environmental History"）一文提到，Burke序中所說的世界史與環境史的緊密結合是「一個迫切的知識計畫」。他認為這個概念一點都不新，但學界仍有許多地方要去實踐。在某些明顯的地方，世界史和環境史的觀點很容易一致。土地形成、風的路徑、不太為人所注意之邊界的地理現象、綿羊的環境影響、糖的生產、核廢料，這些都是容易進行跨文化背景的比較。由於語言及國家的邊界限制了學界的緣故，真正帶有全球視野的環境史很晚才出現。所進行的研究大多還是限於區域內部，彼此互不相涉。在此同時，大部分的世界史若不是亂無章法地提到環境，就是非不得已時才會突出環境的議題——例如美洲的征服，而不是時常將環境融入世界史的敘事之中。透過對於近來作品的全面評述，我們可以見到近來真正帶有全球的及整合的環境世界史作品的全面評述最終才出現，這本《環境與世界史》所做的就是企圖讓環境史與世界史這兩個領域持續的對話。藉由將環境史帶入世界史，這本書希望能鼓勵學界在方法論上建構出一個更有自我意識的與整合的環境世界史：同時這種領域也涵蓋了主流史學的重要課題，如國家形成（state formation）、帝國主義、經濟發展及近代性與現代性的特質定義。

　　Edmund Burke Ⅲ這篇〈大歷史：人類歷史、能源政權與環境〉（"The Big Story: Human History, Energy Regimes, and the Environment"），透過探討人類、能源政權（energy regimes）與環境間的互動，檢視過去長時段的人類發展的環境結果，以做為我們未來面對環境的困惑時，提供一種不同的視野。他的目的有三：第一、將現代性放在更大的星球生物能源的移動、轉變及儲存的脈絡中，質

疑傳統那種將工業革命視爲是人類發展的自然結果的歷史敘事，而把它視爲是人類與自然及環境的關係史無前例的破裂。第二、爲了要論述礦物燃料革命的重要性，作者將焦點放在能源政權的歷史，而不以明確過程的分析來統計工業革命。第三、藉由研究世界史中的能源政體，作者將目前所關懷的問題脈絡化，目前應當是相當合適去重新正視能源枯竭的問題時刻。

Burke認爲過往五個世紀的環境史最好透過一億年前的人類歷史的脈絡來了解，當時的人類正嘗試提供他們自己一個更穩定的環境。大約在一四○○年，當人口快速成長跨越至非洲及歐亞大陸時，人們爲了生態安全開始加強制定奮鬥的計畫。與此同時，複雜的組織與植物、動物與微生物的跨距離移動（稱爲「哥倫布大交換」）造成大量的地方失調，並使得工具多樣化到能夠征服特殊的景觀。其中一個結果就是森林的大量濫砍，造成近代的能源危機。這種趨勢也開始了礦物燃料（煤）的革命，這件事也被視爲是劃時代的標竿。Burke特別強調低廉能源的集中對農業改變的重要，它使得跳脫馬爾薩斯限制說（Malthusian constraint，可利用的土地無法趕上人口成長）成爲可能，與此同時，從農地釋放出來的工廠勞工驅使了都市化與大量移民，成爲現代社會史的主題。

隨著全球人口已經逼近七十億，儘管有些地方持保留性的樂觀，但我們是首次能開始重新思考能源時代的結束。有些學者認爲，目前人口增加與消費類型的比例，我們或許眞的進入了現代馬爾薩斯循環（Malthusian cycle）的底端。

John Richards的文章〈朝向土地財產權的全球體系〉（"Toward a Global System of Property Rights in Land"）認爲，最晚自十五世紀以來，全球景觀就因人類的活動而有所改變。當人口數量從五億激增到六十億時，以往在世界各地的豐富土地就變得相當稀少而貴重。

我們如何探查與分析這個過程與結構改變所造成的這些財產權政體（property-right regimes）。本文的研究取向是找尋長時段中類似的大規模改變過程，透過個案的比較，著重的是相似性而不是相異性。這篇文章檢視了過去六個世紀以來三個巨大的土地利用與財產權的改變。首先、原住民的被取代與消失，隨之而來的是爲局部的財產權政體所取代。第二、由農民所運用土地的社群財產權遭到侵蝕。第三、自一八○○年以來最顯著的全球社會過程之一是大城市的規模及數量的巨幅增長。從鄉村移入城市及自然增加提升了世界城居人口的比例，到了一九八五年，超過世界總人口的百分之四十三的人住在都市。土地所有權成爲在過去兩個世紀以來全球都市化的巨大過程的一部分，有愈來愈多受到壓迫的都市下層階層須爲了都市土地所有權而奮鬥。

　　這篇文章的核心論點是，一連串農業革命成功的部分原因是商品化與土地逐漸的密集使用。尤其是所有的成長中國家 ── 不僅是歐洲 ── 都推動了這個過程。但過往許多解釋都將漸增的私有財產權排除在外，他提醒我們這些所有人背後支持國家成爲最後財產權的仲裁者。更普遍的是，國家習慣以增加權利來束縛私有所有權人，降低那些社群及永久或世襲的佃農。但國家也會宣稱他們最終會以一些措施控管所有權者，例如像禁止私人使用火去處理土地，或規範及禁止打獵。有些國家也會撥出一些土地當作「國家認同的有力象徵」，或限制開發 ── 經常和大規模的抵制相抗衡。同時，在城市裡，特別在二十世紀周圍圍繞著貧民窟（squatter settlements）的城市 ── 國家常要認可承租戶所爭取的一些權利，這些權利在交易熱絡的市場常變成商品。雖然這些常常是嚴厲的競爭過程，像是國家的突擊檢查或拆除非法遷移，Richards指出了一個對土地侵占者給予認可的趨勢，這些人最後爲了在其他地方有個更好的居所而停止鼓動抗爭。他至少提

出有三種不同類型的土地權，儘管不是舉世皆然，但也漸漸變得相當普及，而這些在全球都有多樣的源頭特性。

第二部分的主題是區域中的水、河川與環境，三位作者分別探討了中東、中國沿海與南亞地區。Edmund Burke Ⅲ 的文章〈中東環境的轉變〉（"The Transformation of the Middle Eastern Environment"），對區域的環境改變，提供了深入的歷史解釋。過往的現代中東史很少涉及環境議題。它很容易就成為討論重要問題時的邊緣話題，例如在談論帝國主義、國族主義與區域的政經轉變的開端時。大多數現代中東史的史家多視環境只是背景的資料，只有在運用現代的科學與技術時能克服。但Burke這篇文章提醒我們，在中東的例子，若我們將觀看的時間拉長，就會發現此地的人們歷來改變環境的能力一點都不是新玩意。作者將中東區域的歷史放在全球的及生態史的脈絡下來看，試圖揭露人與自然互動的更大的過程。中東環境特殊的容貌異於世界其他地區，該地特有的環境問題常在很迅速的情況下陸續被解決。現代世界並非僅在歐洲誕生，它也是人們與環境的累積、組織及控制的長期結果。世界史家開始去談論「發展主義者計畫」，當作是對現代國家緩慢開端的一種速記。這篇文章首先回顧中東水管理的遺產，這很明顯也是區域環境史的核心問題。其次，探索由於伊斯蘭的興起所帶來的明顯轉變，這終結了學者所稱的「中世紀伊斯蘭的綠色革命」（medieval Islamic green revolution）。最後瀏覽目前學界對此區域環境式微的導因的看法。

中東國家自古以來就常依賴水的管理，如灌溉是生產農業剩餘物不可或缺的，而這些農作物又是維繫此地區成為有力國家的唯一資源。許多技術發展不只支持大量的中東人口，它還傳到亞洲、非洲、伊比利及美洲。但它們需要高水平的維持，也因此在政治上相當脆弱，當前的問題可以歸因於自一三〇〇至一七五〇年間的長期農業衰

頹。

　　一七五〇年之後開始復甦，使得中東人口的成長變得比全球平均還高。Burke發現在鄂圖曼帝國、默罕默得・阿里及繼承者統治下的埃及，及外國勢力（法國）的統治下，他們所推動的政策都極為類似；生態間的差異是比這些地方是否由「西方」統治或「其他地方」來得更為重要。特別是鄂圖曼的改革取代了游牧者，並鼓勵不同於其他環境的商業農業的方式，最後有了類似的環境結果。相同的情況是十九世紀晚期成為礦產與工業的新成員。

　　然後Burke將焦點轉到中東現代的水力工程，最初的目的在增加尼羅河的棉花生產。他顯示了十九世紀的決策──特別是從週期的轉變至多年的灌溉，如何成為建造尼羅河水壩的必要條件。Burke因而能夠將複雜的建造水壩的得失連結到二十世紀有關水壩、經濟發展、國家權力、國家認同，甚至到默罕默得・阿里、十九世紀晚期的英國政府及其他人物的情感上的動力。最後，在快速瀏覽了底格里斯與幼發拉底河之後，他將焦點轉到摩洛哥，檢視大規模及輸出導向的農場。他描繪了從古羅馬到法國殖民計畫的模式，一直到灌溉加州的商業農場，由於邊緣土地及維生含水層受到密集的化學的使用，導致環境的破壞，最後造成一蹶不振。在很大程度上，因為它倚賴有限能力及嚴重副作用的水力管理技術，使得今日中東的發展似乎不能夠趕上人口的成長。透過使用勞動土地與資本的不斷投入，中東的農業持續增長，儘管存在了幾個世紀，但現代技術仍然無法有重大突破，甚至無法維持生產成長。

　　Burke的結論是，如果我們關注到中東的深度歷史（deep history），將會明白現代性不是只是西方的，它也根深柢固地出現在北非、歐洲、亞洲的共同過去。不僅人們早已改變了他們數千來所生活的環境，國家及經濟長久以來也逐漸與人們之間形成如編織般的網

絡。由於中東的環境的例子已經成為世界的典型。因此，它與所有關心全球環境的人都息息相關，它提供這個星球的其餘地方一個相當明顯的警訊。

　　Pomeranz的文章〈中國的環境轉變，一五○○～二○○○〉（“The Transformation of China's Environment, 1500-2000”）採取和以往不同的觀點。作者論述長時段的連續性形塑了中國對經濟發展與環境管理的取向。這包括了：一、大多數人偏好住在鄉村，這激勵了鄉村工業；而不是畫分單純的農業鄉村與工業城市；二、中央政府的治國觀念是積極地幫助地區能過著標準的家庭生活，這在經濟及生態上是脆弱的，而不是去干預富庶地區的經濟；三、在中國不同於在自由的傳統的作法是，物質的情況受到政府的強有力保護觀念的形塑。過去數個世紀以來，許多發展主義者計畫的自由版本的確為中國所採用，像是價格制訂市場（price-setting market）。

　　Pomeranz的焦點也是水，特別在中國北部，該處歷史上的河川氾濫的控制相當不易，而水利供應也反覆無常。很明顯地，國家插手的主要集中在區域的環境管理，但結果是可避免的，國家的邏輯是讓北部中國僅是落後地區，而國家集中照顧的地區的稅收則會更高。但事與願違，這種情況並未出現，整個明代及大部分的清代，長江流域的富庶地區被迫去資助北部地區及許多其他生態上的脆弱地帶，這些充分說明了中國的政治經濟及其特殊的發展主義。這篇文章主要在描寫的就是治國之術如何在十九世紀的帝國主義、新的國內的政治機制、以及內在所引起的環境壓力之中崩潰。之後，探討隨之而來的環境與社會危機。文章也探討技術官僚與民粹的反應，以及中共如何在這兩者之間擺盪。結論部分則在檢視儘管一九七八年後市場化與都市化，中共依然有顯著的水利的政治經濟，而當代成長的兩難也反映了帝制晚期中國的治術所遺留下來的自信與消極。

　　Mark Cioc的文章〈做爲世界河流的萊茵河〉（“The Rhine as a World River”）是本書中唯一探討「先進」地區的文章。這篇文章檢視了萊茵河如何成爲世界重要商業水路之一，以及同時它也成爲世界上未達到生物分級的河川之一。這兩個過程是相糾結在一起：萊茵河做爲一個生物棲息地的破壞是受過去歐洲根深柢固的政治、經濟與水利的意識型態與實踐的直接影響。更特別的是，十九世紀時，萊茵河在工程上是被設計成符合工業歐洲的需要，這導致不良的生態結果一直持續至今。有些可預見及被接受的是不可避免的進步所造成的結果；然而，大部分是不可知的，但被接受成是既成事實。有三種對萊茵河的生態特別顯著的影響：爲了要調節水量及航運的需要所做的水道截彎取直；土地開墾政策的結果導致氾濫平原的破壞；水汙染，使用河川當作是工業與都市下水道。這三者都迫使了萊茵河的棲息地的一致性，這使得萊茵河去支持生物多樣性的能力逐漸削弱。萊茵河因而成了過去兩個世紀以來，歐洲式的商業與工業發展所帶來的環境問題的縮影。

　　如Cioc所述，自一八一五年以來，萊茵河幾乎就成了一連串工程的對象，當時爲了要「抵禦對萊茵河的攻擊」，其主要工程稱之爲「全面營運計畫」，它連結了來自法國大革命的自由貿易的計畫，而多國有關河流的行政出自維也納協議。最後的結果成了河流與運河的模式，幾乎是完全筆直，盡可能地狹窄，並且完全包覆在水泥牆內。人工萊茵河成爲文藝復興與啓蒙運動時有關如何運用自然的概念的典範。即使沒有受到嚴重的汙染，它也無法維繫大多數生物，因爲提供給魚群餵食、產卵的彎道及生態單位都被排除。當與魯爾比鄰的煤田激增與主要化學公司聚集在萊茵河兩岸時，它本質上已轉變成一根巨大的汙水管：其中一九○○年還有一百六十五種物種，到了一九七一年已有一百三十八種消失。在世界最具生產力的區域中的一位完美的

工業佣人——從未氾濫，容易航行，對於加熱、冷卻與傾倒都相當有用——做爲生物棲息之所的這條河幾乎完全摧毀了。過去四十年來，修復的努力已經又吸引了一些物種出現（目前依靠人工繁殖）。但基本上，文藝復興與啓蒙運動時期的工程目前則是萊茵河未來的生機。雖然如此完全不顧生物的作法已經不再受到支持，但它的影響已不可挽回。

Michael Adas的文章〈持續與轉變：東南亞的殖民稻米區及其對大河三角洲的環境影響〉（"Continuity and Transformation: Colonial Rice Frontiers and Their Environmental Impact on the Great River Deltas of Mainland Southeast Asia"）的焦點也是在水。這篇可以和上述Burke的中東研究相呼應，強調殖民的緬甸及越南間，以及未受殖民的暹羅與泰國間的事情的相似性。但Adas所說的是另一種殖民故事，這些地方都有中國及印度移民，這些人既非本地的，也非被征服的，在此扮演重要的角色。

雖然Adas指出介於前殖民與殖民發展成果的連續性，他也註明了環境本身顯著的連續性。這些大稻米開發邊區的發展可媲美和整個美洲與澳洲的邊境開拓一樣，都有大量的移民、主要穀物的輸出、大片的土地整理、驅趕當地的大型動物（北美野牛、南亞大象），以及游牧民族。此外，Adas也顯示了東南亞的變化不像新歐洲的小麥移墾區，花生及棉花進入到非洲的薩赫勒地區，或巴西的森林的清理那樣，破壞了舊有的生態。水以新的方式受到控制，但它來自季風及已經在此氾濫了好幾代的河流。新的稻米的變化是進口，但它們與舊的變種比鄰而種，而不是取代他們。培育的方法也混合了新舊，基本的季節更替沒有改變。比起其他大型的農業開發邊區，大量的農業剩餘作物較少引起生態的破壞。

但稻米經濟是有代價的。像是沼澤的消失，以往這裡是提供魚和

水生有殼動物相當重要的日常飲食補充品的地方，當世界稻米價格於一九三〇年代暴跌時，這些特別為人所遺忘，並徹底打擊了佃農及無土地的勞工。新的水壩攔住了以往河水所夾帶的淤泥，使三角洲的土壤大量減少，木柴也變得稀少。最令人驚訝的是，廣種水田的結果使得一種極會影響身心的溫室氣體── 甲烷的大量增加。如同Adas所說，這個世界過度依賴水稻生產以致不可能放棄它，但生產方式卻需要做改變。儘管發展計畫似乎已經交出許多成果，但也造成極大的破壞，在這之中或許有無形的環境複雜性。Adas的結論是，對所有人類而言，稻作栽培的大量擴展代表了其影響深遠卻少見獲得認同的兩難。既使以目前水準的水稻生產的穩定性及已有的技術已改善，每年還是會排放出一億噸的甲烷氣體進入大氣層。因為這些排放物的溫室效應已經對全球環境造成毀滅性的影響，對我們而言，大量及快速地調整稻米的生長技術以降低，或許最終能排除嚴重的甲烷排放。

　　第三部分：William Beinart的〈超越殖民典範：大視角下的非洲史和環境史〉（“Beyond the Colonial Paradigm: African History and Environmental History in Large-Scale Perspective”），焦點集中在英國控制下的非洲地區，文章分為兩部分。作者首先簡單介紹近來非洲環境史中的六個分析的連接線，這些對我們要了解殖民者與被殖民者、白人與黑人的關係相當重要。其研究方法是先假設新典範的身分，並成功地倒置了對西方知識歌功頌德及哀嘆非洲是環境的揮霍者的殖民的刻板印象。其次，Beinart質疑這種新典範，並提供可能移轉超越倒轉殖民敘事的爭議的另類觀點。

　　透過那些形成我們對帝國主義古典想像的異域計畫與物種的介紹，Beinart帶領著讀者深入殖民場景。就像有人可能期待的，當十九世紀帝國主義接觸許多耕種者、森林開發者，及其他有點動機去強化土地利用或接受無產階級的人時，處處可見斷裂。災害頻仍，

還罕見地在剛果出現了暴力殖民：例如殖民主義帶來了天花、錐蟲病及其他毀滅性的疾病。Beinart找到了一個不把非洲環境史形容成像是世界末日的方向，這強烈引起許多早期積極的環境史家的共鳴。近來的文獻顯示，這種自大、貪婪及無知常使殖民政策的制訂變得更具活力，但這也說明前殖民的環境動向比我們所認知的更為複雜。這些含括了成功及擴張的政治單元所導致的生態破壞，例如大辛巴威（Great Zimbabwe）的情況，幾乎耗盡了土壤及森林。

Beinart認為「對窮人而言，科學和國家依然是有潛力的盟友」。有關國家的懷疑主義——特別在非洲，解決問題成了今日的例行公事。但Beinart提醒我們，窮人的環境主義常強調要求要環境服務，像是要有可堪用的乾淨用水。這樣的服務需要有一個國家的角色及大規模的工程計畫。計畫的失敗與科學的誤判促成了令人讚嘆的與真實的重要故事，但Beinart認為這種偏頗的故事常使人對於「非洲的科學努力設法解決複雜的疾病、生態與自然現象」的看法難以理解。在結論時，Beinart提到在近來的非洲及其以外的學者作品中有種「嚴重的矛盾」（profound ambivalence），他們強調全球關係與種族主義者假設的歷史的不對等，致力去使史學與社會研究跳脫獨立、犧牲及浪漫主義的敘事。因而我們不僅必須持續去探索非洲的創造力與抵抗，而且其他非洲代理人的形式，特別是，為了善惡，以共享的人類能力去支配權力，超越自然及人。

Mahesh Rangarajan的文章〈印度的環境史：國家、景觀與生態〉（"Environmental Histories of India: Of States, Landscapes, and Ecologies"）。印度殖民時期的環境變遷曾不在歷史學界的研究範圍內，但現在卻是相當興盛的領域。印度自十八世紀晚期就是歐洲的全球主導計畫的核心，這使它不可避免地受到帝國的影響，其後果形成了全球環境史敘事的一種主要隱喻（trope）。

　　Rangarajan認為至少有三個理由說明為何英國統治對南亞的環境，既代表正面，也有負面的標的。第一、英國重新制定對邊緣化的畜牧者與耕種者的政策：輪流遷徙他們到可充分利用的可耕地。第二、帝國的林務員獲得印度次大陸將近五分之一的控制。雖然這些森林提供了各種不同的目的——進行外交交流、提供鐵路綑綁到預防枯竭——地方社群的需求完全不曾被考慮，更不用說森林對大象及老虎的重要。第三、儘管國家贊助的灌溉計畫有時改善了水質安全，但當舊制度無法適當地維繫時，也會導致其餘問題，例如從瘧疾到鹽化，再到旱災。

　　Lise Sedrez的〈拉丁美洲的環境史：一個變動的新舊領域〉（"Latin American Environmental History: A Shifting Old/New Field"），指出了類似Beinart及Rangarajan所觀察到的歷史趨勢。早期古典有關拉丁美洲環境史的故事幾乎都是衰頹的故事，而近來的作品則可見更為複雜的類型。她放棄了以往的衰頹說的架構，改採另類的討論，以顯示衰頹並非是不可避免的。她也指出一種信心十足的知識環境史、自然資源的環境知識史，以及她所稱呼的「景觀與地方」（landscapes and places）的歷史。最後一種是知識與物質環境史的分析，焦點在特殊景觀的了解，而非是抽象自然的概念。Sedrez也認為，對環境問題的文化適應的研究，對於環境正義運動（environmental-justic movements）的研究，以及像是水壩與高速公路等大型計畫成效的研究，能提供一個重要的例證。

　　Sedrez的結論認為，在二〇〇三年，Paul Sutter寫了一篇文章建議美國環境史家應當可以從拉丁美洲環境史家身上學到一些東西。在Sutter的文章基礎上，Sedrez認為，我們或許該問的不僅是拉丁美洲史能從美國環境史家學到什麼——因為這是一個持續進行的對話——更是拉丁美洲的環境史能對大多數的環境史發展有何貢獻。作者認

爲，拉丁美洲史家不單能反映出和他們相對應的北美所提議的問題，而且能引伸出多元的影響。在來自這些影響的諸多特質是跨學科的及對環境史有更寬廣的定義。這些包括了對既有的拉丁美洲史學的傳統問題的堅持，例如社會正義（social justic）、權力及不平等的爭論，也有區域的全球定位的問題。無論好壞，這些特性已經爲許多研究拉丁美洲環境史學者所提問題給了一些定義，此外，也對世界其他的環境史提供了有價值的貢獻。

最後一篇文章Douglas Weiner的〈了解俄國環境史的一個架構〉（"The Predatory Tribute-Taking State: A Framework for Understanding Russian Environmental History"），主旨在探討後蘇維埃政權（post-Soviet Eurasia）的自然與社會景觀如何演變成今日如此惡劣的模樣。論述的核心很簡單。最早從十三世紀的蒙古帖木兒（Tatar）的入侵開始，特別是莫斯科公國的興起與擴張，直到後來的蘇俄帝國及蘇聯（USSR），進行了一連串的軍事化活動，壓榨式的收貢賦國家（Predatory Tribute-Taking State）因此主導了歐亞大陸的大部分土地。無論他們如何稱呼自己，這些俄國政權對人與自然資源的態度都極爲相似。不受限於法律的約束，這些政權將其所統治的人口及土地視爲是爲了統治者的目的而開採的寶藏。有時這些目的聽起來相當崇高：防禦人們眞實的信仰、聚集分散各處的道德思想、無階級的社會；或者是工程轉變成一種「自由的、民主的、自由市場社會」，然而，這些目的卻不能掩飾統治者欲維繫權力的前提的冷酷理解；而爲了要追求這些目的，俄國的統治者不會將精力浪費在人民及土地上。

如同其他學者一樣，Weiner連結了蘇聯征服自然的非眞實計畫──從創造新的動物物種到暖化北極，再到灌漑大草原──爲了建立一種新型態的個人：Maxim Corky爲波羅的海至白海海峽計畫喊出的口號：「轉變自然，人就能轉變他自己。」對於Weiner而言，這些

烏托邦主義不僅根生於共產黨的意識型態，也在蘇維埃所繼承前任政權的收貢賦的形式。

雖然蘇聯在致力於科技發展上有一些潛力可培育出更具遠見去因應自然的方法，這個觀點證實不符合歌功頌德的標準化、一連串的軍事緊急狀況以及官方持續的取貢。這種趨勢持續到今天，後來因經濟危機與依賴資源出口而惡化。結論時，Weiner認為，經歷了千年的收貢賦國家的統治時期，那些不符合經濟及生態道理的政策打造了一定的政治感覺，更進一步的，包括毀滅性的入侵，許多歷史的創傷常塑造出相當有吸引力的穩定權威主義。

Pomeranz在有關《環境與世界史》的綜合回顧的文章中，將致力於國家建設、定居及加強資源的開採稱之為「發展主義式的計畫」，這個概念與書中好幾篇談論環境與國家發展的文章息息相關。[25] 發展主義和與之相對抗的看法構築了近來數個世紀的環境史。這種模式與許多邊境開拓、密集農業政體及灌溉與河川氾濫控制體系等等的故事相當類似；由於技術在各地成功推展而常常受到仿效，因而強化了這種相似性。特別在二十世紀，儘管差異依然存在，工廠、鐵路與機場的廣泛發展——平均每人國民生產毛額（GNP）逐漸成為人民福利與政權成功的衡量指標——更強化了這種類似性。Pomeranz認為他們不在強調這種共有的發展主義者計畫影響了這種差異，或者認為各地的環境史敘事有必要如出一轍，但是為了建立一種大致相似的底線，我們還是有必要討論某種意義上的差異性。

到目前為止，國家形成的過程中驅使了土地利用的全球性強化（global intensification），這過程不能只簡單歸因為資本主義的緣

---

25 Pomeranz, "Introduction: World History and Environmental History", pp.3-32.

故。此外，將這些歸因為是人口壓力也不恰當。即使我們認為主要原因是商業化，按長久以來這種發展的最重要網絡卻是在內陸亞洲，這些地方的發展並不適合簡單地就套上資本主義的標籤。

反之，我們把歐洲資本主義與科學看成是文化的特別變異類型：為了國家權力與人民福利去改變物質的環境，被驅使去創造更強大的以領土來定義的國家，去「征服」自然，使得它更能預見與控制。成功逐漸需要介於國家與資本擁有者的可靠關係：商人團體能提供國家所需的稅收，而人民也願意投資去改變土地的型態。

共享的發展主義者計畫影響了環境史（與經濟史）的敘事。它強化了近代世界不單只是誕生在歐洲這個仍有待爭議的看法。資本主義做為生產的模式──特別是創造了龐大的勞動力，及只購買勞動力而非依靠額外的市場強制（extramarket coercion）的土地與資本的私人所有者──或許依然是歐洲發展的主要故事，但由於缺乏特別結構（configuration）並不意味著缺乏發展或環境的結果，這件事已經愈來愈清楚。

某方面而言，Pomeranz認為這樣的觀察並不算太有新意，Robert B. Marks及Mark Elvin早就已經描述過中國如何「沒有資本主義而能商業化」，而生產出許多相同的環境趨勢（朝向強化及單一經營），但這卻值得一再論述。在工業時代更為資本密集的發展──包括鐵路、大量的石磚路及大型工廠──這些都需要特別的機構去募集與有效利用大量的財政資本，但這又是另外一個不同的故事，政府為了戰爭而借貸，帶動了大部分主要的革新。財政戰爭絕對不僅對歐洲是個問題，例如這些在南亞依然是需要建立複雜的財政機構，它也不像布勞岱爾式的（Braudelian）的資本主義需要有一種嚴格馬克思定義下的資本家的生產模式。如果我們衡量工業化不是依靠外在的市場價值，而是靠土地與人口有關的數量的話，或許就更符合環境史家的

標準，到那時，非資本家政權（或半資本家）就會擔任大部分工業化的傳播角色：例如蘇維埃社會主義共和國（USSR: Union of Soviet Socialist Republics）、東歐、中國及尼赫魯統治下的印度。

　　Pomeranz更認為，如果我們根據的是發展主義式的計畫，而不是嚴格定義下的資本主義的話，那就更容易將這些議題放在一個整體的環境史研究中。但什麼是具體的發展主義式計畫的樣貌？或許最基本的是持續的刺激與施壓來擴增經濟生產。早期現代國家與市場擴張的環境展現是眾所周知的。長距離貿易和傳教工作將許多植物、動物及微生物帶到世界各地，有些物種在新環境中是毫無天敵的。如果說，十八世紀突破了生物舊政權的限制，那麼十九世紀，甚至特別是二十世紀則將他們徹底給摧毀。新的技術與能源資源引領了這個趨勢。儘管發展主義式的計畫在延續性上跨越了技術的區隔，但後來所呈現的面貌大不相同。過半數的人口增加在過去三十年，自一九〇〇年以來，每年的能源消費是過去的十五倍，此外，還有史無前例的環境衝擊，像是核廢料、臭氧層的破壞，以及全球氣候的變遷，這些都是劃時代的變化。

　　二十世紀的環境史仍然大部分是有關於環境惡化的故事，特別是在工業化的地方。這些地方的主政者常常特別容易不顧發展的形式，或許是因為脫離了殖民時期的控制，也有可能是國家政府企圖不惜代價地迎頭趕上。許多這樣的國家都是專制政權，因此想要將環境主義者的異議轉換成實際行動是相當困難的。

　　在過去兩個世紀以來，史無前例的經濟成長創造空前的經濟不平等。這也製造了前所未有的環境不平等，世界上的窮人較富人更容易暴露在有害的空氣與危險的廢棄物中，更不用說能否有比較乾淨的飲用水。事實上，上述提到的環境汙染的清除常因汙染活動的遷移而加速。現在的匹茲堡較以往更為乾淨部分是因為它不再是鋼鐵城的緣

故，而富有國家的森林已經停止縮減是因爲其餘地方的森林正在快速縮減。當然，這種趨勢可能與各地的發展主義以及和貧窮地區樂於接受煙囪工業有關。

　　Pomeranz更進一步說，這種清理並不能解決我們這個時代眞正的全球環境問題。遷移了大型工業或許能清理了德國西南部的Stuttgatt及英國的Sheffield這兩個城市，但卻仍無法使世界更加冷卻。建立在數個世紀以來的發展主義的強權民族國家該如何能解決這個問題，仍有待觀察。如同John McNeill所說，若和解決更困擾及慢慢開展的全球暖化問題相較，某種程度的民主政治比較能解決當前的迫切性及地方性的環境問題。透過利益團體自由主義的架構去解釋這個趨勢，而不是明顯要做什麼，這是容易的。

　　這本論文集可以突顯出我們經常忽略的跨越時間的連續性以及跨越空間的相似性。將近代與現代的軌跡相連結吸引我們注意不連續及出現在十九世紀的兩個重要現象的影響：工業化及新帝國主義。本書雖然大多數文章是區域的個案研究，而非當前熱門的跨區域文章，但這些作者所處理的區域大都不是以往民族國家題材的研究取向，而是強調全球的視野。無論這些作者處理的是重新製作植物群（flora）、動物群（fauna），及新歐洲的疾病、新財產權及能有效使游牧民族主義（nomadism）失效的人頭稅（head taxes）的移民殖民主義（settler colonialism），還是建立礦場及種植園，這些論文一再顯示帝國主義在特別的環境留下的標誌。同樣地，他們也讓我們做了一些較不尋常的事：透過環境史做爲檢視帝國主義的濾鏡。

　　發展主義式的計畫的概念也提醒我們在許多較大的歐洲殖民地，殖民者與被殖民者之間的意圖的鴻溝在本質上從未像在歐洲人的記憶中那麼寬廣，那些歐洲人把自己想像成引進活力給「惰性」社會的人。Michael Adas討論南亞大陸的湄公河大河區的文章是個很好的

例子。英屬緬甸與法屬越南的例子和已獨立的泰國沒有太大差異。所有這些計畫早在殖民前都已經有了很好的排水與移民的建設努力，他們並且持續由國家及民族團體（ethnic group）從中心到內陸平原進行對三角洲長期控制的強化。這三個地區都與許多人息息相關，他們大多是既非歐洲人也非當地人的印度人與中國人。

綜上所述，《環境與世界史》一出版，就立刻受到史學界的重視，各種評介不斷，當然肯定的聲浪居多。但也有學者覺得仍有美中不足的地方，例如後殖民史家David Arnold就直言不諱的說：這本論文集缺乏焦點與理論導向的一致性，這使得全書到處夾雜著描繪重大動亂的個案研究、區域回顧，以及將全球的概念理論化的嘗試。其結果就是，過於關注區域間的過去與現在的互動，而較少談論區域與區域間的聯繫。好在書末有各區域的延伸閱讀書目，想要進一步對各區域的環境史深入探討的讀者，或許可以從中找到補充資料。儘管本書的文章所處理的區域及主題都不甚相同，但其中的共同主軸都涉及到國家形成與環境史，在這之中，「發展主義式的計畫」的概念多次貫穿全書。

這種全球環境史的研究取向的確改寫了過去世界史的歷史書寫特色，就如同Robert B. Marks在一篇針對幾本全球環境史書籍進行回顧時所說的：「不像早期世界史與國家史的『進步』敘事，環境史就比較傾向像是位衰頹論者：不管過去的事蹟有多偉大，人類都能將它弄得一團遭。」[26]的確，這本論文集中的每個故事都能再延伸出許多子題，可供對環境史及世界史感興趣的學者做進一步研究。此外，本書由於研究題材多元及涉及地域廣泛，也是相當好的環境史教材，短短

---

26 Robert B. Marks, "World Enviroment History: Nature, Modernity, and Power," p. 212.

幾年，就已經成爲美國大學環境史課程的必讀書目之一。[27]

　　不僅環境史本身的研究取向愈來愈具有全球視角，就連其他研究領域也受到環境史的影響，外交史就是其中一個例子。例如 *Diplomatic History* 期刊在二〇〇八年就編有一個專號「外交與環境史」，其走向就是探全球視野將這兩個研究領域相結合。在專號導言中，Kurk Dorsey 及 Mark Lytle 提到，環境史和外交史在過往，無論是課堂、學術出版或公共議題上，多是毫不相干的兩個領域。直到最近，這個情況才有改善。例如諾貝爾和平獎頒給了致力將人類導致全球暖化問題予以普及化的前美國副總統高爾，他很明確地將環境保護與國際和平聯繫起來。這個專號的設計就是要進行類似的嘗試，以展示目前學界將環境與外交研究互相融入的成果。[28]事實上，目前可見致力解決環境危機的全球合作，同時也可見制止那些可能危害經濟或政治利益的合作。保存環境的生活福利措施的外交努力較一個世紀前還多，近四十年則有更快速的發展。相較於過往的外交史關注的是外交對環境的不經意影響。現在的軍事及環境史家則開始探討戰爭與環境的關聯，他們聯手合作去探討環境對軍事及外交決定的影響。在導論最後，兩位作者強調這個專號的設計顯示了環境在研究美國外交關係上變得更爲重要。他們希望未來有更多年輕的學者從環境史、外交史及科學史的角度來進行類似的課題研究。

　　這個專號中有五篇文章，此外，還收錄了兩篇回應文章，作者分別是 David Worster 及 Akira Iriye。Worster 的文章〈邁向全球的環境主義〉認爲，環境史自一九七〇年代以來，總是受限於疆界的束縛。廣

---

27 例如 New York 大學 Peder Anker 於二〇一〇年春季課程中的「環境科學史」，就列入此書爲必買讀物。

28 Kurk Dorsey & Mark Lytle, "Introduction," *Diplomatic History*, 32:4 (2008.9), pp.639-641.

義的環境史是處理不限何時何地的人與自然互動的歷史。儘管環境史
的問題意識架構常受限於民族國家的框架，但有時還是會超越邊界，
將焦點集中在氣候、疾病、海流、資源商品的流通。外交史與環境史
的合流是近來才有的事。當我們開始逐漸關心全球氣候變遷、稀有能
源資源、生物多樣性及乾淨的水資源時，我們可以期待這兩個領域的
短暫會合。人類對地球的影響雖然自古有之，但已經變成近來面對外
交時的最大問題，這挑戰了舊時、刻板的爭議及學界的想法。

　　在Worster看來，這個專輯中的五篇文章都相當具啓發性地展示
了環境史觀點如何能夠重塑過去半世紀以來的外交史。他們都選擇了
類似的歷史課題：改革精神、國際統治、戰爭因果；而每一個例子都
能與新面臨的挑戰有關，例如馬爾薩斯壓力、石油造成的海洋汙染、
輻射物質、野生動物的毀滅與恢復。最後Worster總結說，特別是在
美國，外交、戰爭及國際協商的歷史，無論左派或右派，長久以來的
敘事都是受進步史觀左右。環境主義就如同環境史一樣，常遭受抵
抗，因爲，有時它挑戰了變遷的進步觀點。的確，在過去數百年間，
從一次大戰、經濟大蕭條、集權主義的興起、大量毀滅性武器的發
明，以及眾多殖民國家獨立後良好發展的失敗，這些都促使許多史家
去問一個人類的「普羅米修斯」（Promethean）的未來問題。環境主
義已經增強了新的力量去認知到世界較以往是更無法免於飢荒，以及
無止境的暴力。**29**

---

29 Donald Worster, "Environmentalism Goes Global," *Diplomatic History*, 32:4 (2008.9),
pp.639-641.

四、結論

上述環境史的全球轉向僅是當代西方史學轉向的一個面向。我們目前所見到的史學的「全球轉向」目前仍是進行式，相較於其他次學科的發展，它的資歷尚淺，在目前可見的研究成果中，我們可大致歸納出幾點全球史的發展趨勢。一、它挑戰了過去民族國家史的書寫限制，將視野擴展到地方、區域、國家、半球之間的彼此聯繫；二、全球史的研究已經跳脫以往建立宏大體系與理論的框框，許多兼具有宏觀及微觀的文章開始受到重視；三、全球轉向讓研究者帶有一種全球視野的角度看問題，因此類似上一波史學的「文化轉向」，促使了史學的各次學科有了新的研究取向，舉凡環境史、社會史、性別史、經濟史、外交史、教育史、醫療史都紛紛強調全球視野下的研究角度；四、研究者多為跨學科的學者，不限於是史學家的專利，像是社會學、經濟學、政治學、國際關係、地理學；五、全球史專業學術期刊的出現，例如《全球史期刊》（*Journal of Global History*）；六、專門全球史研究機構的成立。**30**

相較於西方史學中環境史的全球轉向，臺灣的史學界無論在世

---

30 Bruce Mazlish and Akira Iriye, ed., *The Global History Reader*，這是目前所見唯一一本西文的全球史研究讀本，課題涵蓋了：恐怖主義、環境、人權、資訊革命、及多元國家的合作。除了歷史學家的作品，也收錄了人類學及發展研究的學者文章，A. G. Hopkins, *Globalization in World History*. A. G. Hopkins, *Global History: Interactions Between the Universal and the Local*. Barry K. Gills, William R. Thompson, eds., *Globalization and Global History*. Bruce Mazlish, *The New Global History*. Charles H. Parker, *Global Interactions in the Early Modern Age, 1400-1800*. Georg G. Iggers and Q. Edward Wang, *A Global History of Modern Historiography*. Peter N. Stearns, *Globalization in World History*. Prasenjit Duara, *The Global and Regional in China's Nation-Formation*. Sølvi Sogner, ed., *Making Sense of Global History*. David Armitage & Sanjay Subrahmanyam, eds., *The Age of Revolutions in Global Context, c.1760-1840*.（本書收有十篇論文，主旨在探討一七六〇～一八四〇的革命年代之間的全球原因、聯繫與比較。）Dominic Sachsenmaier, *Global Perspectives on Global History: Theroies and Approaches in a Connected World*, 2011。

界史或環境史的研究，仍有很大的進步空間，尤其是後者的發展，更只能算是剛起步而已，因此要談雙方有何對話，還似乎過早。對中國環境史研究推展不遺餘力的劉翠溶院士在〈中國環境史研究芻議〉一文中，已經提到當前有待深入研究的課題：人口與環境、土地利用與環境、水環境的變化、氣候變化及其影響、工業發展與環境變遷、疾病與環境、性別、族群與環境、利用資源的態度與決策、人類聚落與建築環境、地理信息系統。[31]這些項目對於後學無疑是很好的一個指引，但在研究視野及研究方法上，該有何突破與進展，這篇文章談的不多，唯一與全球環境史有關的段落，就是提到John R. McNeill曾在《積漸所至：中國環境史論文集》中寫過的一篇文章〈由世界透視中國環境史〉。[32]這反映環境史社群在臺灣史學界還算是相當小眾，因此能關注的課題有限。

　　但近來，這個情況略有改觀，曾華璧的最新論文就借用全球化理論中的「流動」與「網絡」概念，她認為荷蘭據臺時，透過商業行為，導致物種交流發生，使東亞地區與福爾摩沙具有類似Alfred Crosby所稱的「哥倫布大交換」的型態。特別是運送物品交易的戎克船密集地進出東亞海域，更說明這個現象存在的可能性。[33]很明顯地，作者運用的就是Crosby的經典概念。當然，全球視野下的環境史不僅能提供臺灣的環境史研究有跨越國界的可能，它還能對世界史的書寫有新的衝擊。當我們不再認為Pomeranz的研究只是經濟史的課題時，那麼環境史與世界史的對話即將離我們不遠。

---

31 劉翠溶，〈中國環境史研究芻議〉，《南開學報（哲學社會科學版）》，2006年2期，頁14-21。
32 劉翠溶、伊懋可，《積漸所至：中國環境史論文集》，中研院經濟史研究所，1995，頁39-66。
33 曾華璧，〈解析十七世紀荷蘭據臺時期的環境探索與自然資源利用〉，《臺灣史研究》，18:1（2011.3），頁33。

第八章
東亞博物學知識的文化相遇
——本十八世紀的琉球本草書籍初探

一、前言

　　日本江戶時代的天保六年（一八三五），伊賀侍從藤原高猷爲一本琉球的本草書籍《質問本草》寫了一篇序，兩年後，該書由薩摩藩正式出版，一八三七年的刻本距離一七八九年的彩色寫本已隔五十年之久，序中清楚描繪成書概況，其中最特別的莫過於這本書與中國的關係。[1]

　　表面上，這是一本由日本薩摩藩對琉球產物所進行的調查成果；然而，本書的內容實際牽涉到十八世紀末至十九世紀初的日本、琉球與中國三地的本草知識交流，可視爲當時東亞博物學知識交流的一個縮影。目前中國醫學史學界對《質問本草》的了解有限，至今仍停留在一九八四年中醫古籍出版社的初步介紹。近二十年來，本書並未受到中國學者的重視，究其原因，一來中國醫療史中本草的社會史研究原本就較少人著墨，再來現有的本草史研究又太偏於經典，[2]例如《本草綱目》對日本江戶時期本草學的影響；[3]反而忽略了一些較邊緣地區的本草知識的交流。反觀日本學界，其博物學史早已有豐

1　吳繼志，《質問本草》，中醫古籍出版社，1984，據中醫研究院圖書館藏日本天保八年精刻本影印，原稿爲日本薩藩南山所藏，頁1-2。

2　溫長路編，《李時珍研究集成》，中醫古籍出版社，2003；〔明〕劉文泰等纂修、曹暉校注，《本草品匯精要》，華夏出版社，2004。

3　早期研究可見，岡西爲人，〈明清の本草〉，頁147-203；大庭脩，《江戶時代中國典籍傳播日本之研究》；近來有關本草綱目的自然史研究可見，Carla Nappi, *The Monkey and the Inkpot: Natural History and Its Transformations in Early Modern China*, Harvard University Press, 2009。

碩成績。[4]本文關注的焦點有三，一是地方性的本草知識如何建構？二是圖像的辨識如何影響本草知識的書寫？其三是透過《質問本草》了解十八至十九世紀的東亞的博物學知識。我們的初步作法是先行探討這本書贊助者、寫序跋者、鑑定者，以及赭鞭會、藥園署，進而觀察十八至十九世紀東亞之間的博物學知識的文化相遇（cultural encounters）。[5]

二、島津重豪的博物學調查與《質問本草》

　　《質問本草》的出版與島津重豪支持下的博物學調查有密切關聯。日本於德川家康主政時期，約在享保二十年（一七三五）起的三年間，進行了全國性大規模的植物與動物的「產物調查」，其中，薩

4 上野益三是日本博物學史著作等身的學者，與本文較有直接關係的是《薩摩博物學史》，つかさ書房，1982。其餘研究可見：上野益三，《博物學の愉しみ》，八坂書房，1989；上野益三，《博物學の時代》，八坂書房，1990；山田慶兒編，《東アジアの本草と博物學の世界》，思文閣出版，1995；山田慶兒，《本草と夢と錬金術と物質的想像力の現象學》，朝日新聞社，1997；田代和生，《江戶時代における朝鮮藥材調查の研究》，慶應義塾大學出版會，1999；国立国会図書館編，《描かれた動物。植物：江戶時代の博物誌》，国立国会図書館，2005；笠谷和比古，〈德川吉宗の享保改革と本草〉，《東アジアの本草と博物學の世界》，思文閣出版，1995；磯野直秀，〈江戶時代動物圖譜における轉寫〉《東アジアの本草と博物學の世界》，思文閣出版，1995；神原吉郎，〈十八世紀の植物寫生〉，《東アジアの本草と博物學の世界》；白幡洋三郎，〈本草學と植物園藝〉，《東アジアの本草と博物學の世界》；小林青市，〈清朝考證學派の博物學〉，《東アジアの本草と博物學の世界》。此外，目前有關這個課題的較新研究為日本學者高津孝的《博物學と書物の東アジア：薩摩‧琉球と海域交流》，榕樹書林，2010，這本書的缺點是未從醫療史的角度探討相關課題，僅從版本來談文化交流。
5 有關明清時期東亞的文化交流，以往研究的重點偏重於琉球使者的北京所見所聞、來日清人與日中文化交流、江戶時代清人的畫像資料、漂流船等課題，較少醫學知識與博物學的交流研究，有關以往的研究概況，可見松浦章著、鄭潔西譯，《明清時代東亞海域的文化交流》，江蘇人民出版社，2009。

摩藩地區的產物調查即是這一波調查的一部分。談到薩摩藩的產物調查就不得不提第二十五代藩主島津重豪對薩摩藩的博物學發展的大力推動。[6]而島津重豪之所以能夠積極地推動博物學的調查最主要的功臣還是來自於他的仕醫曾槃。島津重豪於延享二年（一七四五）出生於鹿兒島，為第二十四代藩主島津重年的嫡男。重豪於寶曆八年（一七五八）受封從四位下少將，稱為薩摩守重豪。島津重豪就任藩主之後，對於中國語言的興趣相當濃厚，曾親自撰寫《南山俗語考》的初稿，二十三歲時，本書完成（一七六七），大量蒐集了中國南方的俗語資料。之後，他才轉移到博物學，開始了琉球的產物調查。一七六九年，知名本草學者田村藍水在島津重豪的支助下，完成了《中山傳信錄物產考》，根據的就是清代出使中山國的學人徐葆光的《中山傳信錄》。[7]

　　事實上，島津重豪與田村藍水的相會始於一七七〇年，在重豪的引介下，藍水見到了當時首屈一指的博物學研究前輩——肥後熊本的藩主細川重賢（一七一八～一七八五）。在重賢的大力贊助下，他的藩臣製作了許多寫真圖，重賢本身也是一位當時知名的博物學者。田村會見島津之後，受其委託，開始了琉球各島嶼的植物研究工作。一七七〇年四月，田村藍水獲得島津重豪贈送十箱的琉球草木標本。在同年八月，田村藍水完成了十五卷的《琉球產物誌》，[8]雖名為產物誌，實為彩色繪圖的植物誌，此書代表了島津重豪執政初期的本草學者的重要成果，這也開啟了五十三歲島津重豪與本草學的田村學派

---

6 芳即正，《島津重豪》，吉川弘文館，1980初版。

7 笠谷和比古，〈德川吉宗の享保改革と本草〉，《東アジアの本草と博物学の世界》，頁3-41。

8 田村藍水，《人參譜》（1737），收錄於中國文化究會編纂，《中國本草全書》，華夏出版社，1999～，第三百二十三卷。

的合作關係。島津重豪不僅對中國事務感到興趣，對於西洋的外來物品也極愛好。他在一七七一年，從江戶返回薩摩藩時，經幕府同意，走訪了長崎一趟，此舉開啓了他直接對海外文化的興趣。[9]

田村藍水除了上述琉球的本草學研究廣爲當時藩主重視之外，另有一重要貢獻則較少爲學者注意，即爲他曾於元文二年（一七三七）完成五卷本的《人參譜》，本書共載有和漢人參七十六種，區分其種類，書中詳細描繪人參的根葉，並以文字考其真僞及雅俗。之後，在一七四八年，他又作了《人參耕作記》，更強調如何在日本培植人參的重要性。這兩本人參專書對當時日本急需大量進口人參提供了很好的人參品種辨識的知識基礎。[10]

《琉球產物誌》的調查主要地區是琉球大島，並延伸至硫磺島及土喝喇島、喜界島。本書所收載的草木，田村藍水一共考訂了六百三十八種。這本書的部分內容的編撰方法似乎也影響了日後《質問本草》的編輯，例如書中的每一幅植物圖像後面都會有文字解說，兩者體例上雖有承襲，但仍可見到前後兩書的明顯差異。

三、《質問本草》的日人序跋中的本草同好網絡

目前所見的《質問本草》有兩個版本：玉里文庫的彩繪寫本（一七八九）及薩摩府學版本（一八三七）。本文主要參考的是後者的版本，但也會參照前者。透過薩摩藩的版本所增添的序跋中，我們

---

9 稻生若水，《結髮居別集》（1737），收錄於中國文化究會編纂，《中國本草全書》，華夏出版社，1999～，第三百二十一卷。

10 田村藍水，《人參譜》。加藤順，《和漢人參考》（1748），收錄於中國文化究會編纂，《中國本草全書》，華夏出版社，1999～，第三百二十五卷。

看出一些有關薩摩藩的博物學調查的時代氛圍。薩摩府學版有藤原高
猷於天保六年（一八三五）的序、官原利保（一七九九～一八五九）
於天保五年（一八三四）的序、天保七年（一八三六）設樂貞丈的
跋，以及仕醫曾愿天保八年（一八三七）的跋。

　　官原利保一八三四年的序記有：「少將薩藩世子麟洲君一日
謂於曰：『琉球學士吳繼志所著《質問本草》』，吾曾祖南山得而
喜之。……嗣後有刊布封內之意，未果而殤，是以得見其書者或寡
矣。」序中所說的世子麟洲指的是薩摩藩第二十七代藩主島津齊興之
子島津齊彬（一八〇九～一八五八）。官原利保號萬香亭，曾夥同本
草同好組成江戶的赭鞭會，著有《本草通串》、《同證圖》。文中曾
祖南山指的是老藩主島津重豪（一七四五～一八三三），重豪曾於
一八〇四年剃度爲僧，法號南山，此時重豪已過世兩年。島津齊彬一
方面爲了要彌補曾祖父在世時未能出版《質問本草》的遺憾，二來是
爲杜絕「世所傳質問本草者，不知何物，狡兒竊奪鈔錄落之人間」的
亂象；此外，他還擔憂世人「因爲踵陋輾轉迷謬，莫之是正，遂至誤
食彭蜞之患」，指的就是擔心因不辨草木蟲魚鳥獸之名而誤食有毒動
植物而出事。因此，齊彬才命仕臣釐訂文字，重新刊布出版。

　　這篇序另外還透露出一個重要訊息，那就是當時江戶日本的本
草學愛好者的組織「赭鞭會」。高猷在序中曾對赭鞭會批評一番，他
說：「吾邦赭鞭者流，大率考諸華人所錄，徵諸其所圖，以識其爲某
物，隔靴搔癢，抑亦遠矣。」可見當時的赭鞭會這樣的本草同好組織
中的會員，大多是考證中國學者以往所著的本草書籍或圖譜，透過文
中的植物圖像來考訂植物的名稱及品類。在批評的同時，利保則對
《質問本草》的編撰讚譽有加，他認爲本書的特點在於：「雖曰草木
之徵，必親質諸華人，必面問其形狀，必覈其實而止。」由於已做到
送給中國學者鑑定這一步驟，以至於《質問本草》有關植物名稱認定

的可信度相當高。他進而建議，不僅是赭鞭會這些業餘的本草同好要必備此書，就連有意經世濟民的為政者也不得不閱讀。[11]

　　至於一八三五年寫序的藤原高猷（一八一五～一八九五）乃是伊賀國上野的藩主，與島津齊彬有私交，號和泉守，字稻鄉，在當時是位知名的本草學愛好者。高猷的序同樣也提到《質問本草》的作者是吳繼志，本書完成之後，事隔多年，才在島津齊彬的指示下刻印出版。此外，他還提到了利保的序所沒有的地方。首先，他提到：

在安永、天明之間，精究物產，采本土及土噶剌、抑玖諸島所產奇卉異草，摹寫其形，並附注記，每歲託其使人往清者，廣質之於燕京、福省諸處，往復辨證，猶有未晰者，至盆種而往書，凡八卷，經十二年而成。

　　安永與天明之間大約是在一七七二至一七八八年之間，吳繼志所做的琉球植物調查涵蓋範圍約在琉球本島及土噶剌、抑玖等小島。吳繼志的作法是將採集而來的植物標本臨摹下來，然後寫些文字注解，並將這些資料託人帶至中國的北京及福建地區找學者及醫者鑑定，若有不清楚的，則會送盆景過去，前後歷經十二年，完成了八卷。此外，高猷還提到島津重豪得到此書之後，遂命藥園署總裁村田經韜加以校訂及訓讀，但工作尚未完成，老藩主就辭世，之後，其曾孫島津齊彬才接續重豪未完成的遺志。[12]

　　這篇序中提到的藥園署，是島津重豪在位期間，於安永九年

---

11 服部範忠，《藥圃圖纂》（1748），收錄於中國文化研究會編纂，《中國本草全書》，華夏出版社，1999～，第三百二十五卷。
12 小野蘭山，《本草綱目啟蒙》（1803），收錄於中國文化研究會編纂，《中國本草全書》，華夏出版社，1999～，第三百三十二卷。

（一七八〇）由宮之城島津氏家臣阿野道恕之子阿野元齋所創建的官方機構，主要負責薩摩藩的人參培育。創建初期，元齋擔任藥園見習師。早在此之前，阿野道恕就已於永安二年（一七七三）在鹿兒島開設醫學院，並擔任醫學院的講師。道恕對於物產學相當喜好，曾向江戶的田村藍水學辨認物產及栽種朝鮮人參，但在江戶還不到一年就過世，之後才由其子元齋繼任遺志。一七七六年，田村藍水病歿。一七八二年，元齋又奉命前往江戶向田村藍水長子田村元長學習本草學。直到一七八五年，元齋才學成返回薩摩藩，此後，升任爲表醫師，並延續舊業，負責藥園署中培植人參的重任。所謂的培植人參的內容，大致爲從土壤中挖掘藥用人參的根，然後用水沖洗去細根，接著剝皮後放置在日光下乾燥。一七九二年，藍水的門人曾槃正式成爲薩藩奧醫師。曾槃返回鹿兒島後，元齋在其指導下，技術精進許多，因成功培製出藥用人參，不久遂升任御廣敷醫師。在田村學派的大力推動下，薩摩藩的本草學又發展出物產學的新領域。

　　這個學派的門人中又以曾槃的成就最高。曾槃原名曾占春，曾任島津重豪的醫生，祖籍福建，家族爲世醫。[13]曾槃兒子曾愿於一八三七年爲《質問本草》寫的跋中，曾提到：「如是則經韜實與有利且採收分其勞，繪畫資其資，亦不少焉。」可見村田經韜對於吳繼志的植物調查工作不僅是有催生之功，而且是出錢又出力的重要人物。曾愿在跋中還提到，據說吳繼志晚年曾還有再繼續編撰質問本草的意願，卻不幸早逝，其子繼承父業，也編撰了好幾卷的《續質問本草》，但最終曾愿無緣見到這樣的研究成果。

　　在《質問本草》的序跋文中，還有一位值得一提的是設樂貞丈

---

13 曾槃輯，《本草綱目纂疏》（1800），收錄於中國文化研究會編纂，《中國本草全書》，華夏出版社，1999～，第三百三十卷。

（一七八五～一八三八）。從跋文中可看出他和島津齊彬頗有交情，由於念在齊彬對他的愛護有加，遂不得不在已有諸多名家的序跋的情況下，也替此書寫幾句讚美之詞。設樂貞丈在當時又稱甚左衛門或直之助，號芝陽，由於在十歲（一七九四）時承繼了父親的家業，立即成為擁有一千四百石的「旗本」，[14]曾向本草學家太田大洲學習本草，建有面積廣大的植物園「研芳園」。一八三六年，他曾與萬香亭的前田利保及四季園的佐橋兵三郎等人共組「赭鞭會」。赭鞭的由來起源於神農氏手拿紅色的鞭草遍嘗百草的中國民間傳說故事。赭鞭會則為這些愛好本草學的同好共組的博物研究會，專研動植物的名稱與物性的考訂。一八三六年九月，由富山藩主前田利保起草了赭鞭會的會規十二條，條文中明確訂定了赭鞭會營運的一些相關規定。

四、製作本草圖譜

以往有關中國本草學的研究較少關注圖像的課題，近來鄭金生、曹暉、陳明、肖永芝、Roel Sterckx（胡思德）等人的研究稍微補足這方面的空白，然而這些研究多集中在中國本土的官修本草書籍的圖譜，未探討中國本土以外地域以漢文書寫的本草圖譜。[15]本草圖

---

14 旗本是江戶幕府時期石高未滿一萬石的武士，在將軍出場的儀式上出現的家臣，為德川軍的直屬家臣，擁有自己的軍隊。

15 鄭金生，〈明代畫家本草插圖的研究〉，《新史學》，14:4（2003.12）；鄭金生，《藥林外史》，廣西師範大學出版社，2007，第六章〈本草插圖的演變：兼論本草插圖中的寫實與藝術問題〉，頁195-222；胡司德，〈插圖的局限：從郭璞到李時珍的動物插圖〉，頁70-82，王淑民、羅維前編，《形象中醫：中醫歷史圖像研究》，人民衛生出版社，2007；鄭金生，〈論本草書中的寫實插圖與藝術插圖〉，《形象中醫：中醫歷史圖像研究》，頁83-92；曹暉，〈從民族藥物學觀點探討明朝本草文獻中的彩繪圖像〉，《形象中醫：中醫歷史圖像研究》，頁90-100；陳明，〈異域的

與本草知識的建構，兩者間有何關聯？十八世紀琉球的植物，透過何種方式來鑑定及辨認？是以下的探討重點。

在《質問本草》的「例言」中，羅列了編纂這本書的幾個體例上的原則。第一、在每一則資料中，作者會將不同論點，但多為可信的各家意見並陳。第二、這本書所收錄的植物，有許多不常見的品種，其收錄的方向不完全是以實用為主，作者認為即使是目前無用的植物，日後未嘗會不受後人重視。因此，作者將全書分為「內篇」及「外篇」。其差別在於前者是強調內治，而且名稱較可信者。後者則著重外治，凡是「瑰異錯雜者」都列入外篇。第三、本書在文末還列有附錄，其中共二十二種植物產於中山島及抑玖諸島，其品種與中國本土的品種沒有差別。第四、本書採問辨交錯的方式，詢問者與被問者的句子以高地落差來呈現。第五、本書只是初步地蒐集琉球幾個島的植物，尚未全面進行所有的島嶼調查。[16]

《質問本草》中並未透露出這本書的植物資料是如何採集的？經過何種方式採集的？又是找了哪些畫工畫出這些植物寫真圖？相較於日人學者的序跋中所呈現的江戶時代日本的博物學調查的同好網絡；中國人所寫的序跋及書牘對於他們是在何種情況下答應吳繼志的請求，協助鑑定送來的植物寫真圖及標本，則有較多的描寫。在卷一部分，第一篇是吳繼志寫給其委託人的信件，而後則是中國鑑定者所寫的序、跋或書信，其中書牘四封、十四篇序、三篇跋。在吳繼志寫給其友人的信件中，陳述他編此書的動機是：

形象：《本草品彙精要中的胡人圖》〉，《形象中醫：中醫歷史圖像研究》，頁101-100。

16 《質問本草》，「例言」，頁15-17。

夫百器財國用，不遍不關人命，蕉布以衣，螺殼以炊，不能無疾病，苟有疾病，不可無藥種，縱令有藥材，不辨其真僞，驟毒其肺腑，使人死非命，可謂之甚者也，於是弟與同志相謀，杜門謝客，黽勉不已。**17**

　　吳繼志編此書的動機基本上還是在於藥用植物的實用考量，而非僅是做文獻上的格物考證。這封信中還透露出所蒐集的植物有三個管道：薩摩藩的山林原生植物、移栽自中國的植物，以及來自土葛剌、抑玖諸島。經由採集後的植物，可能是由畫工描繪其根葉的外觀，並黏貼於植物的標本（曬乾枝葉及皮根）旁，當作一份圖帖。送往中國鑑定的每一帖資料，都會有一段描寫植物特性的短文，用來說明這種植物究竟是澤生、岩生或樹生，萌於何時，花於何候，例如黃精的描寫是：「生田野，春生苗，其莖堅硬，葉略似竹，高一點二尺，三、四月開花結子。」**18**

　　當這些步驟都完成時，薩摩藩才派人親送至中國的福建、浙江、北京、江西及廣東等地的中國本草學者及醫家鑑定。爲何要找中國的相關行家鑑定？本書編者認爲薩摩藩只是小地方，醫籍相當缺乏，又缺乏見聞廣博的人，再加上認爲琉球等島嶼上的當地人多是「朱離鴃舌，不足徵也」土著，因此才會不辭老遠的委託琉球地區一些到中國的遊學生代爲質問。書中所記載的這些琉球遊學者共有四人，分爲兩組，分別是紅之誠、金文和及王秉懿、蔡名濂。編者就是透過他們，在不同時期到中國去協助找人鑑定這些圖帖。在這篇給編者的琉球友人的書信中，還提到質問的標準是：

---

17 《質問本草》，「內篇」卷一，頁3-4。
18 《質問本草》，「內篇」卷二，頁63-64。

質之諸老先生，而輪覽十日，儘十五日為期別，以所附之素葉子
一卷，與之每人，使其書本草所載正名，某異稱、某俗稱、某
治、某症。[19]

　　為了讓讀者自行判斷，凡鑑定者都必須在所鑑定的條目說明下
注明自己的籍貫及姓名。《質問本草》的中國鑑定者共四十六位，主
要是經由編者的琉球友人的交友網絡而參與檢校藥品，他們大多屬於
地方性的人物：包括有醫生、藥商、生員及官員，這些人的詳細身分
有北京同仁堂醫者、福建寧德縣知縣、福建候選同知、福州府縣學生
員、福州候官即用分司、泉州府晉江外科醫士。此外，其中有十位為
乘船遇海難漂流到琉球的船員（「漂客」）。[20]以書中的中國鑑定者
所寫的序為例，我們整理出的資料，可大致看出鑑定的時間大約是在
一七八二～一七八六年間，約乾隆四十七至五十一年間，第一批受鑑
定植物約八十帖，第二批約五十帖。編者約設計了十六個問題給中國
學者參考，例如品性可以治療何種病症、植物的名稱與俗稱、產地、
藥之厚薄、藥之真偽。[21]

表四　序中所載的鑑定總數及已辨植物名稱數量

鑑定時間	鑑定者	鑑定總數	已分辨數量	鑑定地點
1782 （乾隆四十七年）	陳文錦	82	不詳	閩中
1782	潘貞衛、石家辰	82	不詳	福建養正草堂

19《質問本草》，「內篇」卷二，頁4。
20 有關江戶時期中國漂流船的研究，可見松浦章，〈清代沿海商船船員所見到的日本：
　　以中國沿海帆船的漂流紀錄為中心〉，《明清時代東亞海域的文化交流》，江蘇人民
　　出版社，2009，頁165-172。
21《質問本草》，「內篇」卷一，頁9。

1784	潘貞衛、石家辰	50	不詳	閩中拾翠堂
1782	陸澍	82	16	榕城
1784	陸澍	50	22	江南
1783	周天章	50	9	閩中
1783	李旭	不詳	不詳	閩中
1784	戴道光、戴昌蘭	不詳	不詳	珍齡藥室
1784	孫景山	50	12	閩中
1784	周之良、鄧履仁、吳美山	50	14	北京同仁堂
1785	周之良、鄧履仁、吳美山	不詳	20	北京同仁堂
1786	蔡賀	數十種	不詳	福建晉江
1785	徐子靈	七十餘種	十餘種	閩中
1786	徐子靈	123	62	閩中
1785	陳倬爲	不詳	不詳	晉安
1786	陳倬爲	不詳	31	晉安
1786	盧建其	不詳	不詳	浙江仁和
不詳	林其嵩	72	40	清河
不詳	徐觀春	不詳	不詳	閩南臺江

五、《質問本草》中的本草學知識對話

　　本草學史研究者鄭金生認爲，從元代開始，中國本草學研究的重心已經轉向至臨床藥用及其理論，關注藥物來源的學者不多，因此像《救荒本草》注重實物考察的傳統並未受到重視；然而這本書卻在傳到日本之後，大受當地本草學者的重視。日本江戶時代的學者承繼了該書注重實物考察的傳統，紛紛走向山林，觀察及描繪植物，出版了

一系列的植物及農學著作,繪製了相當多的精緻植物寫眞圖。[22]《質問本草》不僅承繼了這種傳統,更做出了一些創新。《質問本草》的編排特色,在於圖像與文字的比重同樣重要。其作法爲以一頁圖及一頁文字的方式,將各家的鑑定看法條列在圖像之後。據設樂貞丈於一八三六年的跋文所載:「是書之成鑑定者,三人說合則采之,二人雖合,一人有違則不登焉,蓋其辨駁論究之至實焉。」[23]對於中國鑑定者而言,如何鑑定出琉球諸島的地方性植物是何種名稱,光有植物的外型描寫及環境介紹似乎不夠,透過圖像來查證本草經典的記載也相當重要。

　　《質問本草》中受邀鑑定植物的中國醫家及藥商最常引用參考的著作是明代本草學家李時珍的《本草綱目》。以「石蒜」條爲例,吳繼志的描述是「生田野,二月中葉枯,夏生一菁,如箭桿高尺許,莖端著花,花罷生葉」,福建候選同知潘貞蔚的鑑定明顯來自《本草綱目》,其描述大多摘錄書中「石蒜」條的說明;但有的學者卻有不同看法,例如一七八三年時江南的陸澍就認定此種植物爲萱花。吳繼志則判斷陸澍的說法有誤,因而一七八五年,再拿其他學者的鑑定結果詢問陸澍,也許陸澍沒有再回答,因而又問了陳倬爲,吳繼志則認爲這兩種植物的圖樣不同,最主要根據《本草綱目》對萱草的描述:「新舊相代,四時青翠,殊不相符。」吳繼志肯定再度詢問時還附上了琉球本地萱花的圖像,因而陳倬爲才會說:「此是石蒜,俗稱鬼蒜,若萱花,須如圖中樣式纔是。」[24]「貫眾」這一條資料則記有:「此種繼志曾定爲貫眾,敢質是非(乙巳再問潘貞蔚、石

22 鄭金生,《藥林外史》,第六章〈本草插圖的演變:兼論本草插圖中的寫實與藝術問題〉,頁201。
23 《質問本草》,「附錄」跋,頁418。
24 《質問本草》內篇卷二,頁91-93。

家辰）。」[25]在外篇部分，由於多爲外科用藥，中國鑑定者參考的書籍除了上述本草的經典醫書外，還包括了《醫林正宗》及《外臺秘方》。[26]

　　除了依靠《本草綱目》來鑑定之外，另一本常被中國學者引用的是清代醫生汪昂的《本草備要》。這本書曾刊於康熙初年，原收有四百餘種藥物，到了康熙甲戌（一六九四）年，又增加六十多種，名爲《增補本草備要》，文末附有四百六十餘幅的植物圖，流傳相當廣泛。[27]例如「細辛」條則記有：「作細辛若用，不知可否，載在《本草備要》」。[28]

　　這些送鑑定的琉球群島植物能否入藥是中國鑑定者較常關心的課題。例如「遠志」條記載：「先生定爲遠志，中山醫家亦嘗充之，往往用之，繼志猶嫌其根甚小，猶勘入藥乎否？」因而才會另外再找人詢問，在這條的最後一部分，就提到了陳倬爲再查的結果是「此乃遠志也，根之小，不過地土薄耳，堪以入藥。」[29]中國醫家或藥商在考訂植物名稱的同時，也會提醒入藥該注意的事項，例如「藁本」條有：「根似芎藭而輕虛，味又稍別者，不敢入藥，今貴國所編入藥，務要遵酌，庶不差誤。」[30]有時會強調植物產地的差異可能會影響藥性，例如「川烏頭」條有：「敝處俗名土川烏，敝地所用皆係川的，貴國若用，不知其性可否？」[31]土產與地道的差別概念更是中國學者

---

25 《質問本草》內篇卷二，頁73。
26 《質問本草》外篇卷四，頁359。
27 〔清〕汪昂，《本草備要》，頁228，收錄於張瑞賢編，《本草名著集成》，華夏出版社，1998。
28 《質問本草》內篇卷三，頁95。
29 《質問本草》內篇卷二，頁75。
30 《質問本草》內篇卷三，頁97。
31 《質問本草》內篇卷四，頁127。

在考訂琉球植物時會不時顯露出來的觀點，例如提到威靈仙時，宋宜觀及林大明就表示說：「其實是國中之威靈仙，係是各方土產，非可比方書地道之性要，採用時，各自變通佐使，庶不至差錯也。」[32]

　　對於鑑定之處有疑義的地方，《質問本草》編者則會將前面一位學者的看法再拿給其他學者評論。例如「山慈姑」條記有：「中山稱爲山慈姑，前年江南陸氏鑑爲山慈姑，請得先生再喻益證之。」[33]對於中國鑑定者的看法，琉球編者也不是完全接受，有時編者會將自己的意見或疑問提出，因此會在資料中出現「敢質是非」的說法。以山茱萸爲例，一七八二年陳文錦、李興成及盧享春的辨別意見是：

　　此一種，辨其實即中國之山茱萸也，書載二月開花如杏，四月實
　　酸棗赤色，五月采之第，其葉如梅有刺，與此圖稍別，並非初春
　　開花生葉，結實如此之快也，祈再體認精切，以便通用。[34]

　　除了編輯的意見之外，薩摩藩的藥園署總裁村田經韜也會表達看法，他認爲此品種並非初春開花即生葉結實，陳氏等人的議論過當。

　　中國的鑑定者除了以本草的經典圖書當作評斷依據之外，植物圖帖的彼此辨識亦是方法之一。有時是將琉球的本草圖與中國境內的本草書籍相對照，有時則會將送鑑定的圖像資料前後比對。例如「土地棉」條記有：「此一種其花葉莖根似與前圖稍別第，其根皮比前圖更見綿而有力。」又如「老虎蒙」條記有：「此種先生鑑爲金星草，敝邑俗呼之蛇枝，敝邑稱金星草者與此異，今圖已於乙巳帖第三十四以

---

32 《質問本草》內篇卷四，頁130。
33 《質問本草》內篇卷三，頁90。
34 《質問本草》內篇卷四，頁157。

質。」這張編號三十四號的圖帖原本由松江醫者陸澍鑑定爲金星草，但編者認爲琉球稱爲金星草的圖像與這張不同，反而比較類似琉球俗稱蛇枝的圖片，最後則採用福建候選同知潘貞蔚的看法，將這種植物確認爲「老虎蒙」。[35]「決明」條則說：「綱目中名決明也，處處皆有生蒔，頗異，細查集解中，惟宗奭、時珍所辨與貴圖甚合，求其性用，諒亦不差，只恐風土個別，自宜酌用。」[36]

　　《質問本草》除了反映出十八世紀末及十九世紀初的日本、琉球及中國三者間的本草知識的交流，也可從中找到一些有關當時西人的藥物學知識對日本的影響。吳繼志在「野茴香」條中曾描述到，他曾經在薩摩藩做客時，遇到有擅長說荷蘭話的日人，此人對吳說，他於安永丙申（一七七六）遊歷長崎時，跟從荷蘭醫官共同採藥，因而認識茴香的外觀。[37]此外，吳繼志還提到，清朝派至琉球的使節周煌在琉球時，曾經在宮中遇見會將大茴香加工調理的人，因而認得野茴香就是大茴香。這種與從海外船舶載來琉球的品種，無論在功能及外型上都完全相同。此外，當時人利用茴香的作法之一是將茴香仔壓榨，取其油脂，可以用來令頭髮滑澤，以及殺蝗蟲。[38]在薩摩府學版的《質問本草》中，還額外收錄了二十二種植物，其編排方式則不是採前後問答的方式進行，而是由編者自行介紹這些植物的特性。從附錄中，我們可以看到這部分的知識來源，包括有稽含的《南方草木狀》、徐葆光的《中山傳信錄》、周煌的《琉球國志略》、屈大均的《廣東新語》、《閩書》、朱佩章《偶紀》[39]及《續修臺灣府

---

35 《質問本草》外篇卷一，頁196。
36 《質問本草》外篇卷二，頁222，宗奭指的是宋代《本草衍義》作者寇宗奭。
37 有關蘭學對日本醫療的影響，見新村拓編，《日本医療史》，吉川弘文館，2006，頁144-163。
38 《質問本草》外篇卷四，頁364-365。
39 朱佩章為江戶時期來長崎貿易的商人，原籍福建汀州府，名紳，佩章乃其表字，曾著

志》。**40**

六、結論

本文僅能勉強算是《質問本草》的博物學史研究的初步看法，有關書中本草圖像的詳細分析仍有待進一步探討。雖然《質問本草》在中國本草學史的研究光譜上未有一席之地，但若將此書置於更大的東亞本草學史的脈絡下來看，其地位應該需要好好地重新定位一番。第一、本書應視爲江戶時代薩摩藩的博物學調查成果的一環。其次、本書可以再現當時十八至十九世紀東亞的中日之間博物學知識的交流縮影。第三、本書中豐富的圖像資料，可提供我們對於當時本草學知識如何建構的了解一個重要的管道，亦即一本本草書籍如何製作，從調查、採集、寫眞、觀看、鑑定、對話進而質疑，而後編輯出版，本書都是一個很好的微觀對象。**41**除了上述的研究視野之外，如何從物質文化的角度切入，亦即探討醫學知識、商業文化與藥物之間的關聯性，這是我們下一步可以關注的焦點。有關這方面的課題，西方學界已有一些很好的參考著作，例如著名性別史研究者Londa

《偶紀》，稿本現藏愛知縣西尾市岩瀨文庫中，乃近世晚期大阪學者木村孔恭的蒹葭堂的舊藏。參見牛建強，〈從風說書看日本德川幕府對清朝情勢的關注〉，《鄭州大學學報・哲學社會科學版》，2008年6期。

40 清乾隆二十一年（一七五六年）五月，周煌同翰林院侍講全魁受命前往琉球，冊封尚穆爲琉球國中山王，次年正月回國。出使途中，周煌留意當地掌故，隨手記錄，回國後又參閱大量史籍，整理編輯，成書後進呈皇帝御覽，以便把握琉球國的歷史、地理、風俗和人情等方面的情況。

41 Londa Schiebinger, Claudia Swan, eds., *Colonial Botany: Science, Commerce, and Politics in the Early Modern World*, University of Pennsylvania Press, 2005; Harold J. Cook, *Matters of Exchange: Commerce, Medicine, and Science in the Dutch Golden Age*,Yale University Press, 2007.

Schiebinger編的*Colonial Botany: Science, Commerce, and Politics in the Early Modern World*，以及英國醫學史家Harold J. Cook的*Matters of Exchange: Commerce, Medicine, and Science in the Dutch Golden Age*，兩者都不約而同地關注到物的流通與商業及醫學知識之間的相互影響。《質問本草》在十八世紀末的出版，除了可視爲當時東亞博物學知識交流的重要體現，更可以放在藥物知識與消費文化的脈絡下來看。例如十八世紀中葉以來的東亞，出版了許多人參專書，當時的朝鮮、日本及中國約有四十幾部這方面的書籍，可見這些東亞國家的醫藥知識與博物學的交流相當密切。唯有透過這些書籍的出版文化與醫學知識互動的研究，才可以讓我們了解當時東亞間的博物學知識交流的實際面貌。[42]

---

42 參見拙作，〈「非參不治，服必萬全」清代江南的人參藥用與補藥文化初探〉，《中國社會歷史評論》，2007年8月；〈藥物、醫學知識與消費文化：清代人參史研究的新取向〉，收錄於余新忠編，《清以來的疾病、醫療與衛生》，三聯書店，2009，頁59-88。

第九章　藥、醫學知識與消費文化：東亞人參史研究的新方向

一、前言：從一則人參醫話談起

　　清末一位上海醫者毛祥麟曾對清代人參的歷史，有段相當詳細的描述：「人參，在《古本草》云：『生上黨山谷及遼東，形長而色黃，狀如防風；產百濟者，行細而堅白，氣味薄於上黨。』……今寧古台（塔）參，久已罕見，惟船廠爲上，鳳凰城次之，鳳產質嫩而糖重，故價亦較賤。但昔似光圓熟爲佳，今則似糙熟兼均爲貴，是又參之小變。嘗觀《甌北集》云：『囊閱國史，我朝以參貿高麗，定價十兩一斤；殆定鼎中原，售者多而價漸貴。然考康熙甲午，查悔餘《謝揆愷功惠參詩》有十金易一兩，蓋是時參價不過十換。乾隆十五年，余應京兆試，慮精力不支，以白金一兩六錢易參一錢。二十八年，因病服參，則其價貴已過半。三十年來，何啻更增十倍』云云。按今之市價，雖不甚相懸，而物產則遠不如前矣。……按參之功用、固在諸藥之上，行之中土百有餘年，活人無算，自爲姦民私種，以致魚目混珠，遂見疑於世而勿用，可不惜哉！」[1]這篇筆記反映出幾個現象：第一、黨參不同於上黨人參，兩者是不同品種的植物。清以前中國的人參大多產於山西太行山一帶的上黨，其質性優於百濟的高麗參。明代本草學家李時珍編《本草綱目》時，還未區分出人參與黨參的差別，直到清代吳儀洛的《本草從新》的出版，才將黨參單獨歸爲一類。吳儀洛對「黨參」的描述是「今眞黨參久已難得，肆中所賣黨

1　〔清〕毛祥麟，《對山醫話》，收錄於《中國歷代名醫醫話大觀》，山西科學技術出版社，1996，頁1222。

參，種類甚多，皆不堪用。」[2]此處的「眞黨參」指的應是清以前的「上黨人參」，到了清代，由於上黨人參幾乎停產，人參市場上才出現了和人參不同科的黨參。

第二、明代的遼參的知名度不高，直到清入關之後，它的價值才受到重視。第三、清代的遼參原以寧古塔所產的人參爲主，後來爲船廠（吉林烏拉舊稱）和鳳凰城的人參取代。鳳凰城的人參因質嫩糖重，價格價低，使得人們對人參品像的喜好標準由「光圓熟」轉爲「糙熟」。第四、康熙末年到乾隆年間，人參價格的變化突然暴漲十幾倍。第五、品質較佳的人參愈來愈少，僞參充斥市場，使得一般醫家更難辨別人參品種的好壞。

清朝是中國歷代中唯一一個將人參當作重要經濟商品來專賣的朝代。因此，透過人參，我們看到許多與人參有關的制度及行政措施，這些因人參而出現的政治制度、經濟行爲、法律措施或禮物文化，我們可以稱之爲「人參政治」：例如清朝與朝鮮的朝貢貿易、東北的封禁與人參開採、參局的設立、清政府的參票發放與官參繳納、榷關徵收人參稅、旗籍刨夫的管理、王宮大臣的賞賜、官員的參務考核、內務府的參斤變價等。這些看似傳統史學研究中屬於制度史的課題，藉由新材料的發現以及新觀念的運用，我們或許可以問出一些以往學者未曾探討過的問題。例如以往學者研究人參史大多是從清代官方檔案來看參務制度，卻未曾能從物質文化的角度來研究人參。[3]也沒有學

2　〔清〕吳儀洛，《本草從新》，乾隆二十二年跋（一七五七），中醫古籍出版社，2001，頁4。

3　關於物質文化的研究取向，可參考Peter Burke, *What is Cultural History*, Polity, 2008, second edition。關於近來的最新著作，可參考下列作品：Karl Gerth著，黃振萍譯，《製造中國：消費文化與民族國家的創建》，北京大學出版社，2007；Frank Dikötter, *Exotic Commodities*: *Modern Objects and Everyday Life in China*, Columbia University Press, 2006；Zheng Yangwen, *The Social Life of Opium in China*, Cambridge

者探討過人參爲何大多是販售到江南地區，這與當地盛行的溫補文化又有何關聯？此外，人參不僅是在中國是相當受歡迎的商品，就連與清代同時的朝鮮及日本都可見到遼參的蹤跡，可見這三地之間有著類似的消費文化。究竟東亞地區的人參醫學知識與消費觀念是如何流通的？這些都是值得進一步探討的問題。

二、傳統醫史與人參政治

（一）傳統醫史

目前的人參史研究，大致可區分爲兩種類型，一種是傳統中醫的研究，課題偏向人參的本草學，其中又以人參療效的研究居多；另外一類是清史的研究者，他們大多是研究清代的參務政策，這兩類學者的研究少有交集。以《醫學史文獻論文資料索引》爲例，數量最多的是有關人參療效的論文，他們大多是以現代醫學的觀點來分析人參的成效。其中，與人參歷史有關的論文屈指可數，[4]其作者大多是不具史學研究背景的中醫研究者。《人參文獻專題目錄》與《人參的研究》收錄的文章也有類似情況。[5]《人參文獻專題目錄》收錄

University Press, 2005；Timothy Brook, *Vermeer's Hat*: *The Seventeenth Century and the Dawn of the Global World*, Bloomsbury Press, 2008；Craig Clunas, *Empire of Great Brightness*: *Visual and Material Cultures of Ming China, 1368-1644*, Reaktion Books, 2007；余舜德編，《體物入微：物與身體感的研究》，清華大學出版社，2008。

4 余雲岫，〈國產藥的文獻研究：沙參、紫參〉，《新中醫藥》，1954年3期。日朋，〈東北人參源流初探〉，《中藥材科技》，1982年5期。林申凡，〈有關人參的歷史考證〉，《中國歷史》，1985年5期。

5 吉林省圖書館編，《人參文獻專題目錄：一七一四～一九八〇》，吉林省圖書館，1984；王本祥編，《人參的研究》，天津科學技術出版社，1985。有關傳統醫史研究和史學界的醫療史研究的差別，見余新忠，《從社會到生命：中國疾病、醫療史探索

一七一四至一九八〇年間出版的兩千七百二十八篇目錄，內容涵蓋有
人參基礎理論、栽培、育種、採集加工、植化、藥理、臨床應用及制
劑。此外，有些當代的人參科學化培育研究專書的部分篇章會順帶介
紹人參的本草歷史。例如王鐵生《中國人參》的〈中國人參簡史〉一
文就清楚地針對人參的資源分布、應用史、栽培史、加工史、科學研
究史、貿易史及文化史，做詳細考證。[6]此外，《人參》屬醫藥工具
書，其中的〈人參資源及應用概述〉則簡述人參的本草考證、學名考
證、人參源流考、人參屬植物的生物學演變及地理分布、人參的應
用概述。[7]

（二）人參政治

　　除了傳統的醫史研究以外，另一種類型的人參史研究則是與清
朝的參務政策有關的論著。目前有關清代參務政策研究的論文，主要
以中國大陸、美國及日本的研究爲主。若以時間來分，約可概略分
爲三個階段。第一個時期以日本學者爲主，包括有今村鞆（Imamura
Tomo）的《人參史》[8]、稻葉岩吉的《增訂滿州發達史》[9]及
一九六四年川久保悌郎的〈清代人參採取制度について一考察〉。[10]

的過去、現實與可能》，收錄於楊念群、黃興濤、毛丹編，《新史學：多學科對話的
圖景》，中國人民大學出版社，2003，頁706-733。

6 王鐵生編，《中國人參》，遼寧科學技術出版社，2001，頁1-53。

7 李艾蓮，《人參》，中國中醫藥出版社，2001，頁1-21。

8 今村鞆，《人參史》，思文閣，1935。

9 稻葉岩吉，《增訂滿州發達史》，日本評論社，1935。

10 川久保悌郎，〈清代人參採取制度について一考察〉，《鈴木俊教授還曆紀念東洋史
論叢》，三陽社，1964，頁165-181。

第二階段則以美國學者Van Jay Symons[11]和Preston M. Torbert[12]為主。第三階段則以大陸學者居多。例如王佩環的〈清代東北參業的興衰〉、[13]叢佩遠的〈中國栽培人參之出現與興起〉、[14]葉志如的〈從人參專採專賣看清宮廷的特供保障〉、[15]楊寄蓉的〈清代東北人參的採掘與經營〉、[16]佟永功的〈清代盛京參務活動述略〉[17]。若從研究主題來看，則可大至歸納為六個子題：參務政策的專論、明末清初的東北邊境的人參問題、清朝的人參專採、人參專賣與清政府的財政稅收、秧參的問題、人參的流通。

1. 參務政策

目前所見，有四本專著與清朝人參的參務政策有關，[18]最早一本是一九三四年的《人參史》，作者是日本學者今村鞆。他於一九三一年受朝鮮總督府專賣局長松本誠所託，編輯一套人參史，直到一九三九年，七冊才全部出齊，分別為人參思想篇、人參政治篇、人參經濟篇、人參栽培篇、人參醫藥篇、人參雜記篇、著名考彙篇。

---

11 Van Jay Symons, *Ching Ginseng Management*: *Ching Monopolies in Microcosm*, Arizonna State University，1981.

12 Preston M. Torbert, *The Ch'ing Imperial Household Department*: *A Study of its Organization and Principal Functions, 1662-1796*, Cambridge, Mass.: Harvard University Press, 1977.

13 王佩環，〈清代東北參業的興衰〉，《社會科學戰線》，1982年4期，頁189-192。

14 叢佩遠，〈中國栽培人參之出現與興起〉，《農業考古》，1985年11期，頁262-269。

15 葉志如，〈從人參專採專賣看清宮廷的特供保障〉，收錄於《清代宮史探微》，紫禁城出版社，1991，頁164-189。

16 楊寄蓉，〈清代東北人參的採掘與經營〉，《遼寧大學學報》，1996年1期，頁93-96。

17 佟永功，〈清代盛京參務活動述略〉，《清史研究》，2000年1期，頁42-49。

18 今村鞆，《人參史》，思文閣，1935。Van Jay Symons, *Ching Ginseng Management*: *Ching Monopolies in Microcosm*, Arizon State University, 1981。

這套書的最大特色在他將中國、朝鮮及日本地區的人參史資料進行詳盡地編輯與說明，提供日後研究者一個很好的參考資料。美國漢學界Van Jay Symons和Preston M. Torbert的人參史研究中都曾引用過今村鞆的著作。Van Jay Symons的 *Ching Ginseng Management: Ching Monopolies in Microcosm*改寫自作者Brown大學的論文，[19]全書分爲六章：第一章是有關人參的簡史。第二章探索清代人參專採的歷史沿革，分析它的源起、成長及衰退過程。第三章至第五章則分析人參徵收的過程，以及清政府對人參等級與銷售市場的監督。第六章則將人參專賣的焦點置於歷史的脈絡下來看清朝的特色。本書雖然是西文世界中第一本清代人參史研究的專書，但所使用的主要史料是地方志、官書及政書，至於清宮檔案的資料用得較少，以至許多說法有待商榷。其結論認爲清代內務府在參務管理上，透過人參專採及專賣的壟斷，對人參的挖採、運送及販售，採取了相當有彈性及效率的措施，這使得清政府從中獲得了實質的財政收入。

《東北三寶經濟簡史》則是吉林省社會科學院研究員叢佩遠的研究成果。[20]這本書分爲三個部分：人參篇、紫貂篇及鹿類篇。作者認爲三寶等珍貴物品生產、貿易發展的歷史與古代東北的政治、經濟及文化有密切關聯，是東北經濟活動的重要內容，唯有研究這些物品的盛衰，才能了解東北古代經濟發展的全貌。最後一本是李澍田主編的《清代東北參務》，內容大多爲參務政策的文獻蒐集。內容分爲：清代東北參業管理、採參票據的管理、刨夫與接濟銀、商捐與參稅、東北人參變賣、參務積弊與懲處，查禁私參、秧參與嘉慶參務案、參源銳減與清廷對策。

19 "The Ch'ing Ginseng Monopoly," Diss., Brown University, 1974.
20 叢佩遠，《東北三寶經濟簡史》，農業出版社，1987。

2. 東北邊境的人參問題

　　近來日本明清史學者岸本美緒在〈「後十六世紀問題」與清朝〉一文中，曾提醒我們應當注意邊境社會與清朝興起的關聯的問題。他提出兩個問題，中國東北邊境上的女真族是怎樣急速地成長並支配整個中國而建立滿州王朝呢？我們應該如何把握清朝政權的特徵與其成長的歷史環境？[21]她文中提到的日本學者三田村泰助很早就重視女真與邊境貿易之間的關係，他主張奴爾哈赤的勢力興起的背景為萬曆年間遼東的人參、毛皮的貿易熱潮。[22]事實上，日本的滿州史學者稻葉岩吉早在《增訂滿州發達史》[23]及《清朝全史》[24]一書中就提過明末清初東北邊境人參問題的重要性。據稻葉岩吉的研究，明中葉以來，在女真馬市出售的貨物以人參的交易最為頻繁，這些人參多從遼東邊塞採集得來。到了明萬曆以後，野生的人參價格漸漸上漲，明朝政府遂命遼東都司負責進貢人參，當時採參的地點大約在大摩天嶺附近的森林，後來因採挖過度頻繁，大多開採殆盡，都司遂命東寧衛改至太子河、互蘇子河地區採挖。雖然，女真族從吉林及豆滿江移住至佟家江上流及蘇子河，要經過明朝的同意，但地方的實際權利都集中在女真人手上，人參可說是女真最重要的財源。明人常會因為越界採參的緣故而和建州女真發生利益衝突。[25]稻葉岩吉最後的結論認為人參貿易影響著明朝與女真的雙方關係，因此清太祖及群臣十分重視人參問題，當人參的採掘權影響到女真人的立國根基時，太祖遂以此

21 岸本美緒，〈「後十六世紀問題」與清朝〉〉，《清史研究》，2005年2期，頁84-85。
22 三田村泰助，《世界の歷史：明と清》，河出書房，1990。
23 稻葉岩吉，《增訂滿州發達史》，日本評論社，1935。
24 稻葉岩吉著，但濤譯，《清朝全史》，臺灣中華書局，1977。
25 《清朝全史》，頁51-52。

爲藉口對明朝動兵。[26]

　　有關人參問題在明末清初的重要性，美國著名漢學家Frederic Wakeman曾在*The Great Enterprise*提出以下看法：「十五世紀末，漢族和朝鮮的戰俘向女眞傳授了鐵兵器的技術。十七世紀初，已有數百名外族工匠在奴爾哈赤的都城賀圖阿拉城製造弓箭、鐵器和盔甲。……女眞所用的資金，可能是用毛皮、寶石、人參等從內地和朝鮮換來的。漢族包衣在人參貿易中發揮了重要的作用。十七世紀初，人參加工技術有了新的進步，使人參貿易獲得重大發展，這些經濟上的成就，使奴爾哈赤在十六世紀八〇年代及其以後的東北城居各部落爭奪軍事霸權的鬥爭中，擁有雄厚的經濟實力。」Wakeman的論點主要是來自三位學者，分別是莫東寅的《明末建州女眞》、謝國禎的《明代社會經濟史料選編》和Roth Li的「Early Manchu State」。Wakeman雖然點出了清帝國的建立與人參貿易之間的密切關係，但這樣的論點並未引起西方學界的重視，後續未有學者探討此課題。

　　清初的八旗採參是學者關注的另一個重要課題，可以上田裕之的〈清初の人參採取とハン・王公・功臣—人參採取權保有を中心に—〉[27]爲代表。其主旨在探討十六世紀末到十七世紀中葉八旗的王公及功臣的人參採挖制度，以說明女眞人勢力的統合與清朝成立的關係。作者提出了八旗及王公麾下的尼祿可以任意動員壯丁，各旗在已分配的人參山採取人參，對人參的採取並未有嚴格的管制。有關八旗參山的畫分方式，叢佩遠則認爲，清初對八旗分山的要求相當嚴格，清律中對於越境採參者有嚴厲的處分。此外，他認爲八旗貴族分山制

26 稻葉岩吉著，楊成能譯，《滿州發達史》，全國圖書館文獻縮微復制中心，2002，頁286-287。
27 上田裕之，〈清初の人參採取とハン・王公・功臣—人參採取權保有を中心に—〉，《社會文化史學》，43（2002.5）。

的實行時間不長，康熙二十三年清政府取消分山制，康熙三十八年（一六九九）全面停止八旗貴族的採參權。分山制的取消是因爲原本劃定的參山在長期濫採後，遭到破壞，產量減少，有山無參，劃山無用。此外，商、民憑票採參制的實施改變了八旗貴族的採參特權，使東北人參業的發展打破了清政府與八旗貴族對人參採挖的壟斷。[28]

3. 人參專採政策

　　在人參專採政策方面，日本學者鈴木中正於一九五七年發表〈清代の滿州について〉，[29]這篇文章主要是根據《法國耶穌會士書簡集》中法國傳教士Pierre Jartoux（杜德美）於一七一一年所寫的信件，介紹其中人參的資料。一九六四年，川久保悌郎進一步根據鈴木的研究，發表〈清代の人參採取制度について一考察〉，這是一篇通論性的文章，主旨在探討清代的人參挖採制度。由於川久保悌郎所用的檔案有限，主要是《實錄》、《大清會典事例》、《盛京通鑑》及《柳邊紀略》，因此許多論點都過於簡略，未深入探討。他認爲滿州人參的採挖事業是一種嚴格的專採制度，基本上可分爲三階段：第一階段是官辦，採參者限制爲八旗；第二階段是採參的工作由民間商人負責，取消了旗民的分別，准許民人參與採參。第三階段爲名義上官辦，實際上爲官與商合辦的折中模式。[30]

　　有關清初參務政策的研究，學者往往將焦點集中於康熙及乾隆朝，而忽略雍正朝。原因之一是受限資料的緣故；另一方面是刻板印

28 叢佩遠，《東北三寶經濟簡史》，頁81-82。

29 鈴木中正，〈清代の滿州について〉，收錄於愛知大學編，《文學論叢：開學十週年紀念特輯》，1957。

30 川久保悌郎，〈清代人參採取制度について一考察〉，《鈴木俊教授還曆紀念東洋史論叢》，都：三陽社，1964，頁165-181。

象地認為雍正朝的制度大多沿襲康熙朝的作法，不值得細究。但隨著
近年來檔案的出版，我們發現雍正朝的參務政策有其獨特的一面，有
重新探討的必要。雍正皇帝即位後，就打破成規，終結官方的長期壟
斷，開放民間採參。[31]有關這點，《雍正朝滿文朱批奏摺全譯》提供
相當多的史料。[32]

到了乾隆朝，參務政策有許多變革，其中最明顯的變化在提高
盛京及吉林將軍對人參刨採的權力，官參局的成立最能反映出這個時
期的權力轉變的特色。此外，參務章程的彈性化亦是其中一大變化。
針對這些變革，我們可稱為「參務管理的官僚化」。有關於官參局的
研究，目前有佟永功的盛京參務活動的初步研究，他認為，乾隆前後
在盛京將軍衙門下設立官參局經辦參務，而吉林將軍也在此前後設立
了官參局經辦參務。兩個官參局在辦理參務的方針上是相同的，但某
些具體作法卻不盡相同。佟永功所引用的資料主要是黑圖檔，我們可
以在他的研究成果上，進一步根據實錄、上諭檔、軍機處及內務府檔
案，重建乾隆朝的人參管理政策更迭的面貌。

有關採參者及承領參票者的身分問題，少有學者探討，目前所
見，只有田地正憲的〈清代人參採取における攬頭について〉探討過
此議題。他的研究重點關注在採參業中的攬頭，[33]他認為，由於採參
條件的逐漸困難，使得經濟力較差的刨夫們領取參票的意願愈來愈
低，參票的發放數量隨之減少，人參採挖量則相對降低。為了要因應
這種轉變，嘉慶五年（一八○○）以後，參票改由燒鍋釀造及販賣業

---

31 遼寧省檔案館編譯，《盛京參務檔案史料》，頁113。
32 中國第一歷史檔案館譯編，《雍正朝滿文朱批奏摺全譯》，黃山書社，1998。
33 田地正憲，〈清代人參採取における攬頭について〉，《文學會志》，49（1999）。
　 清初期的採參者中，有許多是有佐領下人丁，這方面的研究，可見定宜庄、郭松義、
　 康文林，《遼東移民中的旗人社會：歷史文獻、人口統計與田野調查》，上海社科學
　 院出版社，2004。

者承領，通常在城內經營店鋪的燒鍋不直接募集刨夫入山採參，而是委託攬頭負責代理。攬頭的身分大多爲一般鋪戶，有的則是出身自包衣。[34]

4. 人參專賣與財政稅收

　　乾隆朝的「參斤變價」制度是清朝人參買賣的一大特色。清朝政府如何透過人參的變賣，從中獲取鉅額的利益，目前已有李澍田、叢佩遠及葉志如等人的研究。李澍田的說法大略如下：清代東北人參的買賣有兩套辦法同時施行，一種是內務府派員查封人參後運售至江南地區；另一種是由參商至關外，直接向參局購買剩餘人參。商人向參局購買餘參，先經參局辦員查驗，區分等級，再按成色向參商徵收參餘銀。參商買參驗等時，爲防弊端，當場驗封，由參局發文轉山海關副都統及監督查驗。當參商入關時，核對攜帶參包的數量和成色。之後，再將參商所構成色、數量和交過多少參銀等項，寫成公文送部查核。若有發現報文不符，即由戶部奏明查辦，手續相當嚴格。[35]清中期以後，全國共開放六處人參買賣市場：分別是兩淮、常蘆、蘇州、杭州、江寧、和粵海關。內務府會直接派員監控人參的變賣和稅收事宜。清政府委派參局辦員，將票額官參挑選後，留做備用，剩餘人參基本上只有四、五等以下。局員當場把這些部分餘參原封，然後隨文飭發，由護運司派員同參商押運六處參市銷售。因此，人參變賣基本上是清政府與兩淮六處參商合作的專賣。當護運參包解到後，經總商和護運司官員依據六處的時價來定價。爲了要提高身價，有時總商和護運司還會招來人參商鋪一同估價，以了解市場行情。餘參經總

34 田地正憲，〈清代人參採取における攬頭について〉，頁103。
35 李澍田編，《清代東北參務》，頁28。

商訂價後，就飭照各商鋪分領所買的人參。所估變價，參場均需照數交銀，由護運司將銀解送內務府廣儲司入帳。由此可見，清政府在人參變賣過程中，有相當複雜的管理手續，對人參價格嚴格控管。[36]

東北人參的採收雖然讓清政府從中獲得不少利益，但我們不能忽略了每年承攬人參開採的官商、攬頭、刨夫及參商們，藉由這個參與參務開採及販賣的過程中，形成的利益共同體。參商當然是這個群體中的最大獲益者，他們有的是單槍匹馬到盛京購買刨夫的餘參的山西商人或蘇州商人，有的則是專門承購由內務府發放出來參斤變價的庫儲參的蘇州或兩淮參商。人參經由他們的轉賣，其在江南消費市場的價格遠高於原產地好幾倍。

5. 秧參問題

秧參指的是栽種的人參。嘉慶朝以來，由於人參市場上出現的許多秧參，破壞了原有的參務制度，並衍生出一些弊端，其中又以嘉慶年間的秧參案影響較大。〈中國栽培人參之出現與興起〉一文主要透過實錄、政書及筆記的資料，描述人參栽培技術興起與大規模栽種的歷史背景。文中有幾點值得注意，其一，為了應付參源的破壞，清政府先後採取了擴大參場，歇山轉採，增加刨夫的作法。其二，秧參栽培業發展相當迅速，產量亦十分可觀，以致於引起清朝的注意，申令加以禁絕。秧參大興於乾隆初期，占官參的比例相當大，高達百分之三十六。光緒七年弛禁之後，再度獲得顯著的發展。[37]叢佩遠雖然對清朝的人參栽培歷史有詳細的介紹，卻忽略了嘉慶十五年的秧參案對

---

36 李澍田編，《清代東北參務》，頁28。
37 叢佩遠，〈中國栽培人參之出現與興起〉，《農業考古》，1985年1期，頁262-271。
　《東北三寶經濟簡史》中的第八章〈栽培人參的出現與發展〉，頁143-160。

人參栽培業的影響。[38]

　　關於清中期以來秧參的問題，一般學者較少論及。我們可以透過嘉慶十五年所爆發的秧參案，分析秧參出現的原因及其特色，其次論述清政府如何面對秧參的問題，[39]最後探討秧參案發生後，國家權力的全面介入後對參務管理的影響。透過嘉慶朝的秧參案，我們可以看出十八世紀末至十九世紀初的東北經濟開發——更精確地說是人參的採集對生態環境的影響，其中影響生態環境變遷的主要因素不是自然因素，而是官方政策，尤其是國家權力對人參採集的介入。當我們把十九世紀初清政府對人參採集的政策放在環境史脈絡來看時，[40]或許會得到和以往學者不同的答案。對於清朝的中央官員而言，東北的盛京、吉林及寧古塔等地的人參產量的逐年減少，要擔憂的不是人參的生態環境遭受破壞的問題，而是上繳官參足不足額，官參中摻雜的秧參數量多寡的問題，因此提出來的解決方案大多是擴大參場或歇山的消極措施。當吉林將軍秀林提出以秧參代替官參可增加參額數量時，就生態環境而言，未嘗不是一種可以減少人爲破壞，多給野生山參繼續生長的機會。

　　秧參的出現，對皇帝及中央官員而言，又是如何看待？當事件發生時皇帝及中央官員都認爲：「盛京、吉林、寧古塔等處產毓人參，地靈鐘瑞，豈容以僞亂眞」、「何必用人力栽養，近於作僞乎！」[41]

---

38 蔣竹山，〈生態環境、人參採集與國家權力：以清嘉慶朝的秧參案爲例的探討〉，王利華編，《中國歷史上的環境與社會論文集》，三聯書店，2007，頁86-116。，

39 目前學界對於清代官員對環境開發的研究大多集中在山地森林或礦產，參見上田信，〈封禁、開採、弛禁：清代中期江西における山地開發〉，《東洋史研究》，61:4（2002.3），頁699-728。劉翠溶、伊懋可編，《積漸所至：中國環境史論文集》，中央研究院經濟研究所，1995。

40 王利華，〈社會生態史：一個新的研究框架〉，參見「南開大學中國社會史研究中心」網站http://ccsh.nankai.edu.cn/noscript/ccsh/。

41 《嘉慶道光兩朝上諭檔》，第十五冊，編號六九八，頁259。

他們的普遍看法是人參以野生的較佳，其餘不管是移植栽種，或者是以種子播種的，這些人參都是僞造的，其品質自然是無法和眞參相比。但對民間而言，秧參的使用已相當廣泛，深獲醫家及民衆的喜愛已久。

6. 人參的流通

一般學者在研究清代人參的買賣過程時，大多只談到人參如何透過內務府變賣到江南地區，[42]至於這些官參由商人承領後如何販賣的過程，大多是簡單幾句帶過，幾乎未曾有過學者探討過類似課題。黃鑒暉的《明清山西商人研究》認爲：「在清代，人參爲官賣。官賣形式有兩種：一種是把徵集起來的人參上交內務府，並將餘參交給各地方官發賣，做爲內務府經費，稱爲『官參變價銀兩』；另一種是商人充作地方參局的攢頭包賣，按官價轉給參局，官價盈餘歸商人所得。」[43]黃鑒暉這段描述有個問題，首先，官賣形式不只兩種；其次，餘參並非交至地方官發賣，而是主要交由幾個特定的機構變賣，例如江南三織造；最後，他所說的另一種形式應該指的是餘參的買賣，跟參局沒有直接關係。

廣義地來講，變賣至江南的官參，由參商承領後，就不再具有官參的身分。此後，參商可以自由買賣，這樣的官參算是商參，但民間稱此種人參爲「庫底參」。爲了和非經過內務府而流通至民間的東北餘參有所區隔，我們傾向以狹義的定義來界定所謂的商參，這裡所說的商參指的是當盛京、吉林和寧古塔的人參經由刨夫採收之後，扣除所上繳的官參額數，剩餘的部分就是所謂的「餘參」或「商參」，這

---

42 叢佩遠，《東北三寶經濟簡史》。佟永功，〈清代盛京參務活動述略〉。
43 黃鑒暉，《明清山西商人研究》，山西經濟出版社，2002，頁82。

是參商或一般民眾可自由買賣的部分。這種商參如何流通至民間的消費市場？還需進一步探討。[44]

　　關於人參的價格與參商及銷參單位間的關係，透過《乾隆朝奏銷檔》，我們找到相關線索。當時幾個負責銷售人參的重要機構，如江南織造、各地鹽政或者是粵海關，負責銷售庫儲人參。清乾隆至嘉慶年間人參價格的暴漲，和這些單位的哄抬價格有密切關係。他們之所以能任意抬高價錢，也與江南的市場品味有關。透過人參專書，我們可以見到江南的參商已塑造出幾種不同的人參品牌。例如紹興人喜歡「紹糙」，浙人喜歡「片料」，南昌樟樹鎮農民喜歡「蘆頭」，建寧人喜愛「中條」，而與中國交流頻繁的日本更是有他們特殊喜好的人參。

　　人參經由官採或商採收之後，究竟是透過何種管道流通至江南或其他地區？控制人參流通的是哪些人？近來的一些消費文化史的著作，提供我們新的視野。法國文化史家Daniel Roche曾舉出研究物質文化歷史應當注意到：「史學家必須要把兩種方法交叉使用：一是經濟學及闡釋說明的方法，以便了解社會的運轉和消費與生產的關係；一是社會和文化分析的方法，這種方法考慮到私人生活與公共生活的迫切需要，以及物質文化中選擇行為所體現的準則。」[45]以往學者在論述人參的商業史時，大多只談到內務府庫儲人參的變賣，或者是產地多餘官參的買賣，[46]少有人論述流通與消費的關聯。有關這方面，

---

44 人參的流通與消費的問題中，價格的問題亦相當重要。參見葉志如，〈從人參專採專賣看清宮廷的特供保障〉，頁180-186；賴惠敏，〈清乾隆朝的關稅與皇室財政〉，頁87-90。

45 Ann Bermingham and John Brewer, *The Consumption of Culture 1600-1800*, London and New York, 1995, p.9.

46 李澍田編，《清代東北參務》，頁28；叢佩遠，《東北三寶經濟簡史》，頁110-115。

我們可以探討內務府與人參買賣的關係、參商與人參販賣關係、人參的價格變化、人參日用類書的出現與人參消費的關聯，以及論述清代的人參的賞賜與贈禮文化。

三、從制度的社會史到消費文化史

有關清朝人參史的研究已有不少的研究成果，但多偏向制度的社會史的研究取向，少有文化史的觀點。第一、以往研究大多將焦點集中在清政府的參務政策上，而且較偏重於人參採掘的探討，對於人參的流通及消費，較少觸及。第二、大多偏向參務制度的描述，而未能將醫藥史與制度史結合。第三、忽略了人參做為一種商品的特性，尤其是乾隆及嘉慶年間，人參商品化與江南的溫補文化之間的關聯。第四、欠缺引用檔案以外的資料，例如醫書及人參專書的材料。第五、這些論文的題目過大，缺乏問題意識及深度討論。總之，目前尚未有學者對清代的人參史做全面性的研究，人參歷史的研究不僅是制度史、政治史及經濟史的課題，更是醫療史及物質文化史的重要課題，因此跨領域的研究有其必要。除了物質文化史的角度之外，發掘新的史料亦刻不容緩，如此才能建構出一幅較爲完整的清代人參文化史。

（一）藥的書寫：從博物學到商品指南

清代有關人參書寫方式的特色之一，就是從清初的傳教士的博物學式的田野調查書寫到清中期的商品指南式的書寫的轉向，這也反映清代社會的人參消費文化的轉變。更明確地說，清中期所出版的一些本草學的著作，相較於清初的人參寫作，其書寫特色相當程度地反映

了當時人參消費市場的流通與消費現象的變化。**47**

　　清代醫書中有關人參的記載，最詳細的莫過於趙學敏的《本草綱目拾遺》。《本草綱目》的人參書寫概念還是延續著陶弘景的五參概念（所謂人參、沙參、玄參、丹參及苦參）。李時珍認為，眞正的人參除了潞州人參以外，就只有遼參，但由於潞州人參遭到民眾濫挖的結果，明代時已經看不到這種人參，取而代之的只有遼參及高麗參。高麗參可以人工栽培的方式栽種，方法是先將種子蒐集，然後於十月種入土中，凡秋冬採收的高麗參質地較堅實，春秋採收則較虛軟。《本草綱目拾遺》深受《本草綱目》影響，但書中有些對人參觀察與記述的仔細，已超越《本草綱目》。《本草綱目拾遺》初稿完成於乾隆三十年（一七六五），書中有作者的自序，當時並未刊行，嘉慶八年（一八〇三）之後才全書出版。書中所記載的藥物有七百六十種《本草綱目》未曾收載，收載的藥物產地相當廣泛，甚至有許多是域外傳入的藥物，如西洋參、金雞勒、胖大海等。此外，趙學敏相當重視民間的用藥經驗，透過採訪世醫、耆老、農漁業者、僕役及婦人等兩百多人，記錄了大量簡易的醫方，本書是繼《本草綱目》之後，另一本綜合性的本草學類書。《本草綱目拾遺》有關人參論述最具特色的地方，在於它相當完整地反映當時人參消費市場的變化。《本草綱目拾遺》雖然是一部本草學的著作，但某種程度上，它的書寫特色與清中期所出現的人參消費指南書籍更爲接近，其內容有市場化取向。

　　相較於李時珍對人參的描述是一種經典的、文本的考證研究；趙學敏的《本草綱目拾遺》則偏向於一種大眾口味的、符合實際市場現狀的探究。《本草綱目拾遺》的敘述方式並非趙學敏的創舉，其作法

47 蔣竹山，〈清代的人參書寫與分類方式的轉向：從博物學到商品指南〉，《華中師範大學學報（人文社會科學版）》，47:2（2008.3），頁69-75。

其實有跡可尋，早它五十年出版的《本草從新》的山草類的記述方式多少已反映人參消費市場的一種實際面貌，只不過《本草綱目拾遺》的內容更為詳盡。舉凡參條、參蘆、參鬚、參葉等的分類方式，和內務府奏銷檔中記載的每月庫存人參變賣的細目極為類似，這反映了當時的醫書，在某種程度上反映了人參的消費現象。

　　除了本草學的書籍中可見東亞地區人參的流通歷史外。十八世紀至十九世紀初，東亞的中國及日本，不約而同地出現了許多有關人參的消費書籍。透過這些人參專書，我們可以發現當時東亞地區人參流通的蛛絲馬跡。《本草綱目拾遺》提到，東洋參來自日本，其外皮粗糙，蒸熟後會有清香，味道與遼參相同，但與性寒的西洋參不同，帶有羊羶味，入口後微辣，藥性溫平，一般民眾多以此代替遼參。東洋參每枝約重一錢，亦有二、三錢者。這些來自日本的人參屬於官參，根枝表皮印有日本兩字做為商標，價格八換。無字者為私參，因全身外皮粗糙，肉呈白色，品像不佳，價格只需五換。乾隆五十八年（一七九三），趙學敏在友人李變堂的住處看過這兩種東洋參。其味道，趙學敏嘗後的描述是：「大者切片，口含過夜，皆化而無渣。小者含口中，三夜皆不化。」另外有一種東洋參來自奉天、旅順附近一帶，表皮有紅紋，同時期的日本也將這種人參視為珍品。這些人參大多是中日船商，高價購得後轉賣至中國，當時蘇州已有專門販賣這種東洋參的藥鋪。這種人參之所以在中國流行，與乾隆五十七年（一七九二）江浙地區的嬰幼兒因感染天花，造成嚴重的疫情有關。醫書記載著服用東洋參能有助於種人痘後的解毒功效，因為頗有療效，使得東洋參大受市場歡迎。[48]清代筆記小說記有：「日本國所

---

48 《本草綱目拾遺》，卷三〈草部〉，頁71-72。

產之東洋參，江浙諸省盛行之，醫家或以爲勝於高麗者，因其肥大也。」其實，當時中國境內的東洋參，有許多是來自朝鮮的高麗參，卻被中國參商或醫家誤爲是日本所產的東洋參。

　　另外有種東洋參來自高麗及新羅，經由鄰近東北的一些朝鮮島嶼流通至中國。這些人參與遼參相似，皮黃紋粗，中肉油紫，藥性平溫，價格約十換，當時的孕婦很喜歡服用這種人參，認爲其效力與遼參類似。[49]《本草時義》的看法是，東洋參的名目雖然多，但只不過是老山參及新山參的區分。老山參年久質堅，煮過後易膨脹；新山參「年少而漲力薄」，分辨的方法爲觀察人參枝幹，凡堅實老瘦，有圓扁成三角形、皮紋細密、蘆頭粗壯有力者，就是老山參。若外型圓潤、中間肥大、且兩頭瘦弱無力、紋理粗鬆者，多爲新山參，即使切作薄片，仍可以此法來辨識。高麗參則以產自京庄的爲佳，因爲外皮有「別土直」三字，又稱「別直參」。枝頭愈大者愈佳，自每斤十六枝到三十枝且無橫紋者，皆可用；若是四十枝以下，往往就帶有橫紋，頗和沖庄的「石居子」相似，其質地較差。[50]其他如城門參或關東所產的人參的品質則較差。由於大山人參價值昂貴，導致僞參相當多，不熟悉此道者，很容易受騙。當時市面上販售的人參大多是小枝，重量在一錢上下，參商大多挑選文秀的外型，這樣的人參賣相較佳。一錢多的人參，其效力較低，大多屬於「沖參」及「關東參」。此外，有以紅白蘆菔製成，極似新山的東洋參與潞黨參，也可以做僞。甚至有一種桔梗，用白糖加工過，色白而味甘，形質肥脆，類似嬰孩，看起來相當美觀，但卻是僞參，即使是老藥鋪亦不易辨別。[51]

---

49 《本草綱目拾遺》，卷三〈草部〉，頁72。
50 《本草時義》，頁190。石居子是一種人參名，又稱「石渠子」，現今稱作「石柱參」。
51 《本草時義》，頁190-191。

此外，中國所見最早有關西洋參的紀錄出現在《本草從新》。這本清代的本草學著作記載當時中國已經有來自法國的西洋參，由於法國並沒有出產人參，所以文中所述可能是指經由法屬東印度公司轉運而來的美國或加拿大人參。

（二）人參藥用與江南溫補文化

近來有些研究藥物的歷史學者漸漸採取社會文化史的取向。例如嚴奇岩認為，四川歷來是重要的產藥區，唐代四川貢品藥材在全國中占有很大比例，對於四川貢品藥材的研究，有助於我們了解唐代四川地道藥材的分布與遞嬗變化。[52]章靜、方曉陽則提到，三七原是西南少數民族最早發掘使用的一種藥用植物，原生於雲南文山、廣西百合地區，在明代始被內陸醫家認識和運用。醫藥的傳播不僅受藥物生長的地理位置的限制，同時還受到社會環境等因素的影響，由於明代具有適合醫藥傳播的社會環境，醫藥知識對前代的繼承與提高，以及李時珍對本草學的貢獻，才使得三七受內地醫家認識與運用。[53]

余欣則從物質文化的角度重新思考以往所謂「附子」這種藥物是由西方傳至中國的說法的真實性，及其背後的文化心理因素。目的在重構附子及其同源及形似藥物在東西文明交流史的軌跡。他試圖透過這樣個案研究來接櫫物質文化的傳播、接納與創新在人類歷史上的重要價值，並展示其在日常生活中的深遠影響，同時為 「利生史」研究增闢一條新的途徑。相較於傳統的醫史研究，余欣的研究路徑值

52 嚴奇岩，〈從唐代貢品藥材看四川地道藥材〉，《中華醫史雜誌》，33:2（2003.4），頁76-81。
53 章靜、方曉陽，〈中藥三七在明代得以傳播的歷史條件〉，《中華醫史雜誌》，34:1（2004.1），頁16-20。

得借鏡。他深受兩方面研究的影響，一是參考了西方物質文化史的研究，例如 *History from Things: Essays on Material Culture* 及 Craing Clunas 的 *Superflous Things:Material Culture and Social Status in Early Modern China*。[54] 另一個是醫療史的研究，文中他徵引了醫療史研究者梁其姿、余新忠及陳明等人的研究。[55] 梁其姿認爲，明代的醫學理論與知識在印刷術的普及與醫者數量的快速增長下有重要的發展。就制度與服務而言，地方菁英接管了許多明代政府撒手不管的職責。相較於宋元時期，明代的貧窮者更難從官方獲得便宜的醫療。在民間機構方面，官方施藥給窮人的興趣的降低因地方仕紳的關懷而獲得補償。私人商業藥局亦在十五世紀以來大規模成長。相較於宋代官方藥局的目的在將藥價控制在較低的水平上，明代的私人藥局純爲商業牟利性質，這與本草學知識的臻於成熟與商業網路的發展有關，許多藥店的商業活動一直延續至清代。私人藥店的廣泛分布顯示全國性的藥物商業化自十五世紀開始穩定的發展，即使或許只有較富裕的人才能負擔藥店所賣的昂貴醫藥。此時的商業化使得藥物在市場上更爲流通、更易獲得。相較於民間醫者，明代對民間藥販的態度更爲寬鬆，因此儘管惠民藥局已經式微，但未受藥物品質管控的廉價藥物更能在民間社會中流通。[56]

人參的文化史該如何研究？一個研究的重點在於如何將醫療知

54 余欣，〈「附子考」：從一類藥物看東西文化交流〉，《文史》，3（2005），頁121-140。

55 梁其姿，〈麻風隔離與近代中國〉，《歷史研究》，5；余新忠，《中國疾病、醫療史的過去、現在與可能》，《歷史研究》，2003年4期；陳明，〈沙門黃散：唐代佛教醫事與社會生活〉，榮新江編，《唐代的宗教信仰與社會》，上海辭書出版社，2003。

56 梁其姿著，蔣竹山譯，〈明代社會中的醫藥〉，《法國漢學》，第六輯，2002，頁345-361。

識、藥物流通及消費文化三者結合在一起，了解這三者之間的互動，因而，清代江南的溫補文化是探究的關鍵。有關清代溫病學派的研究，近來在中國醫療史研究中已有相當成果。但這些研究大多集中在溫病學派的醫家及學說內容的研究，對於這些醫療觀念如何落實在民間的日常生活中，卻不多見。[57]例如近來美國醫學史學者Marta Hanson的研究說明了清代溫病學派形成的過程與醫學知識地域化的關聯；[58]而余新忠的研究讓我們更進一步的認識清代瘟疫、醫療與社會的關係。[59]筆者曾在上述學者的研究脈絡上，運用清代的醫案及醫話，描繪江南補藥文化的歷史圖像，並探討人參藥用與江南補藥文化盛行的關聯性，以及有關這些醫療現象的醫家及病人的論述。[60]

清代江南人參的消費特色與乾嘉時期的補藥文化的關係密不可分。[61]清代醫書中常可見醫家談論當時社會普遍好用補藥的風氣，這

---

57 早期的著作如下：陳邦賢，《中國醫學史》，新華書店，1937，1998重印；陳邦賢，《中國醫學史》，廣文書局，1979；傅維康編，《中國醫學史》，上海中醫學院出版社，1990。馬伯英，《中國醫學文化史》，上海人民出版社，1990。近來的綜合研究見彭勝權編，《溫病學》，人民衛生出版社，2000。

58 Marta Hanson, "Disease, Epidemiology, and the Invention of a Southern Medical Tradition on Wenbing in Jiangnan During The Qing Dynasty," Dissertation in the Department of the History and Sociology of Science, 1997. Marta Hanson, "Robust Northerners and Delicate Southerners: The Nineteenth-Century Invention of a Southern Medical Tradition," *Positions*: *East Asia Cultures Critique*, 6.3 (1998).

59 余新忠，《清代江南的瘟疫與社會：一項醫療社會史的研究》，中國人民大學出版社，2003。

60 參見蔣竹山，〈非參不治，服必萬全：清代江南的人參藥用與補藥文化初探〉，《中國社會歷史評論》，第八卷，（2007），頁114-127。以往明清醫藥史的研究，除了近來張哲嘉的大黃研究外，大多是中國大陸方面《中華醫史雜誌》的中醫史家所做的醫藥的內部考證，少有從社會文化史角度來探索藥的歷史。參見張哲嘉，〈「大黃迷思」──清代制裁西洋禁運大黃的策略思維與文化內涵〉，《中央研究院近代史研究所集刊》，47（2005.3），頁43-98。余新忠，〈海峽兩岸中國醫療社會史研究述論〉，收錄於孫江編《事件‧記憶‧敘述》，浙江人民出版社，2004，頁284-299。

61 蔣竹山，〈非參不治，服必萬全：清代江南的人參藥用與補藥文化初探〉，《中國社會歷史評論》，第八卷，2007，頁114-127。

種補藥風氣影響所及的範圍上至富貴人家，下至貧苦百姓。就普遍性
而言，清代的狀況又較明代來的普及，尤其是江南地區。當時富貴之
家不管有病沒病，常以服用補藥來補身，其對補藥的療效深信不疑，
已經到了所謂：「其中更有用參附則喜，用攻劑則懼；服參附而死，
則委之命」的地步，可見當時的病家相當深信補藥——尤其是人參的
療效。清代江南社會好服補藥的風氣則與醫者及病家的態度有關，其
中一項主要因素是醫家藉此較容易取得病家對醫者的信任。這樣的補
藥文化改變了民眾對人參的認識，也刺激了江南人參的消費。

　　關於以上的論點，我們可以透過清代名醫徐靈胎的看法，有進一
步的認識。乾隆二十二年（一七五七），徐靈胎的一篇〈人參論〉相
當詳實地反映了當時社會好用人參的風氣。首先，作者認為人參不僅
耗費民眾的金錢，而且容易損害人命。當時民眾普遍有個觀念是價錢
貴的藥就是良藥，價錢低的藥為劣藥。社會大眾普遍喜歡補藥，而不
喜攻劑，所以即使是服人參而死，病家都會認為醫者已經盡職，人子
已經盡孝，這是命中注定，所以不會有遺憾。假若是服用攻劑而死，
即使是用藥無誤，病家反而會責怪醫者。在此風氣下，一般醫家為了
要躲避刑責，通常會開立人參當作藥方。其次，一般民眾都認為人參
是藥中之王，有特殊的藥效，又因為相當貴重，所以深信必定能挽回
性命。卻不知康熙年間所使用的人參的費用不過是每兩人參一、二
兩，多的不過需費三、四兩而已，到了乾隆年間，人參的價格飆漲了
十多倍，病家服用人參的數量已經不是以往的一、二錢而已，連小康
之家，服用個人參二、三兩，就已經耗盡家產。其三，這種醫者輕易
開立人參的風氣，輕者造成家庭經濟情況惡化，重者則是棺殮俱無，
賣妻鬻子，全家覆沒。最後，徐靈胎認為醫者的責任相當重要，即使
誤診都情有可原，但害人家庭破產，則罪狀甚於盜賊。他呼籲千萬不
要過於相信人參是起死回生之藥，一有病就服用。醫者必須審慎評估

患者的病，若純粹是虛寒體質，非參不治，服必萬全的話，才服用人參。還有必須考量病家經濟條件，才開立人參，這樣才不至於生死無靠。[62]

（三）人參專書的出現與消費文化

　　西方消費文化的研究大約興起於一九七〇年代末至一九八〇年代初期，較具代表性的著作是Neil McKendrick、John Brewer、J. H. Plumb合著的 *The Birth of a Consumer Society: The Commercialization of Eighteenth-Century England*，他們研究十八世紀英國中產階級的消費文化，並提出 「消費革命論」。他們指出當時英國消費文化的變遷，包括家庭收入與需求、市場的擴大、城市人口的增加、奢侈品的普及、流行時尚的大興、社會仿效的作用、奢侈觀念的變遷等等，他們稱此現象爲英國 「消費社會」的誕生。[63]除了這本經典著作外，另外兩本論文集的出版，亦代表著九〇年代西方消費文化的研究成果，分別是*Consumption and the World of Gods*及*The Consumption of Culture1600-1800*。[64]近來明清史的研究亦受到這股潮流的影響，已有愈來愈多的學者投入明清消費文化的研究，舉凡飲食、服飾、房舍、家具、轎子、舶來品等等物品，都成了史家研究的對象。[65]這些研究深受歐美社會學及人類學對「物」的研究的影響。

---

62 徐大椿，《洄溪醫案》，收錄於《醫案醫話醫論名著集成》，頁318。

63 巫仁恕，〈明清消費文化研究的新典範與新問題〉，「中國近代史的再思考」國際學術研討會，2005.6.29～7.1。

64 John Brewer, *Consumption and the World of Gods*, London and New York, 1993; Ann Bermingham and John Brewer, *The Consumption of Culture1600-1800*, London and New York, 1995.

65 近來明清物質文化史的研究大多集中在服飾、旅行文化及飲食。參見王正華，〈過眼繁華：晚明城市圖、城市觀與文化消費的研究〉，收錄在《中國的城市生活》，

例如Clunas有關晚明社會的文物商品化的研究就深受Igor Kopytoff和
Arjun Appadurai的啓發，**66**Clunas指出晚明的文物與藝術品商品化的
過程。透過其價格波動、市場出現與轉手流動的快速，研究者發現，
晚明時原本不是商品的文物已有商品化現象。另一個例子是文人的
書房家具，在晚明因爲家具商品化之後，書房的空間可以用金錢購
置裝飾，書房不再是士大夫的專利，這也使得士大夫，尤其是下層
士人與文人，在身分地位上面臨危機。**67**此外，法國文化史家Daniel
Roche的《平常事情的歷史：消費自傳統社會中的誕生（十七～十九
世紀）》，也相當值得我們參考。**68**

筆者近幾年有關清代人參的物質文化史的研究中，曾利用大量
的清代檔案探討清代人參的消費與流通的歷史。在研究過程中，曾初
步發現清乾隆、嘉慶年間的人參商品有所謂品牌化的現象。清代的人
參消費的特色之一是人參專書的出現。這些醫藥及消費指南書籍的出
現，代表人參消費在清乾隆及嘉慶年間進入新的階段。這個時期爲何

聯經出版文化事業公司，2005。巫仁恕，〈明代士大夫與轎子文化〉，《中央研究
院近代史研究所集刊》，38（2002.12），頁1-69。巫仁恕，〈晚明的旅遊活動與
消費文化：以江南為討論中心〉，《中央研究院近代史研究所集刊》，第四十一期
（2003.9），頁87-143。賴惠敏，〈乾隆朝內務府的皮貨買賣與京城時尚〉，《故宮
學術季刊》，21.1（2003），頁101-134。巫仁恕，《品味奢華：晚明的消費社會與
士大夫》，聯經出版文化事業公司，2007）。

66 這方面我們可藉助人類學家Arjun Appadurai的經典作品*The Social Life of Things*的
物質文化理論；另外Fred R. Myers的*The Empire of Things*提出了修訂看法。Arjun
Appadurai, ed., *The Social Life of Things*: *Commodities in Cultural Perspective*, New York:
Cambridge University Press, 1986. Fred R. Myers, ed., *The Empire of Things*: *Regime of
Value and Material Culture*, Santa Fe: School of American Research Press, 2001。

67 Craig Clunas, *Superfluous Things*: *Material Culture and Social Status in Early Modern
China*, Polity Press, 1991。有關明清奢侈性消費的研究，可見Kenneth Pomeranz著，
邱澎生等譯，《大分流：中國、歐洲與現代世界經濟的形成》，頁159-233。

68 Daniel Roche, *A History of Everyday Things*: *The Birth of Consumption in France*,
1600-180, Cambridge University Press, 2000。中譯本見吳鼐譯，《平常事情的歷史：
消費自傳統社會中的誕生（十七～十九世紀）》，百花文藝出版社，2005。

會出現大量的消費性指南書籍？這與這個時期的人參價格暴漲有何關聯？不僅清代中國在此時出現許多人參專書，就連中國的周邊國家朝鮮及日本亦有同樣的現象，就筆者目前所蒐集的東亞人參專書目錄，光是日本就有四十幾部。這些東亞國家的人參流通與消費與中國的關係相當密切，基本上，日本及朝鮮對人參品種的喜好似乎受中國的人參市場消費風格的影響，但又有些微差異。

對於清代的人參消費指南書籍，我們有以下的初步看法。清人陳炬所編的《人參譜》可能是目前所見中國出版最早的人參專書，成書於清乾隆三十一年（一七六六），輯錄了歷代文獻數百種。卷首有人參全圖一幅，正文分為釋名、原產、性味、方療、故實、詩文六門。各門以書名為目，摘錄了相關內容。「釋名」考證名稱來源和別名；「原產」摘錄人參產地和品種；「性味」則記載了人參的藥性；「方療」摘錄人參配伍應用及煮服方法；「故實」為人參傳說內容，並記有西洋參來源與其他品種人參異同的比較等。

清代唐秉鈞的《人參考》成書於清乾隆四十三年（一七七八）。唐秉鈞，字衡銓。全書分為「當參辨識防害」、「所產今昔異地」、「收藏參法」、「同名參類」等十五個專題，對於人參產地、檔次區分、真偽辨別、儲藏方法等做了闡述。現存有清乾隆四十三年嘉定唐氏竹瑛山莊刻本、光緒二十二年（一八九六）元和江氏刻本，以及一九一六年紹興醫藥報社《醫藥叢書》石刻本。清人鄭昂的《人參圖說》是另外一本重要的人參專書，全書二卷，刊於清嘉慶七年（一八〇二），是作者數十年辨識人參的經驗集。首先為提要，簡述人參產地、型態、氣味、皮紋、神色、蘆蒂、粳糯、空實、真偽鑑別等基本知識；其次以人參產地分為三門，各門又分上中下三品，每品又分上中下三等，每種等級先列數語概括其特點，最後有附圖十多幅，頗為實用。現存清嘉慶七年荻蒲書屋刻本。最後一本是清

黃叔燦的《參譜》。初刊於清嘉慶十三年（一八〇八），作者有感於人參尚無專門的著作，以致眞僞混淆，優劣不辨，遂訪遍藥商等識者，並參閱相關資料編輯而成。全書就人參出產、收購銷售、鑑別眞僞優劣、炮製方法、價值等做了詳論。現存一九二〇年上海博古齋影印《借月山房匯抄》本。

清乾隆及嘉慶年間爲何會出現大量的消費性指南書籍，這與人參在那段時期價格的昂貴或許有關。以《人參考》作者爲例，唐秉鈞爲何撰寫這樣一本類似明清商人看的商業類書，確實的原因無從判定。他在《人參考》的第一篇短文〈參當辨識防害〉中，做了以下的說明。他認爲當時人參價相當昂貴，那時的士人雖然大多「澹泊自甘」，但卻寧願將人參當作日常生活中的必需品，最主要的原因是有時需用來當作孝親之物，有時則需要自行調理身體，有時則是參加科舉時以備不時之需。由於人參已經成爲民眾日常生活中不可或缺的消費品，在人參種類相當繁多的情況下，無論是參商或消費者最常碰到的問題在於不知如何分辨人參。在諸多有關人參消費的問題中，其中又以僞參的情況最爲嚴重。

相較於唐秉鈞對人參觀察的實際經驗，陸烜的《人參譜》就較偏向於文人的筆記小說式的考證。陸烜撰寫《人參譜》的動機，除了對王士禛無法完成人參專書有些遺憾外，還隱含了他的個人因素。他因生病，醫生診斷他「非人參不可」，但當時的參價並非家貧的他所能負擔，所以便遍覽全書，《人參譜》這本書就是他摘錄歷來人參史料的成果。**69**

黃叔燦的《參譜》的寫作動機雖然爲了是要增進民眾對人參的分

---

69 陸烜，《人參譜》，頁567。

辨能力，但較前面兩本人參專書卻增添一些知識傳授的神祕色彩。從《參譜》的序看來，黃叔燦，海虞人，其身分應該是依附在參商旁的商人，他於乾隆三十五年（一七七〇）在余姓主人門下賣參，因此常有機會接觸到不同產地的各式人參，這之中常有真偽相混的人參。在沒有人參專書可資參考的情況下，同鄉有位唐姓老者告訴黃叔燦曾經見過一本論人參產品高下的專書，該書是參商們私下流傳、不可復見的「秘術」，[70]可惜到了黃叔燦那時已經失傳，老者憑著記憶將書中部分片段口授給黃叔燦，在黃叔燦的潤飾下，完成了《參譜》。唐姓老者傳授給黃叔燦的秘方和古代醫者傳授醫學知識的方式相當類似。黃叔燦將書名取為《參譜》似乎有和陳氏的《菌譜》及韓氏的《橘錄》一較高下的意味。[71]

　　清代江南的《人參譜》與《人參考》等人參專書不僅為人參商人分辨人參品種時提供了重要參考依據，還為一般民眾建構出一套人參分類標準。此時的人參分類已經細緻到遼參為人參的統稱，不同品牌的遼參之間更有細分及競爭。這些人參專書為乾隆與嘉慶年間人參流通與消費習慣的改變提供了豐富的訊息[72]。人參消費指南書籍也因此

---

70 李建民，〈中國古代「禁方」考論〉，《生命史學：從醫療看中國歷史》，頁151-206。

71 黃叔燦，《參譜》，頁1。

72 有關最近的清史研究趨勢及成果，可見鈔曉鴻、鄭振滿，〈二十世紀的清史研究〉，《歷史研究》，2003年3期，頁144-179。其他清史的研究成果，可見Evelyn S. Rawski, "Presidential Address: Reenvisioning the Qing: The Significance of the Qing Period in Chinese History", *The Journal of Asian Studies* 55:4 (November 1996), pp.829-850。對於這篇文章的回應，可見何炳棣，〈捍衛漢化：駁Evelyn Sakakida Rawski之「再現清代」〉，《清史研究》，2001年1期，頁113-120、第三期，頁101-110。林榮琴，〈二十世紀八〇年代以來國內清代長江中游經濟史研究綜述〉，《中國史研究動態》，2005年11期，頁16-25。楊念群，〈美國中國學研究的範式轉變與中國史研究的現實處境〉，《清史研究》，4（2004.11），頁65-76。Peter Zarrow著，洪靜宜譯，〈西方學界研究中國近代史的最新動向〉，《漢學研究通訊》，22:4（2003.11），頁1-22。

塑造了幾個重要的人參品牌：鳳凰城、船廠及臺貨。

四、結論

　　明中葉以前，遼參並非是最受歡迎的人參品牌，此時山西的上黨人參的知名度甚至高過遼參。明末以後，隨著女眞族在此地區的開發及貿易經營，人參成爲當時東亞邊境間的交換貿易中數量最大宗的物品。除了政治的因素主導了這個商品的發展之外，原本排行第一的上黨人參也因長期大量地開採，數量上已不敷市場的需求。當時許多筆記或文集中常出現對遼參的讚語，最常見的說法就是人參會隨著王氣轉移，所以遼參之所以是最好的人參，當然是因爲東北乃「王氣所鍾」——清王朝的發跡之地。這種觀念與上黨爲天下之脊，所以上黨人參冠天下的說法有些類似。這種文人筆記對「遼參乃王氣所鍾」的社會想像，究竟是如何被建構的？是我們日後要處理的重要課題。

　　人參的文化史研究提供我們另外一種檢視明清消費文化的管道。近來的研究顯示，十六世紀末至十八世紀末，中西社會都可以發現到有逐漸關注物質文化的趨勢，也可以看到同時期中西方社會的上層階層都有偏愛物品的傾向。兩者同時都出現「炫耀性消費」的現象，如服飾、旅遊與乘轎等方面。晚明隨著商品經濟的發展，原先象徵身分地位的土地財富，轉變成奢侈品的收藏，特別是文化消費方面，古物經商品化後成了「優雅的裝飾」，只要有錢就可以買到，也造成求過於供的社會競逐，Craig Clunas及Pierre Bourdieu的研究說明這些文化消費的特色。除了文化消費以外，就連一般日常生活的物質消費也有類似的現象。清代中葉的人參消費是否已經達到上述所說的

現象，可能還需要有更進一步的研究及比較，才會有答案。**73**

　　透過人參的文化史研究，我們不僅可以探討清代歷史發展的特性，還可以進一步研究清中葉以來，東亞之間的物質文化交流史。在這個時期，東亞的中日朝鮮地區，經由人參消費的流通，彼此之間，無論在消費知識與醫療知識上，都有非常頻繁的交流。在中日朝鮮三地中，很明顯地，以日本的人參專書數量最多，這不僅反映了日本在十八世紀中葉以來的本草學發展，更代表這個時期東亞之間的本草學知識之間的交流盛況。有關這個時期的東亞本草學知識的交流，我們可以用唐秉鈞《人參考》的跋文做個小結：「京師人加藤玄順者，嘗著治痢經驗。日治痢唯人參，宜隨病而增減。如貧人藥鋪，稱弦人參者，用以代人參，不眞人參亦有效。雖有不厭參價之貴者，痢之始起，欲用參，則俗醫病家俱拒之。故先盡力用弦人參，其功效雖不及人參，取效不少也。……今藥鋪通稱朝鮮者，大概上半須也，非眞朝鮮。……近來參價日貴，故以薩摩小人參煮製者混之，彷彿難以分辨，用之無益。爲人參鬚細小、黃潤，難混以薩摩小人參，予數試用於貧人得效。……云云其書，蓋併刻《和漢人參考》前後編。而前編，其父謙齋者，與朝鮮聘使筆談人參形狀、所出之地方者。而後編，則玄順自繼尾而疊引，瑣說繁複，雖似無益，然於本邦未產人參之前，能辨別店家名色，與清國、朝鮮二品參類僞造者，試諸病者，而分說其勝劣，實開悟後學，使人沛然飽滿者以不少也。思其書既刊於延享戊辰（一七四六），何其見地之大似也。彼我之偶然出於同一撲間，或如此者，今茲宗圭板，清唐秉鈞《人參考》因聊錄其所記倂

---

73 巫仁恕，〈明清消費文化研究的新典範與新問題〉，「中國近代史的再思考國際學術研討會」，中研院近史所，2005，頁26-29。巫仁恕，《品味奢華：晚明的消費社會與士大夫》，聯經出版事業公司，2007。

書。」

　　透過這篇跋文，我們很清楚可以看到在十八世紀中葉，日本的加藤忠懿編《和漢人參考》時，已經參考了唐秉鈞一七七八年所出版的《人參考》。究竟當時東亞之間的人參本草學知識是如何交流？而這些知識又是如何影響這些地區的人參消費品味與市場流通？我們認爲目前的前近代的東亞醫療知識的交流研究仍有待加強，唯有我們將研究視野擴大至十八世紀以來中日韓的物質文化交流時，才較能看清近代以前東亞醫療史發展的全貌，以及近代醫療「近代性」的意義。**74**

---

74 梁其姿近來在〈醫療史與中國「現代性」〉曾指出，直到二十世紀，西方醫生認爲中醫理論爲荒謬迷信，但卻一致肯定中藥的療效與本草學的成就。因而，學者有必要從這個角度看十六世紀以來中國社會在用藥方面的「近代性」。梁其姿，〈醫療史與中國「現代性」問題〉，《中國社會歷史評論》，第八卷（2007），頁1-18。

參考書目

一、中文專書

〔巴西〕瑪麗亞‧露西亞‧帕拉蕾絲—伯克，《新史學：自白與對話》，北京：北京大學出版社，2006。

〔法〕亞歷珊卓‧大衛‧尼爾，《拉薩之旅》，臺北：馬可波羅文化，2000。

〔法〕菲立普‧費南德茲‧阿梅斯拖，《文明的力量：人與自然的創意關係》，臺北縣：左岸文化出版，2008。

〔美〕彭慕蘭著，邱澎生等譯，《大分流：中國、歐洲與現代世界經濟的形成》，臺北：巨流圖書公司，2004。

〔美〕J. 唐納德‧休斯著，梅雪芹譯，《什麼是環境史？》，北京：北京大學出版社，2008。

〔美〕卜正民著，方駿、王秀麗等譯，《縱樂的困惑——明朝的商業與文化》，臺北：聯經出版事業公司，2004。

〔美〕卜正民著，黃中憲譯，《維梅爾的帽子——從一幅畫看十七世紀全球貿易》，臺北：遠流出版社，2009。

〔美〕白馥蘭，《技術與性別：晚期帝制中國的權力經緯》，南京：江蘇人民出版社，2006。

〔美〕克羅斯比，《哥倫布大交換》，臺北：貓頭鷹出版社，2008。

〔美〕彼得‧伯克，《圖像證史》，北京：北京大學出版社，2008。

〔美〕林‧亨特，《法國大革命中的政治、文化和階級》，上海：華東師範大學出版社，2011。

〔美〕林‧亨特，《新文化史》，臺北：麥田出版社，2002。

〔美〕杰里‧本特利、赫伯特齊格勒，《新全球史：文明的傳承與交流》，北京：北京大學出版社，2007。

〔美〕柯嬌燕著、劉文明譯，《什麼是全球史》，北京：北京大學出版社，2009。

〔美〕派區克‧法蘭區，《西藏追蹤：追尋楊赫斯本探險傳奇》，臺北：馬可波羅出版社，1999。

〔美〕娜塔莉‧澤蒙‧戴維斯《法國近代早期的社會與文化》，北京：中國人民大學出版社，2011。

〔美〕格奧爾格‧伊格爾斯，《二十一世紀的史學》，臺北：昭明出版社，2003。

〔美〕格奧爾格‧伊格爾斯、王晴佳，楊豫譯，《全球史學史：從十八世紀至當代》，北京：北京大學出版社，2011。

〔美〕理查德‧比爾納其，《超越文化轉向》，南京：南京大學出版社，2008。

〔美〕麥克尼爾著、楊玉齡譯：《瘟疫與人：傳染病對人類歷史衝擊》，臺北：天下文
　　化，1998。

〔美〕彭慕蘭，《大分流：中國、歐洲與現代世界經濟的形成》，臺北：巨流，2004。

〔美〕葛凱，黃振萍譯，《製造中國：消費文化與民族國家的創建》，北京：北京大學
　　出版社，2007。

〔英〕彼得‧伯克，《歐洲近代早期的大眾文化》，上海：上海人民出版社，2005。

〔英〕勞倫斯‧史東，《英國十六至十八世紀的家庭、性與婚姻》，臺北：麥田出版
　　社，2000。

〔德〕約阿希姆‧拉德卡著，王國豫、付天海譯，《自然與權力：世界環境史》，河北
　　大學出版社，2004。

于沛編，《全球化與全球史》，北京：社會科學文獻出版社，2007。

王國斌，《轉變中的中國：歷史變遷與歐洲經驗的侷限》，南京：江蘇人民出版社，
　　1998。

王淑民、羅維前編，《形象中醫：中醫歷史圖像研究》，北京：人民衛生出版社，
　　2007。

王笛，《街頭文化：成都公共空間、下層民眾與地方政治(1870- 1930)》，北京：中國
　　人民大學出版社，2006。

王笛編，《時間、空間、書寫》，杭州：浙江人民出版社，2006。

王晴佳，《新史學講演錄》，北京：中國人民大學出版社，2010。

王晴佳，《臺灣史學五十年（1950-2000）》，臺北：麥田出版社，2002。

有泰，《有泰駐藏日記》，收於《歷代日記叢鈔》150-151冊，北京：學苑出版社，
　　2006。

朱鴻召，《延安：日常生活中的歷史（1937-1947）》，廣西師範大學出版社，2007。

江勇振，《璞玉成璧〔捨我其誰：胡適第一部〕》，臺北：聯經出版文化事業公司，
　　2011。

余舜德編，《體物入微：物與身體感的研究》，新竹：清華大學出版社，2008。

吳豐培、曾國慶編，《清代駐藏大臣傳略》，許昌：西藏人民出版社，1988。

呂秋文，《中英西藏交涉始末》，臺北：臺灣商務印書館，1974。

巫仁恕，《品味奢華──晚明的消費社會與士大夫》，臺北：聯經出版事業公司，
　　2007。

李宏圖編，《表象的敘述：新社會文化史》，上海：上海三聯書店，2003。

李尚仁編，《帝國與現代醫學》，臺北：聯經出版事業公司，2008。

李建民，《生命史學：從醫療看中國歷史》，臺北：三民書局股份有限公司，2005。

李貞德編，《性別、身體與醫療》，臺北：聯經出版事業公司，2008。

周識明、宋德金編，《中國社會史論》，武漢：湖北教育出版社，2000。

林志宏，《民國乃敵國也：政治文化轉型下的清遺民》，臺北：聯經出版事業股份有限公司，2009。

林富士，《中國中古時期的宗教與醫療》，臺北：聯經出版事業公司，2008。

松浦章著、鄭潔西譯，《明清時代東亞海域的文化交流》，杭州：江蘇人民出版社，2009。

河口慧海，《西藏旅行記》，臺北：馬可波羅出版社，2003。

唐力行，《國家、地方、民眾的互動與社會變遷》，北京：商務印書館，2004。

夏繼果、杰里‧本特利編，《全球史讀本》，北京：北京大學出版社，2010。

孫江編，《事件、記憶、敘述》，收入《新社會史叢書》第一輯，杭州：浙江人民出版社，2004。

徐浩、侯建新，《當代西方史學流派》，北京：中國人民大學出版社，第二版，2009。

栗山茂久，《身體的語言：從中西文化看身體之謎》，臺北：究竟出版社，2001。

桑兵，《晚清民國的學人與學術》，北京：中華書局，2008。

張仲民，《出版與文化政治：晚清的「衛生」書籍研究》，上海：上海書店出版社，2009。

梁景和編，《中國社會文化史的理論與實踐》，北京：社會科學文獻出版社，2010。

許雪姬編，《日記與臺灣史研究：林獻堂先生逝世50週年紀念論文集》，臺北：中央研究院臺灣史研究所，2008。

陳恆、耿相新編，《新文化史》，鄭州：大象出版社，2005。（繁體字版見陳恆、耿相新編，《新文化史》，臺北：胡桃木文化，2007。）

陳啓能編，《二戰後歐美新史學的新發展》，濟南：山東大學出版社，2005。

陸溁，《己巳年調查印錫茶務日記》，收於《歷代日記叢鈔》156冊，北京：學苑出版社，2006。

傅大爲，《性別、醫療與近代台灣：亞細亞的新身體》，臺北：群學出版有限公司，2005。

復旦大學歷史學系編，《新文化史與中國近代史研究》，上海：上海古籍出版社，2009，

黃克武、張哲嘉編：《公與私：近代中國個體與群體之重建》，臺北：中央研究院近代史研究所，2000。

黃東蘭編，《再生產的近代知識》第四卷，北京：中華書局，2010。

黃東蘭編，《身體、心性、權力》，收入《新社會史叢書》第三輯，杭州，浙江人民出版社，2005。

黃興濤，《文化史的追尋：以近世中國爲視域》，北京：中國人民大學出版社，2011。

黃興濤編，《新史學：文化史研究的再出發》第三卷，北京：中華書局，2009。

楊念群、黃興濤、毛丹編，《新史學：多學科對話的圖景》，北京：中國人民大學出版社，2003。

楊念群編，《空間‧記憶‧社會轉型：「新社會史」研究論文精選集》第一卷，上海：上海人民出版社，2001。

楊念群編，《昨日之我與今日之我：當代史學的反思與闡釋》第一卷，北京：北京師範大學，2005。

楊念群編，《新史學：感覺‧圖像‧敘事》第一卷，北京：中華書局，2007。

萬木春，《味水軒裡的閒居者：萬曆末年嘉興的書畫世界》，杭州，中國美術學院出版社，2008。

葉文心，《上海繁華：都會經濟倫理與近代中國》，臺北：時報出版社，2010。

熊秉眞、余安邦編：《情欲明清：逐欲篇》，臺北：麥田出版社，2004。

趙世瑜，《小歷史與大歷史：區域社會史的理念、方法與實踐》，北京：三聯書店，2006。

趙世瑜，《眼光向下的革命——中國現代民俗學思想史論（1918-1937）》，北京：北京師範大學出版社，1999。

劉新成編，《全球史評論》第2輯，北京：中國社會科學出版社，2008。

劉翠溶、伊懋可，《積漸所至：中國環境史論文集》，臺北：中研院經濟史研究所，1995。

劉鳳雲、劉文鵬編，《清朝的國家認同》，北京：中國人民大學出版社，2010。

盧建榮編，《社會/文化史集刊：台法霸權史八十年》，臺北：時英出版社，2009。

盧漢超，《霓虹燈外：20世紀初日常生活中的上海》，上海：上海古籍出版社，2004。

羅志田，《近代讀書人的思想世界與治學傾向》，北京：北京大學出版社，2009。

二、中文論文

〔法〕F. 布萊特—埃斯塔波勒，〈19-20世紀的來華法國醫生：南方開放港口、租界和租借地的拒絕或依從〉，孫立新、呂一旭編，《殖民主義與中國近代社會國際學術會議論文集》，北京：中國人民出版社，2009。

〔美〕Sarah Maza，〈歷史中的故事：晚近歐洲史作品中的文化敘事〉，陳恆、耿相新編，《新文化史》，臺北：胡桃木文化，2007。

〔美〕費俠莉（Charlotte Furth）著，蔣竹山譯，〈再現與感知：身體史研究的兩種方向〉，《新史學》，10：4（1999）。

〔美〕韓依薇（Larissa Heinrich），〈病態的身體：林華的醫學繪畫〉，收入楊念群

編，《新史學》，第一卷，北京：中華書局，2007。

〔英〕Craig Clunas（柯律格），〈物質文化──在東西二元論之外〉，《新史學》，17：4（2006.12），頁195-215。

〔英〕Harold J. Cook著，周遜譯，〈全球醫學史會是什麼樣子？〉，收入王淑民、羅維前（Vivienne Lo）《形象中醫：中醫歷史圖像研究》，北京：人民衛生出版社，2007。

〔英〕勞倫斯‧史東，古偉瀛譯，〈歷史敘事的復興：是創新還是懷舊〉，《新文化史》，臺北：胡桃木文化，2007，頁11-34。

Leif Littrup，〈世界史、全球史與歷史的全球化〉，侯建新編，《經濟──社會史評論》，北京：三聯書店，2010。

Mark M. Smith,〈理解社會史：新話題和新史家〉，《史學理論讀本》，北京：北京大學出版社，2006，頁272-301。

Peter Zarrow，〈近期西方有關中國近代思想史的研究〉，《新史學》，5：3（1994.9）。

于沛，〈全球史：民族歷史記憶中的全球史〉，《史學理論研究》，2006年1期。

于沛，〈全球史觀和中國史學斷想〉，《學術研究》，2005年1期，頁5-10。

王川、楊永明，〈近代拉薩地區的民間信仰與民間宗教〉，《四川師範大學學報（社會科學版）》，33：1（2006.1），頁110-115。

王正華，〈過眼繁華──晚明城市圖、城市觀與文化消費的研究〉，收入於李孝悌編，《中國的城市生活》，臺北：聯經出版事業股份有限公司，2005。

王汎森，〈中國近代思想文化史研究的若干思考〉，《新史學》，14：4（2003.12）。

王汎森，〈評Peter Burke編，*New Perspectives on Historical Writing*〉，《新史學》，3：2（1992），頁169-180。

王明珂，〈民族史的邊緣研究：一個史學與人類學的中介點〉，《新史學》，4：2（1993.6），頁95-120。

王明珂，〈過去的結構──關於族群本質與認同變遷的探討〉，《新史學》，5：3（1994.9），頁119-140。

王家範，〈中國社會經濟史面臨的挑戰──回應《大分流》的問題意識〉，《史林》，2004年4期，頁46-52。

王晴佳，〈文明比較、區域研究和全球化：第20屆國際歷史科學大會所見之史學研究新潮〉，《山東社會科學》，125：1（2006），頁27-54.

王晴佳、Georg Iggers，〈歷史與史學的全球化：特徵與挑戰〉，《史學史研究》，2008年1期，頁1-11。

王穎，〈從《退想齋日記》管窺晚清北方紳士的生活〉，《鄭州航空工業管理學院學

報》(社會科學版)，29：4（2010.8）。

王鴻泰，〈社會圖像的建構：一百年來明清社會史研究的透視〉，《東華歷史學報》，
　　22（2009.12），頁73-100。

王鴻泰，〈雅俗的辯證明代賞玩文化的流行與士商關係的交錯〉，《新史學》，17：4
　　（2006.12）。

史建雲，〈重新審視中西比較史：《大分流：歐洲、中國及現代世界經濟的發展》評
　　述〉，《近代史研究》，2003年3期，頁198-223。

皮國立，〈探索過往，發現新法：兩岸近代中國疾病史的研究回顧〉，《台灣師大歷史
　　學報》，35（2006）。

仲偉民，〈學術界對前近代中國研究的分歧：以彭慕蘭、黃宗智的觀點為中心〉，《河
　　北學刊》，24：2（2004.3）。

朱星謠，〈《金瓶梅》對女性日常生活的描寫及其意義〉，《學習與探索》，2008年3
　　期。

江文君，〈西方新文化史簡析〉，《史學研究》，2008年4期。

行龍，〈在村莊與國家之間：勞動模範李順達的個人生活史〉，《山西大學學報》，
　　2007年5期。

行龍，〈懷才不遇：內地鄉紳劉大鵬的生活軌跡〉，《清史研究》，2005年5期。

何平，〈全球史對世界史編纂理論和方法的發展〉，《世界歷史》，2006年4期。

何吉，〈清末川藏沿線地區金融貨幣與物價略述〉，《西藏大學學報》，20：3
　　（2005.9），頁56-60。

何濤，〈跨民族史：全球史在德國史學界的回應〉，《首都師范大學學報（社會科學
　　版）》，2008年6期。

余新忠，〈中國疾病、醫療史探索的過去、現實與可能〉，《歷史研究》，4 (2003)。

余新忠，〈防疫、衛生行政、身體控制：晚清清潔觀念與行為的演變〉，黃興濤編，
　　《新史學》第三卷「文化史研究的再出發」，北京：中華書局，2009。

余新忠，〈從社會到生命──中國疾病、醫療史探索的過去、現實與可能〉，《新史
　　學：多學科對話的圖景》，北京：中國人民大學出版社，2003。

余新忠，〈晚清「衛生」概念演變探略〉，《西學與清代文化國際學術研討會論文集》
　　（下冊），北京：中國人民大學清史研究所，2006，頁915-950。

吳曉群，〈我們真的需要「全球史觀」嗎？〉，《學術研究》，2005年1期。

宋莉媛，〈明清蘇州婦女日常生活變化探析〉，《巢湖學院學報》，2006年1期。

李化成，〈全球史視野中的環境與瘟疫〉，《中國社會科學報》，2009年7期。

李日強，〈胡椒貿易與明代日常生活〉，《雲南社會科學》，2010年1期。

李世安，〈全球化與全球史觀〉，《史學理論研究》，2005年1期。

李孝悌，〈十七世紀以來的士大夫與民眾：研究回顧〉，《新史學》，4：4（1993.12），頁97-139。

李孝悌，〈上層文化與下層文化──兼論中國史在這方面的研究〉，《近代中國史研究通訊》，8（1989）。

李宏圖，〈當代西方歷史學的新進展：從現代到後現代──英國帕特里克・喬伊斯教授訪談錄〉，《表象的敘述──新社會文化史》，上海：三聯書店，2003，頁95-132。

李尚仁，〈歐洲擴張與生態決定論〉，《當代》，170（2001.10），頁18-29。

李忠萍，〈「新史學」視野中的近代中國城市公共衛生研究評述〉，《中國近代史》，2009年8期，頁101-114。

李貞德，〈婦女在家庭與社會中的角色：歐洲中古婦女史研究〉，《新史學》，4：2（1993.6），頁121-143。

李貞德，〈最近臺灣歷史所學位論文中的性別課題：從三本中古婦女史新書談起〉，《新史學》，21:4（2010）。

李霞、楊豫，〈走向開放的綜合──新文化史學探析〉，《國外社會科學》，2000年5期，頁27-33。

杜正勝，〈什麼是社會史？〉，《新史學》，3：2（1992），頁95-116。

杜正勝，〈作為社會史的醫療史──並介紹「疾病、醫療和文化」研討小組的成果〉，《新史學》，6：1（1995.3）。

杜正勝，〈發刊詞〉，《新史學》創刊號（1990）。

杜正勝，〈新史學之路：兼論臺灣五十年來的史學發展〉，《新史學》，13：3（2002），頁21-40。

杜正勝，《醫療、社會與文化──另類醫療史的思考〉，《新史學》，8：4（1997.12）

沈松僑，〈中國的一日，一日的中國：1930年代的日常生活敘事與國族想像〉，《新史學》，20：1（2009.3）。

里卡多・杜謝斯利，〈論西方的崛起：肯尼斯・彭慕蘭的大分流研究〉，《經濟社會體制比較》，2007年3期，頁45-52。

周兵，〈「自下而上：當代西方新文化史與思想史研究」〉，《史學月刊》，2006年4期，頁12-17。

周兵，〈Peter Burke之新文化史〉，《思與言》，45：4（2007.12），頁53-94。

周兵，〈西方新文化史的興起與走向〉，《河北學刊》，24：6（2004.11），頁151-156。

周兵，〈林・亨特與新文化史〉，《史林》，2007年4期，頁170-182。

周兵，〈微觀史學與新文化史〉，《學術研究》，2006年6期，頁89-95。

周兵，〈新文化史與歷史學的「文化轉向」〉，《江海學刊》，2007年4期，頁 152-158。

周兵，〈精彩紛呈的新文化史〉，《歷史教學問題》，2007年1期，頁35-42。

周兵，〈羅杰‧夏蒂埃的新文化史研究〉，《史學理論研究》，2008年1期，頁56-67。

周樑楷，〈舊史學向新史學的反撲：討論G. Himmelfarb和J. W. Scott的史學思想〉，《新史學》，1：2（1990）。

林中澤，〈歷史中心與歷史聯繫──對全球史觀的冷思考〉，《學術研究》，2005年1 期。

松浦章，〈清代沿海商船船員所見到的日本：以中國沿海帆船的漂流記錄爲中心〉，《明清時代東亞海域的文化交流》，杭州：江蘇人民出版社，2009。

邱仲麟，〈風暴、街壤與氣味：明清北京的生活環境與士人的帝都印象〉，《清華學 報》，34：1（2004），頁181-225。

邱澎生，〈「法律文化」對法律史研究的效用：評梁治平編《法律的文化解釋》〉，《新史學》，10：2（1998）。

邱澎生，〈文化如何影響經濟？評Samuel Adrian Adshead, *Material Culture in Europe and China, 1400-1800: the Rise of Consumerism*〉，《新史學》，10：3（1997）。

施誠，〈全球史中的「早期近代」〉，《史學理論研究》，2009年4期。

施誠，〈美國的世界歷史教學與全球史的興起〉，《史學理論研究》，2010年4期。

胡成，〈上海禁娼與在華西人的道德焦慮：以上海進德會爲中心的觀察（1918-1924）〉，收入《新史學》，22：1（2011.3），頁59-104。

胡成，〈不衛生」的華人形象：中外間的不同講述──以上海公共衛生爲中心的觀察（1860-1911）〉，《中央研究院近代史研究所集刊》，56（2007.6）。

胡悅晗、謝永棟，〈中國日常生活史研究述評〉，《史林》，2010年5期。

夏伯嘉，〈戰後歐美史學發展趨勢〉，《新史學》，3：2（1992），頁87-102。

夏繼果，〈理解全球史〉，《史學理論研究》，2010年1期。

孫江編，〈閱讀沈默：後現代主義、新史學與中國語境〉，《事件、記憶、敘述》，杭 州：浙江人民出版社，2004。

徐波，〈從「整體史」到「全球史」──西方史學史的一條線索〉，《四川師范大學學 報（社會科學版）》，2008年4期。

徐洛，〈從全球視角觀察人類的過去──杰里‧本特利的全球史思想和治史實踐〉，《首都師範大學學報（社會科學版）》，2008年3期。

徐賁，〈「文革」時期的物質文化和日常生活秩序〉，《當代中國研究》，2006年3 期。

徐達，〈新文化史：一種歷史研究範式的困惑與超越〉，《中國圖書評論》，2010年7期。

徐麗碧，〈文學與生活的融合──明末清初吳江葉氏家族的日常生活與文學活動〉，《徐州師範大學學報》，2006年5期。

郝平，〈《退想齋日記》所見抗戰時期的民眾生活：以太原爲中心〉，《史林》，2005年4期。

馬克・史密斯，〈理解社會史：新話題和新史學家〉，劉北成、陳新編，《史學理論讀本》，北京大學出版社，2006，頁272-301。

馬維強，〈紅與黑：集體化時代的政治身份與日常生活〉，《集體化時代的中國農村社會國際學術研討會論文集》，山西大學中國社會史研究中心，2009。

馬樹華，〈民國時期青島的文化空間與日常生活〉，《東方論壇》，2009年4期。

高彥頤，〈「空間」與「家」：論明末清初婦女的生活空間〉，《近代中國婦女史研究》，3（1995.8）。

常利兵，〈日常生活研究的理論與方法：對一種社會史的再思考〉，《山西大學學報》，2009年2期。

康欣平，〈有泰與清末西藏政局的演變〉，《青海民族大學學報》（社會科學版），36：3（2010.7），頁29-32。

張小軍，〈歷史人類學〉，陳啓能編，《二戰後歐美新史學的新發展》，濟南：山東大學出版社，2005，頁230-241。

張仲民，〈典範轉移：新文化史的表達與實踐〉，《社會科學歷史評論》，2006年4期，頁40-58。

張仲民，〈新文化史與中國研究〉，《復旦學報（社會科學版）》，2008年1期，頁100-108。

張旭鵬，〈全球史視野下的世界史研究──以美國爲中心的考察〉，《河北學刊》，2009年3期。

張虹，〈從全球視角觀察人類歷史──威廉・Ｈ・麥克尼爾的全球史思想及治史實踐〉，《首都師范大學學報（社會科學版）》，2009年1期。

梁占軍，〈「全球史」與「世界史」異同芻議〉，《首都師範大學學報（社會科學版）》，2006年3期。

梁其姿，〈中國麻風病概念演變的歷史〉，《中央研究院歷史語言研究所集刊》，70：2（1999.6）。

梁其姿，〈心態歷史〉，《史學評論》，7（1984），頁75-97。

梁其姿，〈評David Johnson, Andrew Nathan, Evelyn Rawski編，*Popular Culture in Late Imperial China*〉，《新史學》創刊號（1990）。

梁其姿，〈醫療史與中國「現代性」問題〉，《中國社會歷史評論》，天津：天津古籍出版社，2007。

梁景和，〈西方新文化史述略〉，《首都師範大學學報》，2010年3期。

許紀霖，〈都市空間視野中的知識分子研究〉，《天津社會科學》，2004年3期。

連玲玲，〈典範抑或危機？「日常生活」在中國近代史研究的應用及其問題〉，《新史學》，17：4（2006.12）。

郭小凌，〈從全球史觀及其影響所想到的〉，2005年第1期，頁11-13。

郭慧玲、趙旭，〈東張莊的「翻身」：一個華北鄉村社會生活變遷〉，黃宗智編，《中國鄉村研究》，福建教育出版社，2010。

陳秀芬，〈醫療史研究在台灣（1989-2009）：兼論其與「新史學」的關係〉，《漢學研究通訊》，29：3（2010.8），頁19-28。

陳冠堃，〈從年鑒學派到全球史觀——跨學科歷史的發展〉，《首都師范大學學報(社會科學版)》，2009年1期。

陳新，〈全球化時代世界利史的重構〉，《學術研究》，2005年1期，頁25-27。

陳慧宏，〈「文化相遇的方法論」：評析中歐文化交流研究的新視野〉，《臺大歷史學報》，40（2007.12），頁239-278。

陳蘊茜，〈日常生活中殖民主義與民族主義的衝突：以中國近代公園爲中心的考察〉，《南京大學學報》（人文社會科學版），2005年5期。

曾華璧，〈解析十七世紀荷蘭據臺時期的環境探索與自然資源利用〉，《臺灣史研究》，18：1（2011.3）。

程美寶，〈全球化、全球史與中國史學〉，《學術研究》，2005年1期。

飯島涉，〈作爲歷史指標的傳染病〉，收於余新忠編，《清以來的疾病、醫療和衛生》，三聯書店，2009。

黃宗智，〈發展還是內捲？十八世紀英國與中國——評彭慕蘭《大分岔：歐洲、中國及現代世界經濟的發展》〉，《歷史研究》，2002年4期，頁149-176。

黃應貴，〈儀式、習俗與社會文化〉，《新史學》，3：4（1992.12），頁117-137。

楊巨平，〈「全球史」概念的歷史演進〉，《世界歷史》，2009年5期。

楊建華，〈日常生活：中國村落的一個新視角〉，《浙江學刊》，2002年1期。

楊豫，〈西方家庭史研究的發展現狀和未來趨勢〉，《新史學》，1：3（1990），頁89-115。

楊豫，〈新文化史學的興起：與劍橋大學彼得‧伯克教授座談側記〉，《史學理論研究》，2000年1月，頁143-150。

楊豫、李霞，〈新文化史學〉，陳啓能編，《二戰後歐美新史學的新發展》，濟南：山東大學出版社，2005，頁183-210。

葉漢明，〈文化史與香港婦女的研究〉，《新史學》，1：4（1991）。

葉濤，〈信仰、儀式與鄉民的日常生活──井塘村的香社組織與民間信仰活動述論〉，《民間文化論壇》，2006年6期。

董欣潔，〈杰弗里‧巴勒克拉夫對全球史理論與方法的探索〉，《史學理論研究》，2007年3期。

裔昭印，〈全球視野下的世界文化史編纂〉，2005年1期，頁13-16。

雷祥麟，〈負責任的的醫生與與有信仰的病人〉，《新史學》，14：1（2003.3）。

雷聞，〈唐代地方祠祀的分層與運作──以生祠與城隍神爲中心〉，《歷史研究》，288（2004.02）。

雷頤，〈日常生活與歷史研究〉，《史學理論研究》，2000年3期。

蒲慕州，〈西方近年來的生活史研究〉，《新史學》，3：4（1992.12），頁139-153。

趙世瑜，〈傳說、歷史與記憶──從20世紀的新史學到後現代〉，收入：楊念群、黃星濤、毛丹（編），《新史學：多學科對話的圖景》，北京：中國人民大學出版社，2003，頁643-677。

劉文明，〈全球史視野中的傳染病研究──以麥克尼爾和克羅斯比的研究爲例〉，《上海師範大學學報（哲學社會科學版）》，40：1（2001.1），頁49-55。

劉志琴，〈社會文化史的視野〉，收入周識明、宋德金編，《中國社會史論》，武漢：湖北教育出版社，2000。

劉宗靈，〈身體之史：歷史的再認識：近年來國內外身體史研究綜述〉，見復旦大學歷史學系編，《新文化史與中國近代史研究》，北京：上海古籍出版社，2009，頁287-322。

劉揚，〈近代東北民眾日常生活與寺廟文化〉，《文化學刊》，2009年5期。

劉新成，〈日常生活史與西歐中世紀日常生活〉，《史學理論研究》，2004年1期，頁35-47。

劉新成，〈全球史觀與近代早期世界史編纂〉，《世界歷史》，2006年1期。

劉新成，〈從懷特透視全球史〉，《史學理論研究》，2006年3期。

劉翠溶，〈中國環境史研究芻議〉，《南開學報（哲學社會科學版）》，2006年2期，頁14-21。

蔣竹山，〈「文化轉向」的轉向或超越？──介紹四本論歐美新文化史的著作〉，《新史學》，12：1（2001.03），頁233-246。

蔣竹山，〈「非參不治，服必萬全」清代江南的人參藥用與補藥文化初探〉，《中國社會歷史評論》，第八卷，（2007），頁114-127。

蔣竹山，〈生態環境、人參採集與國家權力：以清嘉慶朝的秧參案爲例的探討〉，王利華編，《中國歷史上的環境與社會論文集》，北京：三聯書店，2007，頁86-116。

蔣竹山，〈宋至清代國家與祠神信仰研究的回顧與討論〉，《新史學》，8：2
　　（1997），頁187-220。

蔣竹山，〈明清華南地區有關痲瘋病的民間療法〉，《大陸雜誌》，90：4（1995）。

蔣竹山，〈晚明江南祁彪佳家族的日常生活史：以醫病關係爲例的探討〉，收於林富士
　　編，《疾病的歷史》，臺北：聯經出版事業股份有限公司，2011，頁413-432。

蔣竹山，〈清代的人參書寫與分類方式的轉向：從博物學到商品指南〉，《華中師範大
　　學學報（人文社會科學版）》，47：2（2008.3），頁69-75。

蔣竹山，〈評Timothy Brook, *Vermeer's Hat: The Seventeenth Century and the Dawn of the
　　Global World*〉，《新史學》，20：4（2009.12）。

鄭金生，〈明代畫家本草插圖的研究〉，《新史學》，14：4（2003.12）。

鄭群，〈吉爾茲的「深度描述」理論〉，陳啓能編，《二戰後歐美新史學的新發展》，
　　濟南：山東大學出版社，2005，頁211-229。

鄧紅英，〈歷史全球化與全球化歷史化──當代美國全球史學述評〉，《國外社會科
　　學》，2010年6期。

盧建榮，〈新文化史的學術性格及其在臺灣的發展〉，陳恆、耿相新編，《新文化
　　史》，臺北：胡桃木文化，2007，頁171-198。

錢乘旦，〈探尋「全球史」的理念──第十九屆國際歷史學科大會印象記〉，《史學月
　　刊》，2001年2期。

謝永棟，〈近代華北廟會與鄉村社會精神生活：以山西平魯爲個案〉，《史林》，2008
　　年6期。

謝廬明、曹大明，〈湘南的廟會與鄉村社會生活：以永興三侯祠堂爲例〉，《西南民族
　　大學學報》，2007年8期。

韓依薇（Larissa Heinrich），〈病態的身體：林華的醫學繪畫〉，收入楊念群編，《新
　　史學》第1卷，北京：中華書局，2007。

瞿商，〈加州學派的中國經濟史研究評述〉，《史學理論研究》，2008年1期，頁
　　123-127。

豐華琴，〈對西方新文化史的闡釋:歷史研究中的多維視角〉，《歷史教學》，2010年
　　16期。

魏鳳蓮，〈《新全球史》與杰里‧本特利的全球史觀〉，《史學理論研究》，2008年2
　　期。

龐永鋒，〈論全球史學的興起與發展──兼論中國的全球史研究〉，《首都師范大學學
　　報（社會科學版）》，2007年1期。

譚剛，〈抗戰時期重慶市民的日常生活〉，《重慶社會科學》，2010年5期。

三、外文專書

Abu-Lughod, Janet L. *Before European Hegemony:The World System, A. D 1250-1350*. Oxford University Press,1989.

Alder, Ken. *Engineering the Revolution*: *Arms and Enlightenment in France*, 1763-1815. Princeton University Press, 1997.

Allen, Robert C. *The British Industrial Revolution in Global Perspective*. Cambridge University Press, 2009.

Anderson, Warwick. *Colonial Pathologies*: *American Tropical Medicine, Race, and Hygiene in the Philippines*, Durham. Duke University Press, 2006.

Appleby, Joyce. Lynn Hunt & Margaret Jacob. *Telling the Truth about History*. Norton & Company, 1994.

Armitage, David. *The Declaration of Independence*: *A Global History*. Cambridge University Press, 2007.

Armitage, David. & Sanjay Subrahmanyam, eds., *The Age of Revolutions in Global Context, c. 1760-1840*. Palgrave Macmillan, 2010.

Arnold, David. *Colonizing the Body*: *State Medicine and Epidemic Disease in Nineteenth-Century India*. University of California Press, 1993.

Arnold, David. *Science, Technology and Medicine in Colonial India*. Cambridge University Press, 2000.

Ashenburg, Katherine. *The Dirt on Clean*: *An Unsanitized History*. North Point Press, 2008.

Bailyn, Bernard. *Soundings in Atlantic History*: *Latent Structures and Intellectual Currents, 1500-1830*. Cambridge University Press, 2009.

Bashford, Alison. *Imperial Hygiene*: *A Critical History of Colonialism, Nationalism and Public Health*. Palgrave, 2004.

Bayly, Christopher A. *The Birth of the Modern World., 1780-1914*. Blackwell, 2004.

Bell, David A. *The Cult of the Nation in France*: *Inventing Nationalism, 1600-1800*, Harvard University Press, 2003.

Bender, Thomas. *Rethinking American History in a Global Age*. University of California Press, 2002.

Biernacki, Richard. *The Fabrication of Labor*. California University Press, 1992.

Biow, Douglas. *The Culture of Cleanliness in Renaissance Italy*. Cornell University Press, 2006.

Bonnell, Victoria E. & Lynn Hunt, eds. *Beyond the Cultural Turn*: *New Directions in the Study of Society and Culture*. University of California Press, 1999.

Braudel, Fernand. *The Mediterranean and the Mediterranean World in the Age of Philip II.* University of California Press, repr. 1996.

Brook, Timothy. *Vermeer's Hat*: *The Seventeenth Century and the Dawn of the Global World.* Bloomsbury Press, 2008.

Brown, Kathleen M. *Foul Bodies*: *Cleaniliness in Early America.*Yale University Press, 2009.

Buckingham, Jane. *Leprosy in Colonial South India*: *Medicine and Confinement.* Palgrave, 2002.

Burke III, Edmund. & Kenneth Pomeranz, *The Environment and World History.* University of California Press, 2009.

Burke, Peter. *History and Social Theory.* Polity Press, 1992.

Burke, Peter. *New Perspectives on Historical Writing.* Polity Press, 1991.

Burke, Peter. *What is Cultural History.* Polity Press , 2008, secton edition.

Burke, Peter.*Varieties of Cultural History.* Polity Press, 1997.

Cabrera, Miguel A. translated by Marie McMahon, *Postsocial History*: *An Introduction.* Lexington Books, 2004.

Cannadine, David. ed. *What is History Now?.* Palgrave Macmillan, 2002.

Carrard, Philippe. *Poetics of the New History*: *French Historical Discourse from Braudel to Chartier.* Johns Hopkins University Press, 1992.

Certeau, Michel de. *The Practice of Everyday Life.* University of California Press, 1984.

Chakrabarty, Dipesh. *Provincializing Europe*: *Postcolonial Thought and Historical Difference.* Princeton University Press 2000.

Chartier, Roger. *Cultural History*: *Between Practices and Representation.* Polity Press, 1988.

Chartier, Roger. *Forms and Meaning.* University of Pennsylvania Press, 1995.

Chartier, Roger. *On the Edge of the Cliff*: *History, Language, and Practices.* Johns Hopkins University Press, 1997.

Chartier, Roger. *The Cultural Origins of the French Revolution.* Duke University Press, 1993.

Chartier, Roger. *The Cultural Uses of Print in Early Modern France.* Princeton University Press, 1987.

Clark, Stuart. *The Annales School*: *Critical Assessments in History.* Routledge, 1999.

Clay, Catherine. Chandrika Paul, Christine Senecal, *Envisioning Women in World History*, *Prehistory-1500, vol.1.* McGraw-Hill Humanities/Social Sciences/Languages, 2008.

Clunas, Craig. *Empire of Great Brightness*: *Visual and Material Cultures of Ming China, 1368-1644.* Reaktion Books, 2007.

Colley, Linda. *The Ordeal of Elizabeth Marsh*: *A Woman in World History.* Happer Collins,

2007.

Connelly, Matthew James. *Fatal Misconception*: *The Struggle to Control World Population*. Cambridge. Belknap Press, 2008.

Cook, Harold J. *Matters of Exchange*: *Commerce, Medicine, and Science in the Dutch Golden Age*. Yale University Press, 2007.

Corbin, Alain. *The Foul and the Fragrant*: *Odor and the French Social Imagination*. Harvard University Press, 1986.

Crone, Rosalind. David Gange, Katy Jones, eds., *New Perspectives in British Cultural History*. Cambridge Scholars Publishing, 2007.

Crossley, Pamela Kyle. *What is Global History*. Polity, 2008.

Darnton, Robert. *The Great Cat Massacre and Other Episodes in French Cultural History*. Vintage, 1984.

Davis, Natalie Zemon. *Society and Culture in Early Modern France*: *Eight Essays*. Stanford University Press, 1975.（中譯本見鍾孜譯《法國近代早期的社會與文化》，北京：中國人民大學出版社，2011）。

Davis, Natalie Zemon. *The Return of Martin Guerre*, Cambridge. Harvard University Press, 1983.

Davis, Natalie Zemon. *Trickster Travels*: *A Sixteenth-Century Muslim Between Worlds*. Hill and Wang, 2006.

Diamond, Jared. *Guns, Germs, and Steel: The Fates of Human Societies*. W. W. Norton & Company, 2000（中譯本見王道還、廖月娟譯，《槍炮、病菌與鋼鐵—人類社會的命運》，臺北：聯經出版事業公司，1998）。

Dikotter, Frank. *Exotic Commodities*: *Modern Objects and Everyday Life in China*. Columbia University Press, 2006.

Domańskar, Ewa, *Encounters*: *Philosophy of History after Postmodernism*. University Press of Viginia, 1998.

Dong, MadeleineYue. *Republican Beijing*: *The City and Its Histories*. University of California Press, 2003.

Drayton, Richard. *Nature's Government*: *Science, Imperial Britain, and 'Improvement' of the World*. Yale University Press, 2000.

Duara, Prasenjit. *The Global and Regional in China's Nation-Formation*. Routledge, 2009.

Dunn, Ross E. R. *The New World History*: *A Teacher's Companion*. St. Martin's, 1999.

Edmond, Rod. *Leprosy and Empire*: *A Medical and Cultural History*. Cambridge University Press, 2006.

Eley, Geoff. *A Crooked Line*: *From Cultural History to the History of Society*. University of Michigan Press, 2005.

Eley, Geoff. *The Future of Class in History*: *What's Left of the Social*. University of Michigan, 2007.

Evans, Richard J. *In Defense of History*. W.W Norton & Company, 1997.

Fischer, David Hackett. *Champlain's Dream*. Simon & Schuster, 2008.

Fitzgerald, John. *Awakening China*: *Politics, Culture, and Class in the Nationalist Revolution*. Stanford University Press, 1996.

Frank, Andre Gunder. *ReOrient*: *Global Economy in the Asian Age*. Berkelet, 1998.

Friedman, Thomas L. *The Lexus and Olive Tree*. Anchor Books, 2000.

Geertz, Clifford. *The Interpretation of Cultures*. Basic Books, 1973.

Gills, Barry K. & William R. Thompson, eds., *Globalization and Global History*. Routledge, 2006.

Ginzburg, Carlo. *Clues, Myth, and the Historical Method*. Johns Hopkins University Press, 1992.

Ginzburg, Carlo. *The Cheese and the Worms*: *The Cosmos of a Sixteenth-Century Miller*. Johns Hopkins University Press, 1981.

Goldstein, Jan. ed. *Foucault and the Writing of History*. Wiley-Blackwell, 1994.

Greene, Jack P. Philip D. Morgan, eds., *Atlantic History*: *A Critical Appraisal*. Oxford University Press, 2009.

Grove, Richard H. *Green Imperialism*: *Colonial Expansion, Tropical Island Edens and the Origins of Environmentalism, 1600-1860*. Cambridge University Press, 1995.

Gussow, Z. *Leprosy, Racism, and Public Health*: *Social Policy in Chronic Disease Control*. Westview, 1989.

Hamashita, Takeshi. Linda Grove and Mark Selden, eds., *China, East Asia and the Global Economy*: *Regional and Historical Perspectives*. Routledge, 2008.

Heinrich, Ari Larissa. *The Afterlife of Images*: *Translating the Pathological Body between China and the West*. Duke University Press, 2008.

Hoerder, Dirk. *Cultures in Contact*: *World Migration's in the Second Millennium*. Duke University Press Books, 2002.

Hopkins, Antony. G. *Global History*: *Interactions Between the Universal and the Local*. Palgrave Macmillan, 2006.

Hopkins, Antony. G. *Globalization in World History*. W. W. Norton &Company, 2002.

Hunt, Lynn. *Politics, Culture, and Class in the French Revolution*. University of California

Press, 1984.

Hunt, Lynn. *The Family Romace of the French Revolution*. University of California Press, 1993.

Hunt, Lynn. ed. *The New Cultural History*. University of California Press, 1989.

Iggers, Georg G. and Q. Edward Wang, *A Global History of Modern Historiography*. Pearson Education Limited, 2008.

Johns, Adrian. *The Nature of the Book*: *Print and Knowledge in the Making*. University of Chicago Press, 2000.

Jones, Colin. *Paris*: *Biography of a City*. Penguin, 2006.

Joyce, Partrick. *The Rule of Freedom*: *Liberalism and the Modern City*.Verso, 2003.

Joyce, Partrick. ed., *The Social in Question*: *New Bearing in History and the Social Sciences*. Routledge, 2002.

Katz, Paul. *Demon Hordes and Burning Boats*: *The Cult of Marshal Wen in Late Imperial Chekiang*. State University of New York Press, 1995.

Kramer, Lloyd. and Sarah Maza, eds. *A Companion to Western Historical Thought*. Blackwell, 2002.

Kuchta, David. *The Three-Piece Suit and Modern Masculinity*: *England, 1550-1850*. University of California Press, 2002.

Leung, Angela ki che. *Leprosy in China*: *A History*. Columbia University Press, 2009.

Leerssen, Joep. *National Thought in Europe*: *A Cultural History*. Amsterdam University Press 2007.

Mazlish, Bruce. *The New Global History*. Routledge, 2006.

Mazlish, Bruce., Akira Iriye, eds., *The Global History Reader*. Routledge, 2005.

Mcdonald, Terrence J. ed. *The Historic Turn in the Human Sciences*. University of Michigan Press, 1996.

McNeill, J. R. *Mosquito Empires*: *Ecology and War in the Greater Caribbean, 1620-1914*. Cambridge University Press, 2010.

McNeill, J. R. *Something New Under the Sun*.: *An Environmental History of the Twentieth-Century World*. W.W.Norton & Company, 2001.

McVay, Pamela. *Envisioning Women in World History*: *1500-Present*, McGraw-Hill Education, 2008.

Mukerji, Chandra. *Territorial Ambitions and the Gardens of Versailles*. Cambridge University Press, 1998.

Naquin, Susan. *Peking*: *Temples and City Life, 1400-1900*. University of California Press,

2000.

Neubauer, John. ed. *Cultural History After Foucault*. Routledge, 1999.

Palmer, R. R. *Age of Democratic Revolution:A Political History of Europe and America, 1760-1800*. Princeton University Press, 1959.

Parker, Charles H. *Global Interactions in the Early Modern Age, 1400-1800*. Cambridge University Press, 2010.

Poster, Mark. *Cultural History and Postmodernity*: *Disciplinary Readings and Challenges*. Columbia University Press, 1997.

Radkau, Joachim. *Nature and Power*: *A Global History of the Environment*. Cambridge University Press, 2008.

Richards, John F. *The Unending Frontier*: *An Environmental History of the Early Modern World*. University of California Press, 2006.

Roche, Daniel. *A History of Everyday Things*: *The Birth of Consumption in France, 1600-1800*. Cambridge University Press, 1997.

Rogaski, Ruth. *Hygienic Modernity*: *Meanings of Health and Disease in Treaty-Port China*. University of California Press, 2004.

Rowe, William T. *China's Last Empire: The Great Qing*. Harvard University Press, 2009.

Sachesenmaler, Dominic. *Global Perspectives on Global History*: *Theories and Approaches in a Connected World*. Cambridge University Press, 2011。

Schama, Simon. *The Embarrassment of Riches*: *An Interpretation of Dutch Culture in the Golden Age*. University of California Press, 1988.

Schiebinger, Londa. Claudia Swan, *Colonial Botany*: *Science, Commerce, and Politics in the Early Modern World*. University of Pennsylvania Press, 2005.

Scott, Joan W. *Gender and the Politics of History*. Columbia University Press, revised edition, 1999.

Sewell JR., William H. *Logics of History*: *Social Theory and Social Transformation*, University of Chicago Press, 2005.

Shah, Nayan. *Contagious Divides*: *Epidemics and Race in San Francisco's Chinatown*. University of California Press, 2001.

Simmons, I. G. *Global Environmental History*. University of Chicago, 2008.

Smith, Mark M. *Sensing the Past*: *Seeing, Hearing, Smelling, Tasting, and Touching in History*. University of California Press, 2007.

Sogner, Sølvi ed., *Making Sense of Global History*. Universitetsforlaget, 2001.

Spence, Jonathan D. *Return to Dragon Mountain*: *Memories of a late Ming Man*. Viking, 2007.

Stearns, Peter N. *Globalization in World History*. Routledge, 2010.

Stewart, Gordon T. *Journeys to Empire*: *Enlightenment, Imperialism, and the British Encounter with Tibet, 1774-1904*. Cambridge University Press, 2009.

Thompson, E. P. *The Making of the English Working Class*. Penguin Books, 1991 (1963).（中譯本見《英國工人階級的形成》，臺北：麥田出版社，2001）。

Tucker, Richard P. *Insatiable Appetite*: *The United States and the Ecological Degradation of the Tropical World*. University of California Press, 2000.

Vaughan, Megan. *Curing Their Ills*: *Colonial Power and African Illness*. Stanford University Press, 1991.

Wallerstein, Immanuel. *The Modern World System, 3vol*. University of California Press, 2011 (1974).

Wolf, Eric R. *Europe and the People Without History*. University of California Press, 2010, 2 edition (1982).

Zheng Yangwen. *The Social Life of Opium in China*. Cambridge University Press, 2005.

山田慶兒編，《東アジアの本草と博物学の世界》，京都：思文閣出版，1995。

芳即正，《島津重豪》，東京都：吉川弘文館，1980。

高津孝，《博物學と書物の東アジア──薩摩琉球海域交流──》，沖繩：榕樹書林，2010。

四、外文論文

Abulafia, David. "Mediterranean History as Global History, " *History and Theory*, 50:2 (2011.5), pp.220-228.

Akita, Shieuru. "World History and the Emergence of Global History in Japan," *Chinese Studies in History*, 43:3(2010), pp.84-96.

Andrade, Tonio. "A Chinese Farmer, Two African Boys, and a Warlord: Toward a Global Microhistory," *Journal of World History*, 21:4(2011), pp.573-591.

Andrade, Tonio. "Beyond Guns, Germs, and Steel: European Expansion and Maritime Asia, 1400-1750," *Journal of Early Modern History* 14(2010), pp.165-186.

Barlow, Tani E. "History and the Border," *Journal of Women's History*, 18:2(2006), pp.8-32.

Beinart, William. "Beyond the Colonial Paradigm: African History and Environmental Hisotry in Large-Scale Perspective," pp.211-227.

Bennett, Brett. "A Global History of Australian Trees," *Journal of the History of Biology*, 44:1(2011.2), pp.125-145.

Bentley, Jerry H. "The New World History, " in Lloyd Kramer and Sarah Maza, eds. *A*

Companion to Western Historical Thought. Blackwell, 2002, pp.393-416.

Berg, Maxine. "In Pursuit of Luxury: Global History and British Consumer Goods in the Eighteenth Century," *Past and Present*, 182(2004.2), pp.85-142.

Betterly, Jack. "Teaching Global History: Context, Not Chronicle; Passion, Not Pedantry," *The History Teacher*, 33:2(2000.2), pp.213-219.

Boal, Iain A. "Globe Talk: The Cartographic Logic of Late Capitalism," *History Workshop Journal*, 64(2007), pp.341-346.

Bonner, Philp. Jonathan Hyslop and Lucien van der Walt, "Rethinking Worlds of Labour: Southern African Labour History in International Context," *African Studies*, 66: 2-3(2007.8-12), pp.137-168.

Bose, Prasenjit. " 'New' Imperialism? On Globalisation and Nation-States," *Historical Materialism*, 15(2007), pp.95-120.

Boydston, Jeanne. "Gender as a Question of Historical Analysis," *Gender & History*, 20:3(2008.11), pp.558-583.

Brewer, John. "Microhistory and the Histories of Everyday Life," in *Cultural and Social History*, 7：1(2010), pp.87-109.

Broadberry, Stephen. Steve Hindle, "Editors' introduction, "*Economic History Review*, 64: 1(2011).

Brook, Timothy. "Time and Global History," *Globalizations*, 6:3(2009), pp.379-387.

Bryant, Joseph M. "A New Sociology for a New History? Further Critical Thoughts on the Eurasian Similarity and Great Divergence Theses," *Canadian Journal of Sociology*, 33:1(2008), pp.149-167.

Burawoy, Michael. "The Global Turn: Lesson From Southern Labor Scholars and Their Labor Movements," *Work and Occupations*, 36:3(2009.3), pp.87-95.

Burns, Tiny. "Capitalism, Modernity and the Nation State: A Critique of Hannes Lacher," *Captial & Class*, 34:2(2010), pp.235-255.

Burton, Antoinette. "Not Even Remotely Global? Method and Scale in World History," *History Workshop Journal Issue*, 64:1 (2007), pp.323-328.

Calvi, Giulia. "Global Trends: Gender Studies in Europe and the US" *European History Quarterly*, 40:4(2010.10), pp.641-655.

Caruso, Marcelo. "World Systems, World Society, World Polity: Theoretical Insights for a Global History of Education," *History of Education*, 37:6(2008.11), pp.825-840.

Citino, Nathan J. "The Global Frontier: Comparative History and the Frontier-Borderlands Approach in American Foreign Relations," *Diplomatic History*, 25:4(2001), pp.677-693.

Clarence-Smith, William Gervase. "Editorial-Islamic History as Global History," *Journal of Global History*, 2:2 (2007), pp.131-134.

Clavin, Patricia. "Defining Transnationalism," *Contemporary European History*, 14:4(2005), pp.421-439.

Clavin, Patricia. "Time, Manner, Place: Writing Modern European History in Global, Transnational and International Contexts," *European History Quarterly*, 40:4(2010), pp.624-640.

Coclanis, Peter A. "Round Table on 'Fire, Water, Earth, and Sky: Global Systems History and the Human Prospect': An Introduction," *The Journal of the Historical Society*, 10:3 (2010.9), pp.283-285.

Cole Laurence and Philipp Ther, "Introduction: Current Challenges of Writing European History," *European History Quarterly*, 40:4(2010), pp.581-592.

Cullather, Nick. "The Third Race," Diplomatic History, 33:3(2009.6), pp.507- 512.

Davis, Natalie Zemon. *"Decentering History: Local Stories and Cultural Crossings in a Global World,"* History & Theory, 50:2(2011.5), pp.188-202.

De La Pena, Carolyn. Benjamin N. Lawrance, "Introduction: Traversing the Local/ Global and Food/Culture Divides," *Food & Foodways: History & Culture of Human Nourishment*,19:1/2(2011), pp.1-10.

Dejung, Christof. "Making Earope: The Global Origins of the Old World," *H-net Reviews in the Humanities & Social Sciences*, (2010.6), pp.1-5.

Denemark, Robert A. "World System History: From Traditional International Politics to the Study of Global Relations," *International Studies Review*, 1:2 (1999), pp.43-69.

Dorsey, Kurk. & Mark Lytle, "Introduction," *Diplomatic History*, 32:4 (2008.9), pp.639-641.

Douthit, Nathan. "The Dialectical Commons of Western Civilization and Global/ World History," *The History Teacher*, 24:3(1991.5), pp.294-305.

Duara, Prasenjit. "Nationalism, Imperialism, Federalism, and the Example of Manchukuo: A Response to Anthony Pagden," *Common Knowledge*, 12:1(2006), pp.47-65.

Duara, Prasenjit. "The Discourse of Civilization and Decolonization, " *Journal of World History*, 15:1(2004), pp.1-5.

Duara, Prasenjit. "Transnationalism in the Era of Nation-States: China, 1900-1945," *Development and Change*, 29(1998), pp.647-670.

Duchesne, R. Acad. "The World without Us," *Quest*, 22(2009), pp.138-176.

Duedahl, Poul. "Selling Mankind: UNESCO and the Invention of Global History, 1945-1976," *Journal of World History*, 22:1(2011.3), pp.101-133.

Edwards, Megan E. "Virginia Ham: The Local and Global of Colonial Foodways," *Food & Foodways: History & Culture of Human Nourishment*, 19:1-2 (2011), pp.56-73.

Eley, Geoff. "Historicizing the Global, Politicizing Capital: Giving the Present a Name," *History Workshop Journal*, 63(2007), pp.154-188.

Engerman, David C. Covinna R. Unger. "Introduction: Towards a Global History of Modernization," Diplomatic History, 33:3(2009.6), pp.375-385.

Fletcher Ian Christopher and Karen Sotiropoulos, "Introduction: Teaching a Gendered World," *Radical History Review*, 91(2005), pp.131-132.

Fletcher, Ian Christopher. "Toward a Global of the Left," *Redical History Review*, 92(2005), pp.164-174.

Fletcher, Yaël Simpson. "Teaching the History of Global and Transnational Feminisms," *Radical History Review*, 92(2005), pp.155-163.

Frederickson, Mary E. "Going Global: New Trajectories in U.S. Woman's History," *The History Teacher*, 43:2, pp.169-189.

Gerritsen, Anne. "Fragments of a Global Past: Ceramics Manufacture in Song-Yuan-Ming Jingdezhen," *Journal of the Economics and Social History of the Orient*, 52:1 (2009), pp.117-152.

Geyer Michael. and Charles Bright, "World History in a Global Age," *The American Historical Review*, 100:4(1995.10), pp.1034-1060.

Gille, Zsuzsa. "Is there a Global Postsocialist Condition?," *Global Society*, 24:1(2010.1).

Glickman, Lawrence B. "The Cultural Turn," in *American History Now*, Temple University Press, 2011.

Graser, Marcus. "World History in a Nation-State: The Transnational Disposition in Historical Writing in the United Stats," *The Journal of American History*, 95:4 (2009.3), pp.1038-1052.

Green, Monica H. "Gendering the History of Women's Healthcare," *Gender & History*, 20:3(2008.11), pp.487-518.

Greene, Jack P. "Early Modern Southeastern North America and the Broader Atlantic and American Worlds," *The Journal of Southern History*, 73:3(2007.8), pp.526-538.

Grew, Raymond. "On Seeking Global History's Inner Child," *Journal of Social History*, 38:4(2005), pp.849-858.

Grew, Raymond. Tonio Andrade, "A Chinese Farmer, Two African Boys, and a Warlord: Toward a Global Microhistory," *Journal of World History*, 21:4(2010.12), pp.573-591.

Guarneri, Carl J. "Internationalizing the United States Survey Course: American History for a

Global Age," *The History Teacher*, 36:1(November 2002), pp.37-64.

Hancock, David. "Organizing Our Thoughts: 'Global Systems' and the Challenge of Writing a More Complex History," *Journal of the Historical Society*, 10:3(2010.9), pp.319-335.

Harrison, Mark. "Disease, Diplomacy and International Commerce: the Origions of International Sanitary Regulation in the Nineteenth Century, " *Journal of Global History*, 2:1 (2006.1), pp.197-217.

Hernández, Rafael. "A Total History?," *Radical History Review*, 91(2005), pp.94-97.

Hoffman, Elizabeth Cobbs. "Diplomatic History and the Meaning of Life: Toward a Global American History," *Diplomatic History*, 21:4(1997), pp.499-518.

Hoffman, Philip T. "Comment on Alan Wood's "Fire, Water, Earth, and Sky: Global Systems History and the Human Prospect," *Journal of the Historical Society*, 10:3(2010.9), pp.337-344.

Hogan, Michael J. "SHAFR Presidential Address: The "Next Big Thing": The Future of Diplomatic History in a Global Age," *Diplomatic History*, 28:1(2004.1), pp.1-21.

Hopkins, A. G. "The Historiography of Globalization and the Globalization of Regionalism," *Journal of the Economics and Social History of the Orient*, 53: 1/2 (2010), pp.19-36.

Hughes, J. Donald. "Global Environment History: The Long View," *Globalizations*, 2:3(2005.12), pp.293-308.

Jones, Colin. "Peter Mandler's 'Problem with Cultural History', or, Is Playtime Over?", *Cultural and Social History*, 1:2 (2004.1), pp.209-215.

Jones-Rooy, Andrea and Scott E. Page. "The Complexities of Global Systems History," *The Journal of the Historical Society*, 10:3 (2010.9), pp.345-365.

Kaplan, Martha. "Outsides Gods, Foreign Powers: Making History with Global Means and Ends in the Pacific," *Ethnohistory*, 52:1(2005), pp.7-11.

Kelley, Donald. "The Old Cultural History," *History of the Human Sciences* 9.3(1996), pp.101-126.

Lake, Marilyn. "Nationalist Historiography, Feminist Scholarship, and the Promise and Problems of New Transnational Histories: The Australian Case," *Journal of Women's History*, 19:1(2007), pp.180-186.

Lemire Beverly & Giorgio Riello, "East & West: Textiles and Fashion in Early Modern Europe," *Journal of Social History*, 41:4 (2008), pp.887-916.

Lerner, Gerda "U.S. Women's History: Past, Present, and Future," *Journal of Women's History*, 16:4(2004), pp.10-27.

Lieberman, Victor. "The Qing Dynasty and Its Neighbors," *Social Science History*, 32:2(2008), pp.281-304.

Mankind, Selling. "UNESCO and the Invention of Global History, 1945-1976," *Journal of World History*, 22:1(2011.3), pp.101-133.

Marks, Robert B. "World Environmental History: Nature, Modernity, and Power, " *Radical History Review*, 107(2010), pp.209-224.

Maynes, Mary Jo. "Gender, Labor, and Globalization in Historical Perspective: European Spinsters in the International Textile Industry, 1750-1900," *Journal of Women's History*, 15:4(2004), pp.47-66.

Mazlish, Bruce. "Comparing Global History to World History," *The Journal of Interdisciplinary History*, 28:3(1998), pp. 385-395

Mazlish, Bruce. "Global History," *Theory, Culture & Society*, 23: 2-3(2006), pp.406-408.

Mckeown, Adam. "Chinese Emigration in Global Context, 1850-1940," *Journal of Global History*, 5:1(2010), pp.95-124.

McNeill, J. R. "The World According to Jared Diamond," *The History Teacher*, 34:2 (2001.2), pp.165-174.

Middell Matthias. & Katja Naumann, "Global History and the Spatial Turn: from the Impact of Area Studies to the Study of Critical Junctures of Globalization," *Journal of Global History*, (2010.5), pp.149-170.

Mills, James H. "Drugs, Consumption, and Supply in Asia: The Case of Cocaine in Colonial India C. 1900-C. 1930," *The Journal of Asian Studies*, 66:2 (2007), pp.345-362.

Misra, Maria. "Colonial Officers and Gentleman: the British Empire and the Globalization of 'Tradition'," *Journal of Global History*, 3:2 (2008.3), pp.135-161.

Neem, Johann. "American History in a Global Age," *History & Theory*, 50:1(2011.2), pp.41-70.

Nishikawa, Masao. "A Specter Is Still Haunting: The Specter of World History," *Radical History Review*, 91(2005), pp.110-116.

Northrup, David. "Globalization and the Great Convergence: Rethinking World History in the Long Term, " *Journal of World History*, 16:3(2005), pp.249-267.

O' Brien, Patrick. "Historical Traditions and Modern Imperatives for the Restoration of Global History, " *Journal of Global History*, 1:1 (2006), pp.3-39.

Pols, Hans. "European Physicians and Botanists, Indigenous Herbal Medicine in the Dutch East Indies, and Colonial Networks of Mediation", in *East Asia Science, Technology and Society: An International Journal* 3:2-3,(2009.3), pp.173-208.

Pomeranz, Kenneth. "Political Economy and Ecology on the Eve of Industrialization: Europe,

China, and the Global Conjuncture," *American Historical Review*, (2002.4), pp.425-446.

Pomeranz, Kenneth. "Social History and World History: From Daily Life to Patterns of Change," *Journal of World History*, 18:1(2007), pp.69-98.

Qian Chengdan, "Constructing a New Disciplinary Framework of Modern World History Around the Theme of Modernization," *Chinese Studies in History*, 42:3(2009), pp.7-24.

Quirin, James A. "World History and Global Consciousness: A Case Study in the Scholarship of Teaching and Learning," *History Teacher*, 42:2(2009.2), pp.159-175.

Rao, Anupama. "India and Global History," *History & Technology*, 26:1(2010.3), pp.77-84.

Reilly, Kevin. William H. McNeill, L. S. Stavrianos, Philip D. Curtin, Immanuel Wallerstein, "What is an Attainable Global Perspective for Undergraduates in History?," *The History Teacher*, 18:4(1985.8), pp.501-535.

Rieu, Alain-Marc. "Creative Globalization: The Age of Global Stuides," *Taiwan Journal of East Asian Studies*, 6:2 (2009.12), pp.163-191.

Robertson, Roland. "The New Global History: History in a Global Age," *Cultural Values*, 2:2(1998), pp.368-384.

Robin, Libby. Jane Carruthers, "Introduction: Environmental History and the History Biology," *Journal of the History of Biology*, 44(2010.9), pp.1-14.

Rosenberg, Emily S. "America and the World: From National to Global," *OAH Magazine of History*, 21:2 (2007.4), pp.18-22.

Sachsenmaier, Dominic. "Global History and Critiques of Western Perspectives," *Comparative Education*, 42:3(2006.8), pp.451-470.

Saito, Osamu. "Forest History and the Great Divergence: China, Japan, and the West Compared," *Journal of Global History*, 4:3 (2009.11), pp.379-404.

Schneewind, J. B. "Globalization and the History of Philosophy," *Journal of the History of Ideas*, 66:2(2005.4), pp.169-178.

Schneider, Ulrich Johannes. "Intellectual History in a Global Age: The International Dictionary of Intellectual Historians," *Journal of the History of Ideas*, 66:2(2005.4), pp.143-154.

Seigel, Micol. "Beyond Compare: Comparative Method after the Transnational Turn," *Radical History Review*, 91(2005), pp.62-90.

Seleski, Patty. "Abandoning the 'National History' Framework: Teaching British History in a Global Context," *The History Teacher*, 31:1(1997.11), pp.101-103.

Shaffer, Robert. "The 'Internationalization' of U.S. History: A Progress Report for World Historians, " *Journal of World History*, 20:4 (2009), pp.581-594.

Shneer, David. "The Third Way: German-Russian-European Jewish Identity in a Global Jewish world," *European Review of History*, 18:1(2011.2), pp.111-121.

Smith Norman and Catherine Carstairs, "Global Trade in Alcohol and Drugs:Histories of Distribution and Control, " *Contemporary Drug Problems*, 35:4 (2008. Winter), pp.535-536.

Spakowski, Nicola. "National Aspirations on a Global Stage: Concepts of World/Global History in Contemporary China," *Journal of Global History*, 4:3 (2009.11), pp.475-495.

Stanonis, Anthony J. "The Triumph of Epicure: A Global History of New Orleans Culinary Tourism," *Southern Quarterly*, 46:3 (2009.3), pp.145-161.

Stearns, Peter N. "Conclusion: Change, Globalization and Childhood, " *Journal of Social History*, 38:4 (2005), pp.1041-1046.

Stearns, Peter N. "Long 19th Century? Long 20th? Retooling That Last Chunk of World History Periodization," *The History Teacher*, 42:2(2009), pp.223-228.

Stearns, Peter N. "On Seeking Global History's Inner Child," *Journal of Social History*, 38:4(2005), pp.849-858.

Stearns, Peter N. "Preface: Globalization and Childhood, " *Journal of Social History*, 38:4 (2005), pp.845-848.

Stearns, Peter N. "Social History and Spatial Scope," *Journal of Social History*, 3:1 (2006), pp.613-614.

Stearns, Peter N. "Social History and World History: Prospects for Collaboration, " *Journal of World History*, 18:1(2007), pp.43-52.

Stearns, Peter N. "Social History and World History: Toward Greater Interaction," *World History Connected*, 2:2 (2005).

Stearns, Peter N. "Treating Globalization in History Surveys," *The History Teacher*, 36:2(2003.2), pp.153-160.

Strasser Ulrike and Heidi Tinsman, "It's a Man's World? World History Meets the History of Masculinity in Latin American Studies, for Instance," *Journal of World History*, 21:1(2010), pp.75-96.

Subrahmanyam, Sanjay. "Historiczing the Global, or Labouring for Invention?," *History Workshop Journal*, 64:1 (2007), pp.329-334.

Sukarieh, Mayssoun. "Putting School Commercialism in Context: a Global History of Junior Achievement Worldwide," Journal of Education Policy, 24:6(2009.11), pp.769-786.

Tilley, Helen. "Global Histories, Vernacular Science, and African Genealogies; or, Is the History of Science Ready for the World?" *Isis*, 101:1(2010.3), pp.110-119.

Toews, John E. "Intellectual History after the Linguistic Turn: The Autonomy of Meaning and the Irreducibility of Experience" *American Historical Review*, 92 (1987), pp.879-907.

Towers, Frank. "Balancing the Local and the Global: The American Civil War in Western Canadian Classrooms," *Journal of American History*, 96:4(2010.3), pp.1100-1103.

Tvedt, Terje. "Why England and not China and India? Water Systems and the History of the Industrial Revolution, " *Journal of the Global History*, 5:1 (2010), pp.29-50.

van der Linden, Marcel. "Labour History: The Old, the New and the Global, " *African Studies*, 66:2-3(2007.8-12), pp.169-180.

Wang, Q. Edward. " 'Rise of the Great Powers'=Rise of China? Challenges of the advancement of global history in the People's Republic of China," *Journal of Contemporary China*, 19 (2010.3), pp.273-289.

Wang, Q. Edward. "Beyond East and West: Antiquarianism, Evidential Learning, and Global Trends in Historical Study," *Journal of World History*, 19:4(2008), pp.489-510.

Wang, Q. Edward. "World History vs. Global History? The Changing Worldview in Contemporary China," *Chinese Studies in History*, 42:3(2009), pp.3-6.

Wiesner-Hanks, Merry. "Women's History and World History Courses," *Radical History Review*, 91(2005), pp.133-150.

Wiesner-Hanks, Merry. "World History and the History of Women, Gender, and Sexuality," *Journal of World History*, 18:1(2007), pp.53-67.

Wilson, Lindsay. "Bodies of Knowledge, Local and Global," *Journal of Women's History*, 22:3(2010), pp.204-208.

Wolff, David. "Cultural and Social History on Total War's Global Battlefield," *The Russian Review*, 67:1(2008.1), pp.70-77.

Wood, Alan T. "Fire, Water, Earth, and Sky: Global Systems History and the Human Prospect," *Journal of the Historical Society*, 10:3 (2010.9), pp.287-318.

Worster, Donald. "Environmental Goes Global," *Diplomatic History*, 32.4(2008.9), pp.639-641.

Yu Pei, "Global History and National Historical Memory," *Chinese Studies in History*, 42:3(2009), pp.25-44

Zagarri, Rosemarie. "The Significance of the 'Global Turn' for the Early American Republic: Globalization in the Age of Nation-Building" *Journal of the Early Republic*, 32:1(2011), pp.1-37.

水越知，〈宋元時代の東嶽廟：地域社會中の核的信仰として〉，《史林》，86：5 (2003) 。

水越知，〈宋代社會と祠廟信仰の展開：地域核としての祠廟の出現〉，《東洋史研

究》，60：4（2002）。

須江隆，〈唐宋期における祠廟廟額、封號的下賜にいて〉，《中國——社會與文
化》，9（1994）。

國家圖書館出版品預行編目資料

當代史學研究的趨勢、方法與實踐：從新文化
史到全球史／蔣竹山著. －－二版.－－臺北
市：五南，2018.03
　　面；　公分
ISBN 978-957-11-9515-5（平裝）
1.史學史　2.文化史　3.全球化
601.9　　　　　　　　106023038

1WF9

當代史學研究的趨勢、方法
與實踐：從新文化史到全球史

作　　者 ― 蔣竹山

發 行 人 ― 楊榮川

總 經 理 ― 楊士清

主　　編 ― 陳姿穎

責任編輯 ― 許馨尹

封面設計 ― P.Design 視覺企劃

出 版 者 ― 五南圖書出版股份有限公司

地　　址：106台北市大安區和平東路二段339號4樓

電　　話：(02)2705-5066　　傳　　真：(02)2706-6100

網　　址：http://www.wunan.com.tw

電子郵件：wunan@wunan.com.tw

劃撥帳號：01068953

戶　　名：五南圖書出版股份有限公司

法律顧問　林勝安律師事務所　林勝安律師

出版日期　2012年2月初版一刷
　　　　　2018年3月二版一刷

定　　價　新臺幣450元